Superfície Desordem
Surface Disorder

Superfície Desordem
Surface Disorder

Jonathan Uliel Saldanha

Galeria Municipal do Porto

Índice

Contents

EXPOSIÇÃO. Vistas da exposição *Superfície Desordem*, de Jonathan Uliel Saldanha, na Galeria Municipal do Porto. **Curadoria:** João Laia; **Equipa Externa de Produção, Montagem e Design Expositivo:** Caliente Studios (Isadora Borges), Colectivo Febre, Daniel Martins, Gonçalo Guiomar, João Brojo, Joaquim Durães, José Arantes, Júlio Alves, Luís Chaka, Manuel Veludo, Miguel Lopes, NovaLux Coletivo (Renato Marinho, Francisco Campos), Sérgio Carvalho, TIL (Patrícia Brito); **Agradecimentos:** ArtWorks, Catarina Miranda, Emanuel Rinaldi, Galeria Duarte Sequeira, Gabinete de Arvoredo e Viveiro Municipal do Departamento Municipal de Espaços Verdes e Gestão de Infraestruturas da CMP; Horto Municipal/Município da Póvoa do Varzim; Divisão Municipal de Estrutura Verde do Departamento Municipal de Espaços Verdes e Gestão de Infraestruturas da CMP (a toda a equipa e em particular aos jardineiros André Duarte, Avelino Silva, Filipe Ferreira, Gonçalo Barbosa), OOPSA.

EXHIBITION. Views of the exhibition *Surface Disorder*, by Jonathan Uliel Saldanha, at Galeria Municipal do Porto. **Curatorship:** João Laia; **External Production, Installation, and Exhibition Design Team:** Caliente Studios (Isadora Borges), Colectivo Febre, Daniel Martins, Gonçalo Guiomar, João Brojo, Joaquim Durães, José Arantes, Júlio Alves, Luís Chaka, Manuel Veludo, Miguel Lopes, NovaLux Coletivo (Renato Marinho, Francisco Campos), Sérgio Carvalho, TIL (Patrícia Brito); **Acknowledgments:** ArtWorks, Catarina Miranda, Emanuel Rinaldi, Galeria Duarte Sequeira, Gabinete de Arvoredo e Viveiro Municipal do Departamento Municipal de Espaços Verdes e Gestão de Infraestruturas da CMP; Horto Municipal/Município da Póvoa do Varzim; Divisão Municipal de Estrutura Verde do Departamento Municipal de Espaços Verdes e Gestão de Infraestruturas da CMP (to the entire team and, in particular, the gardeners André Duarte, Avelino Silva, Filipe Ferreira, Gonçalo Barbosa), OOPSA.

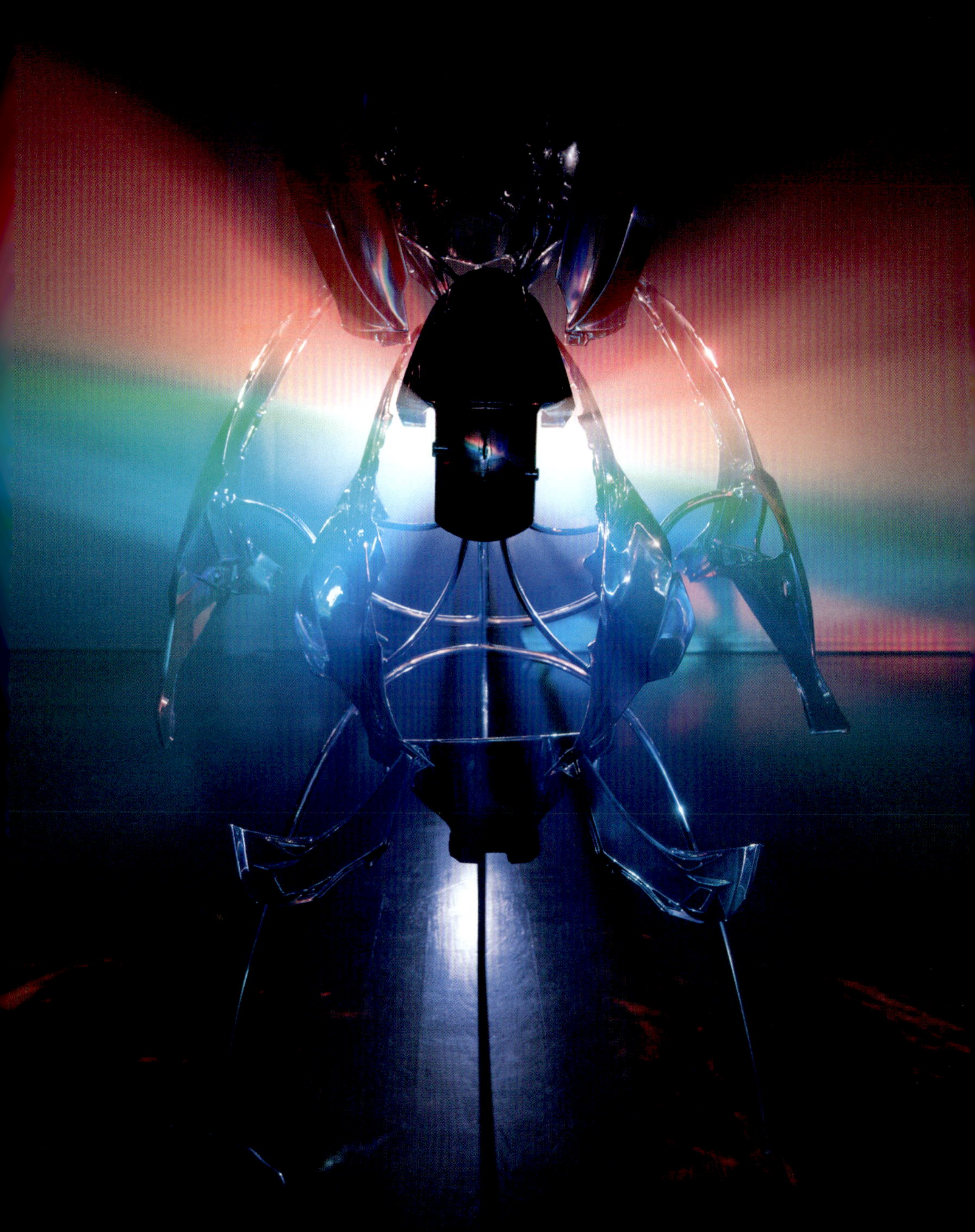

    superfície desordem | surface disorder

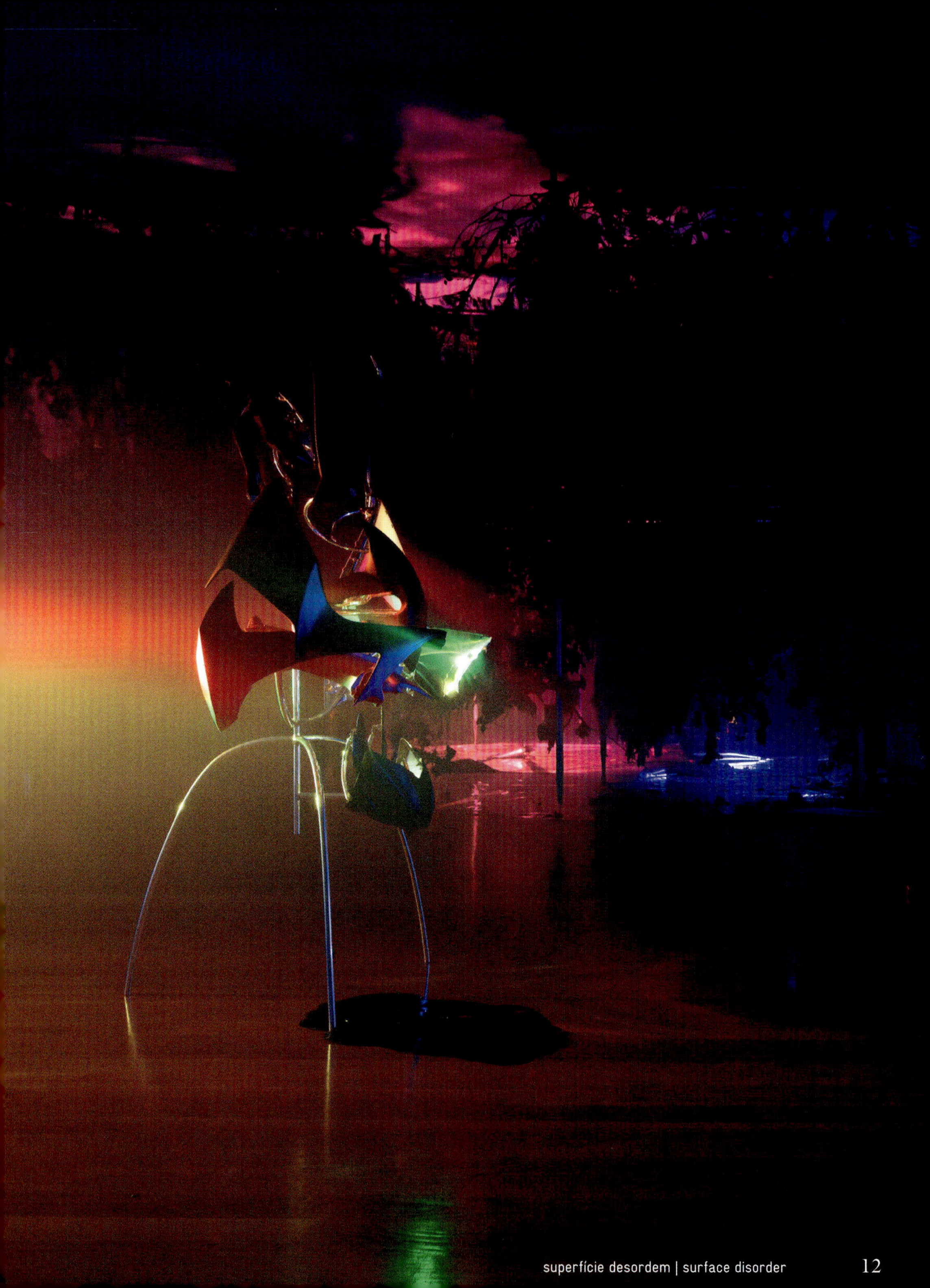

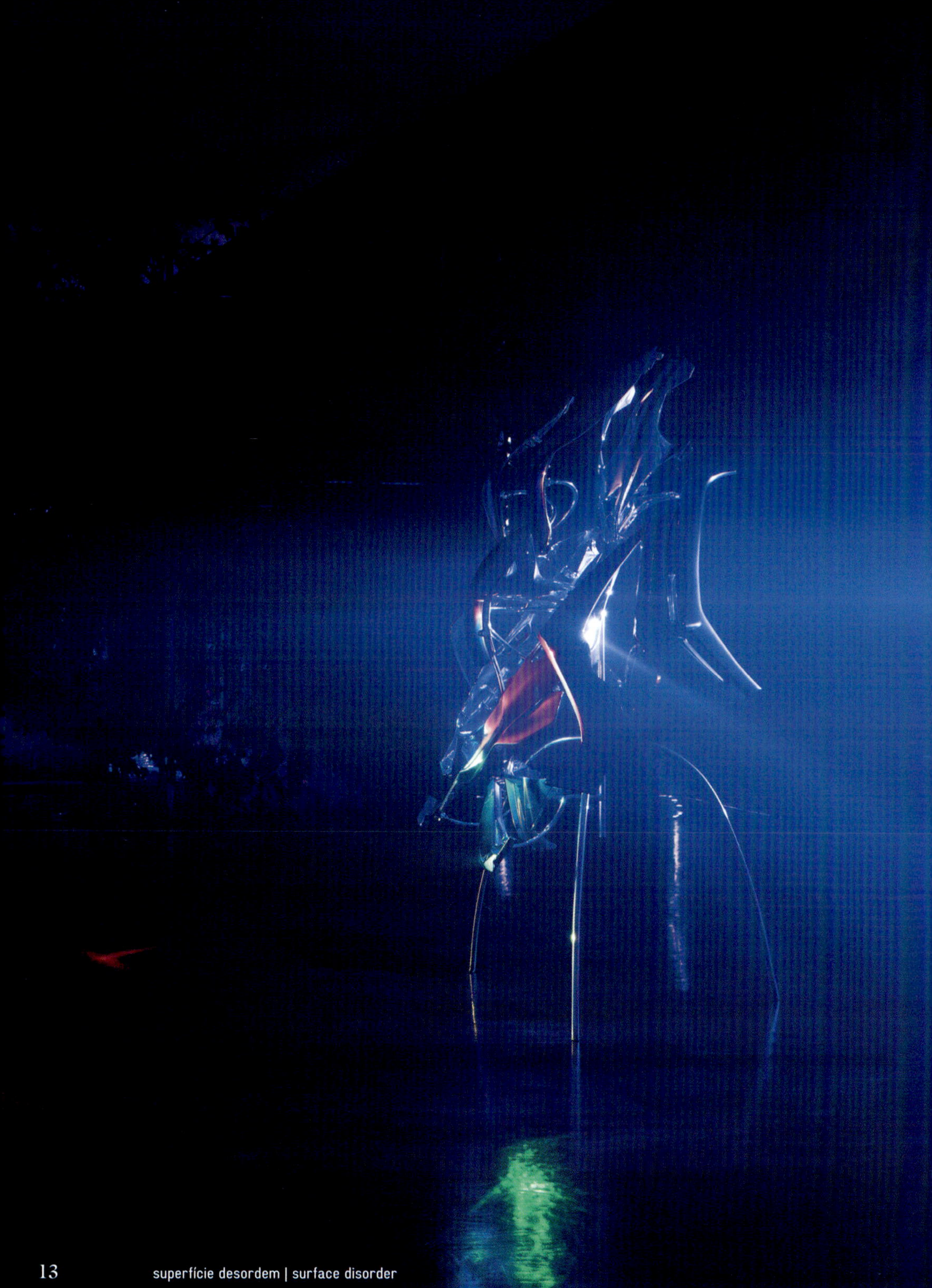

superfície desordem | surface disorder

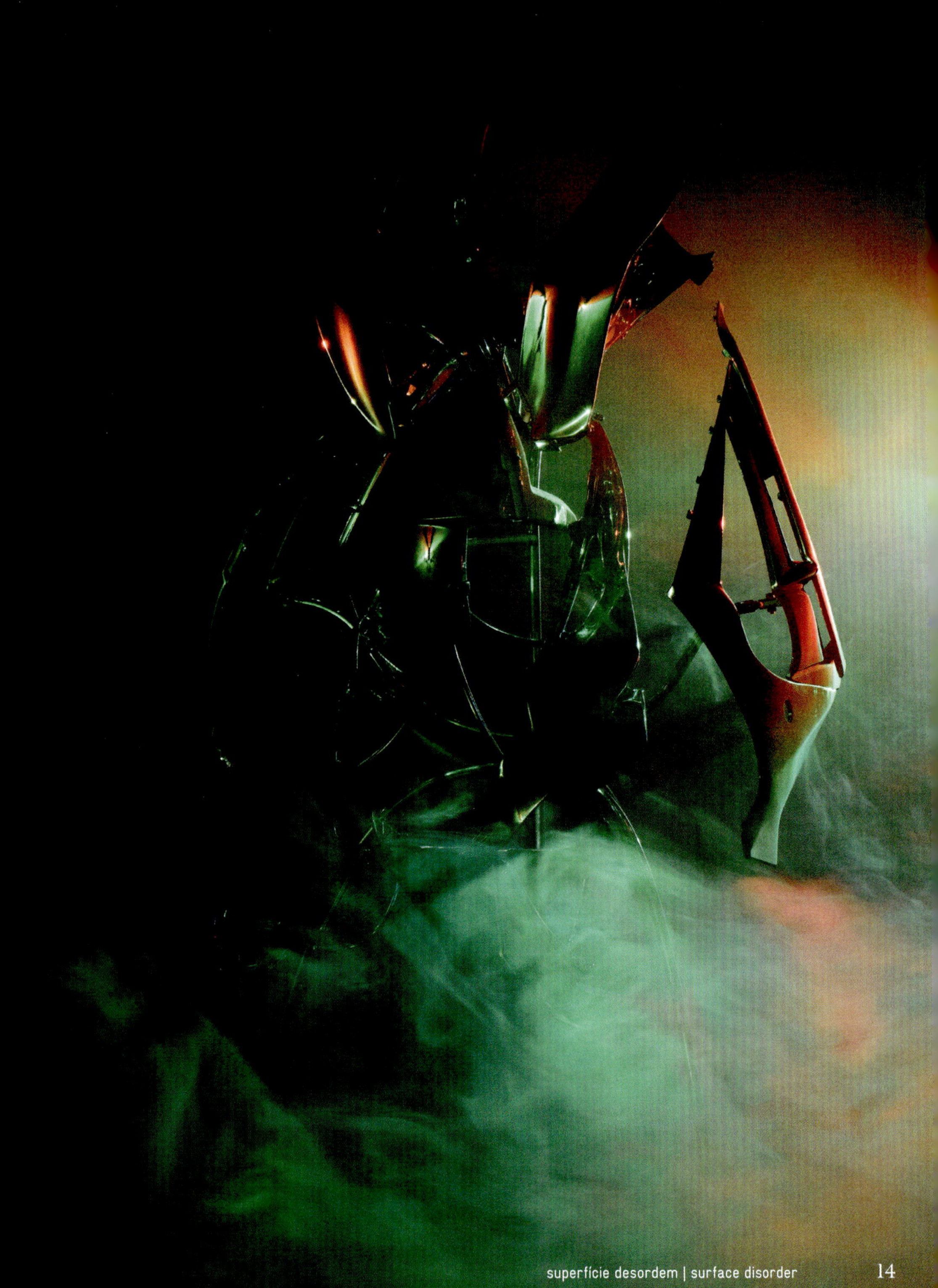

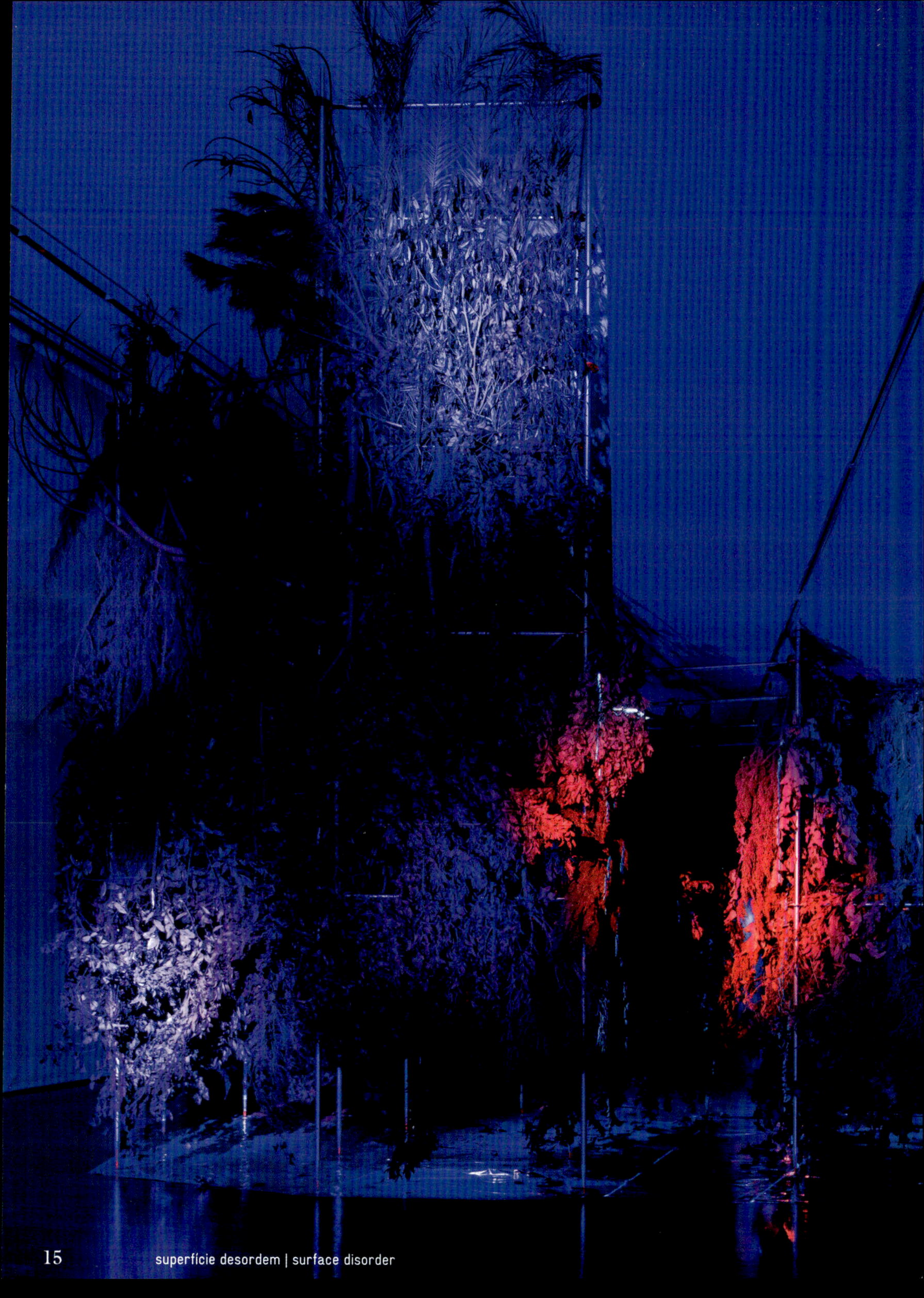

 superfície desordem | surface disorder

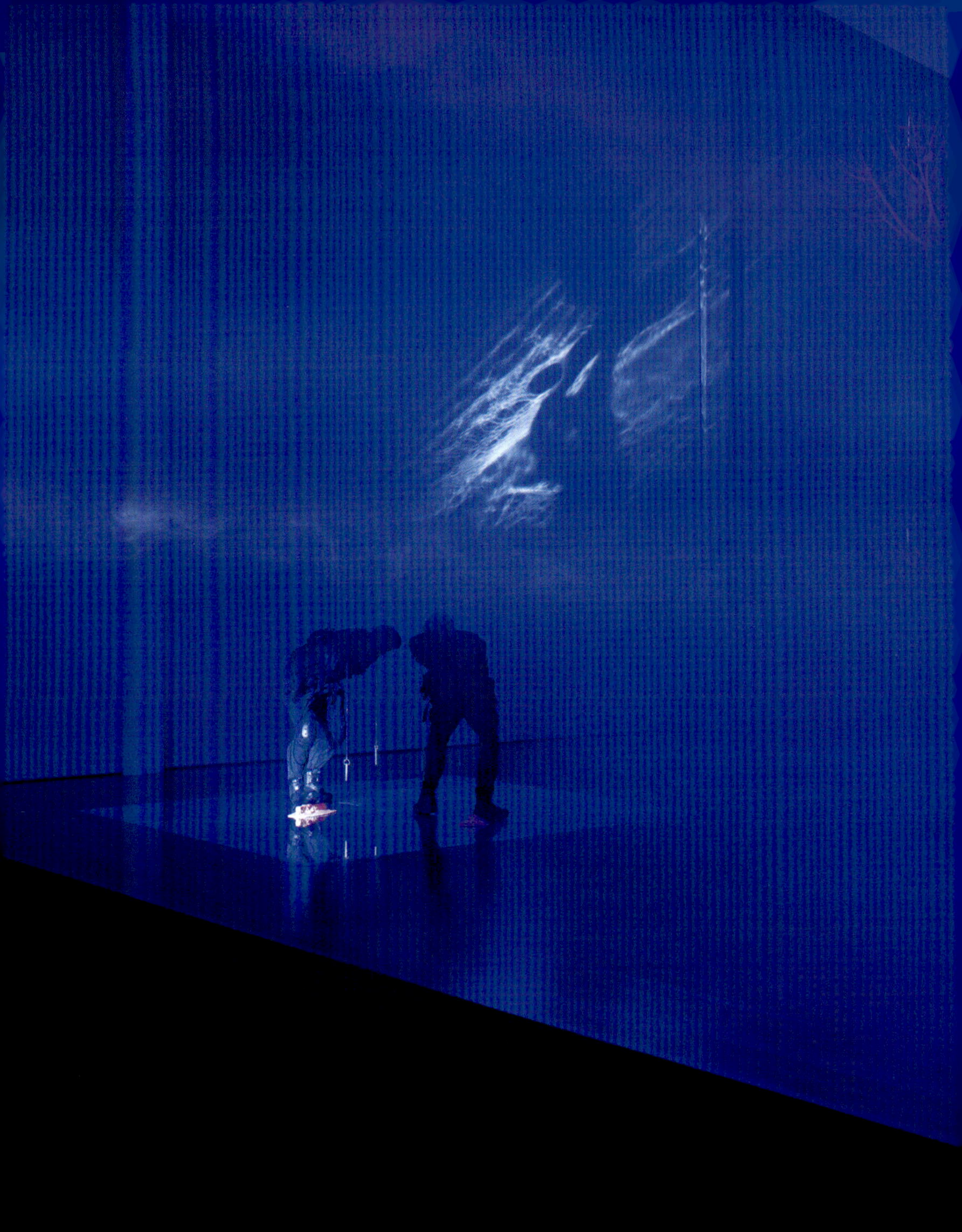

superfície desordem | surface disorder

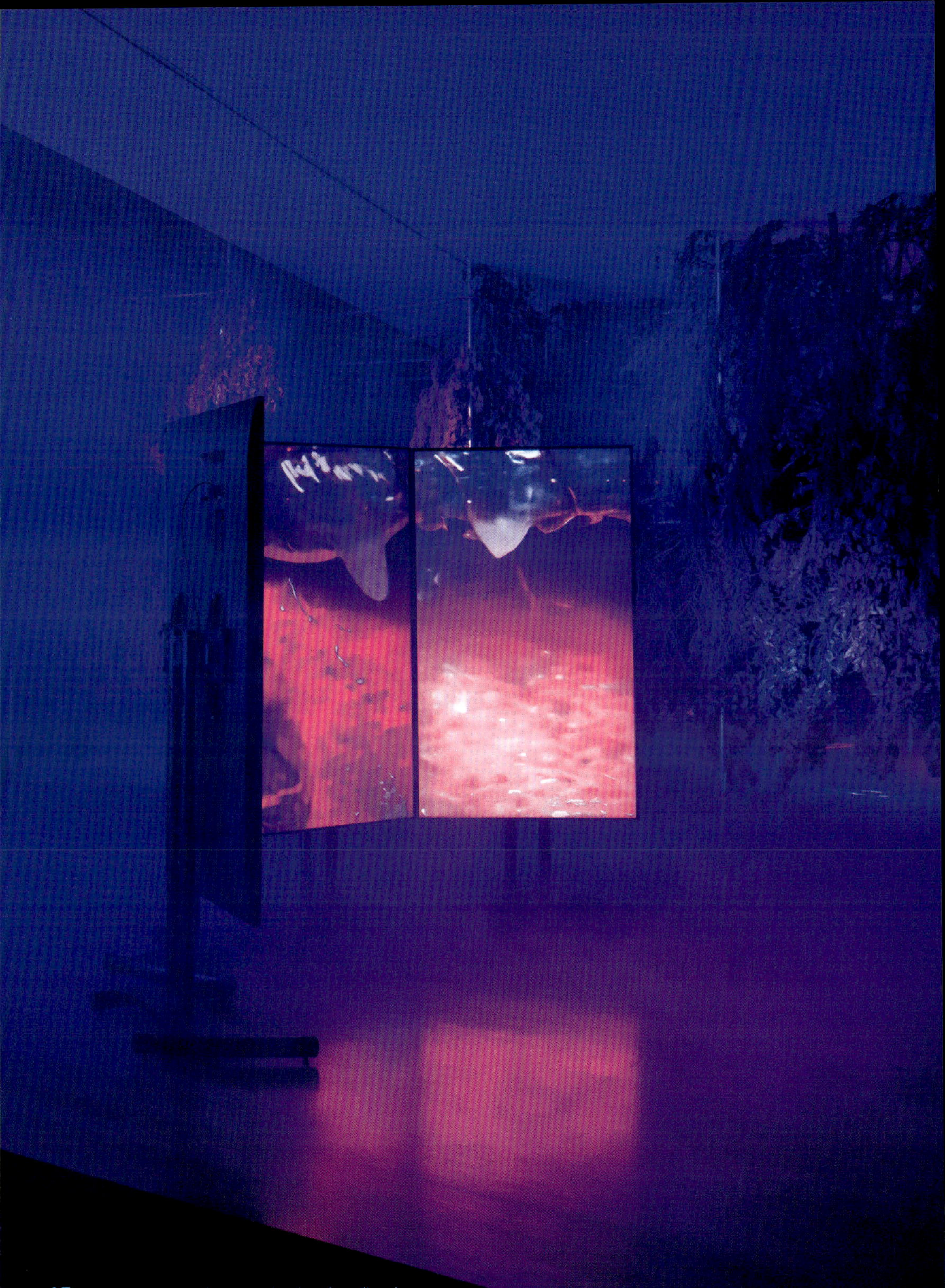

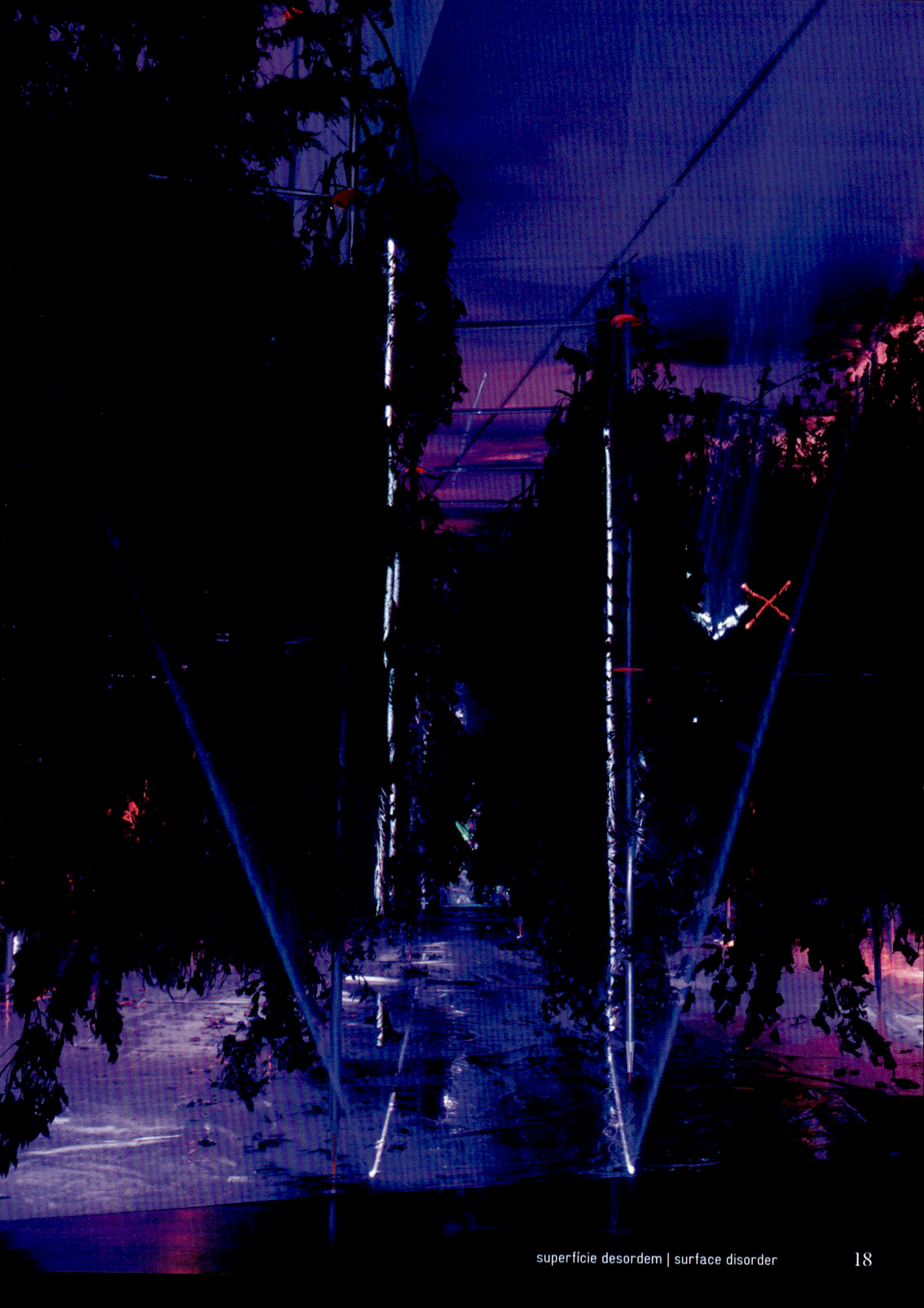

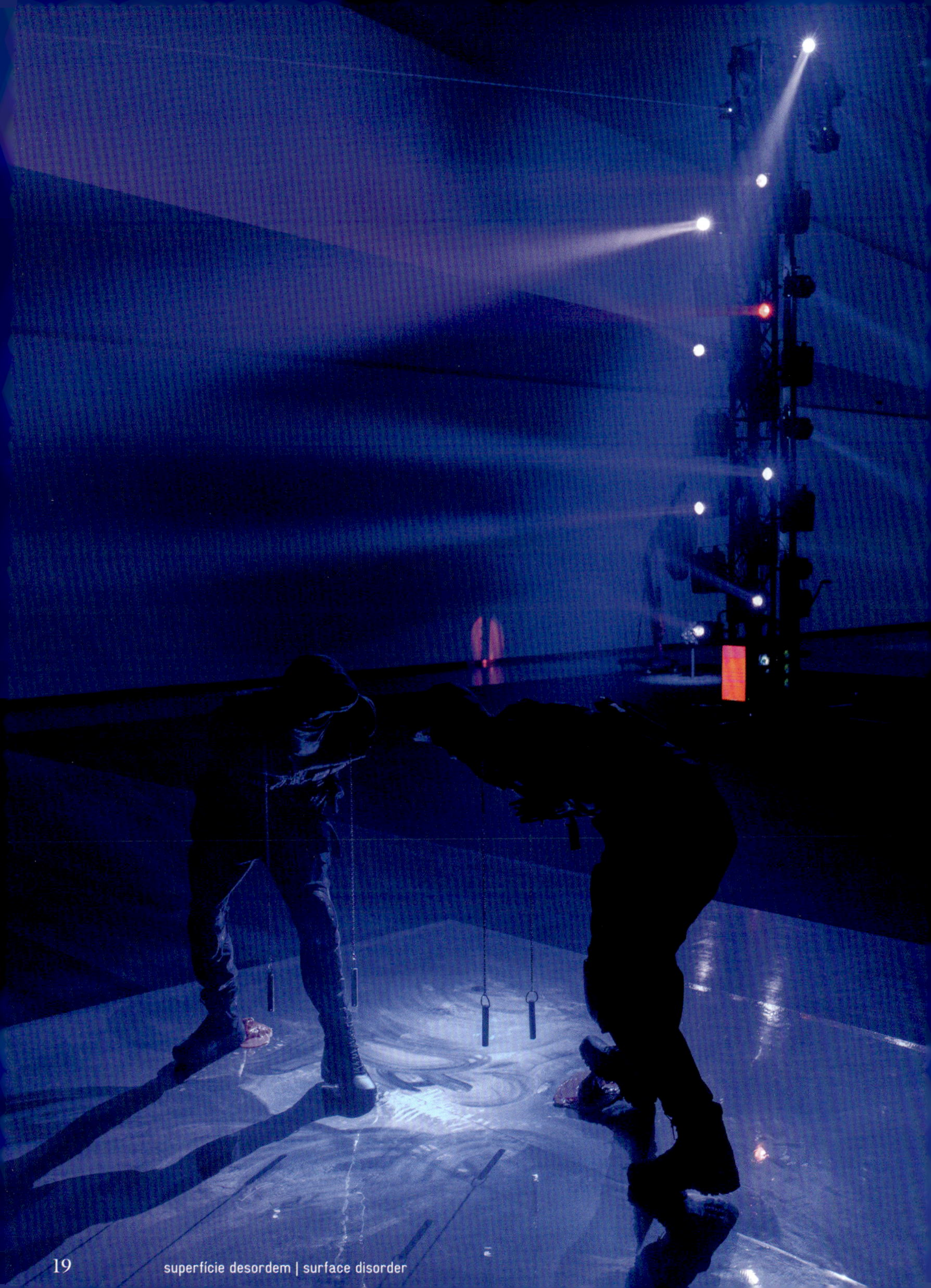

  superfície desordem | surface disorder

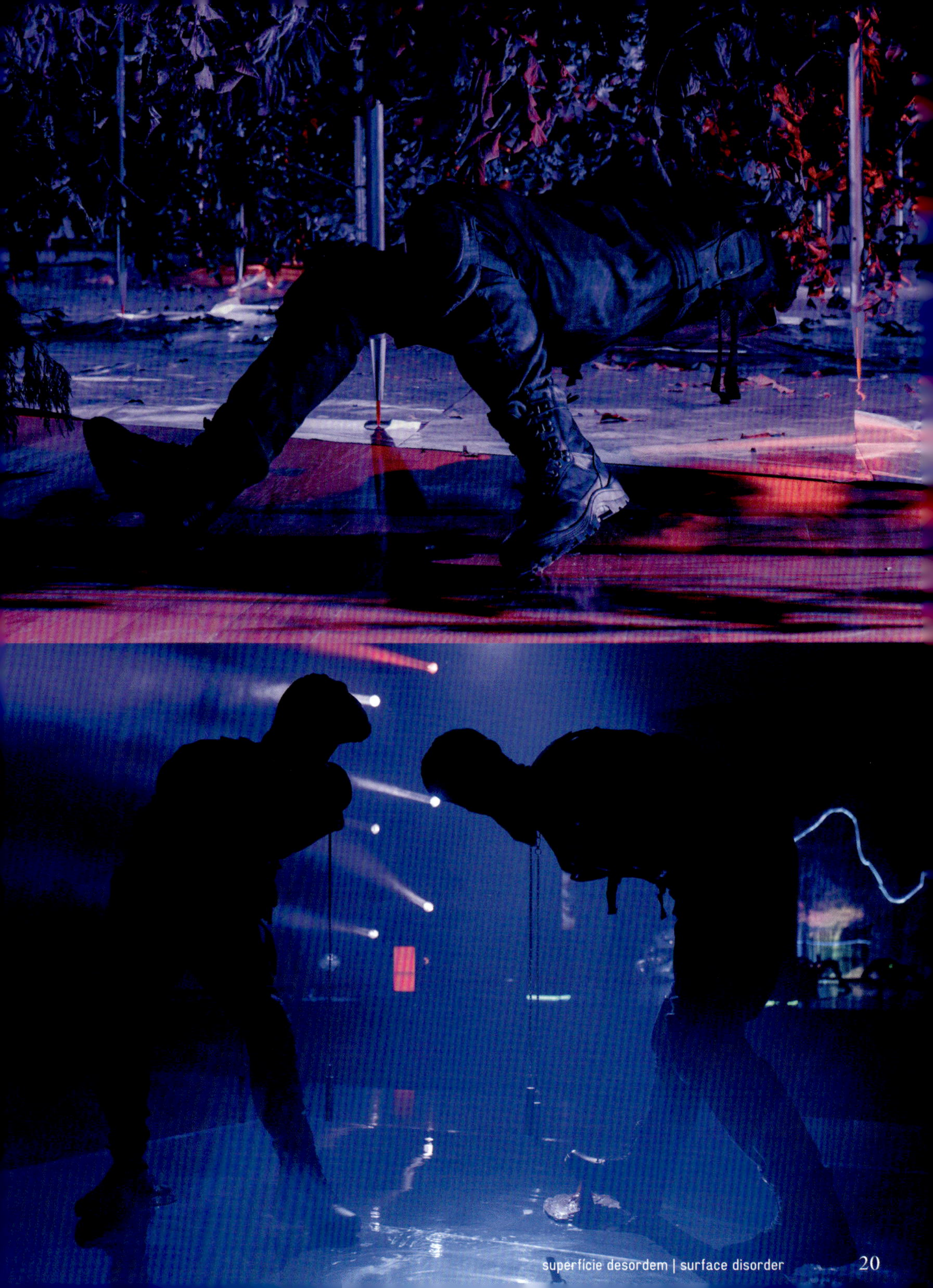

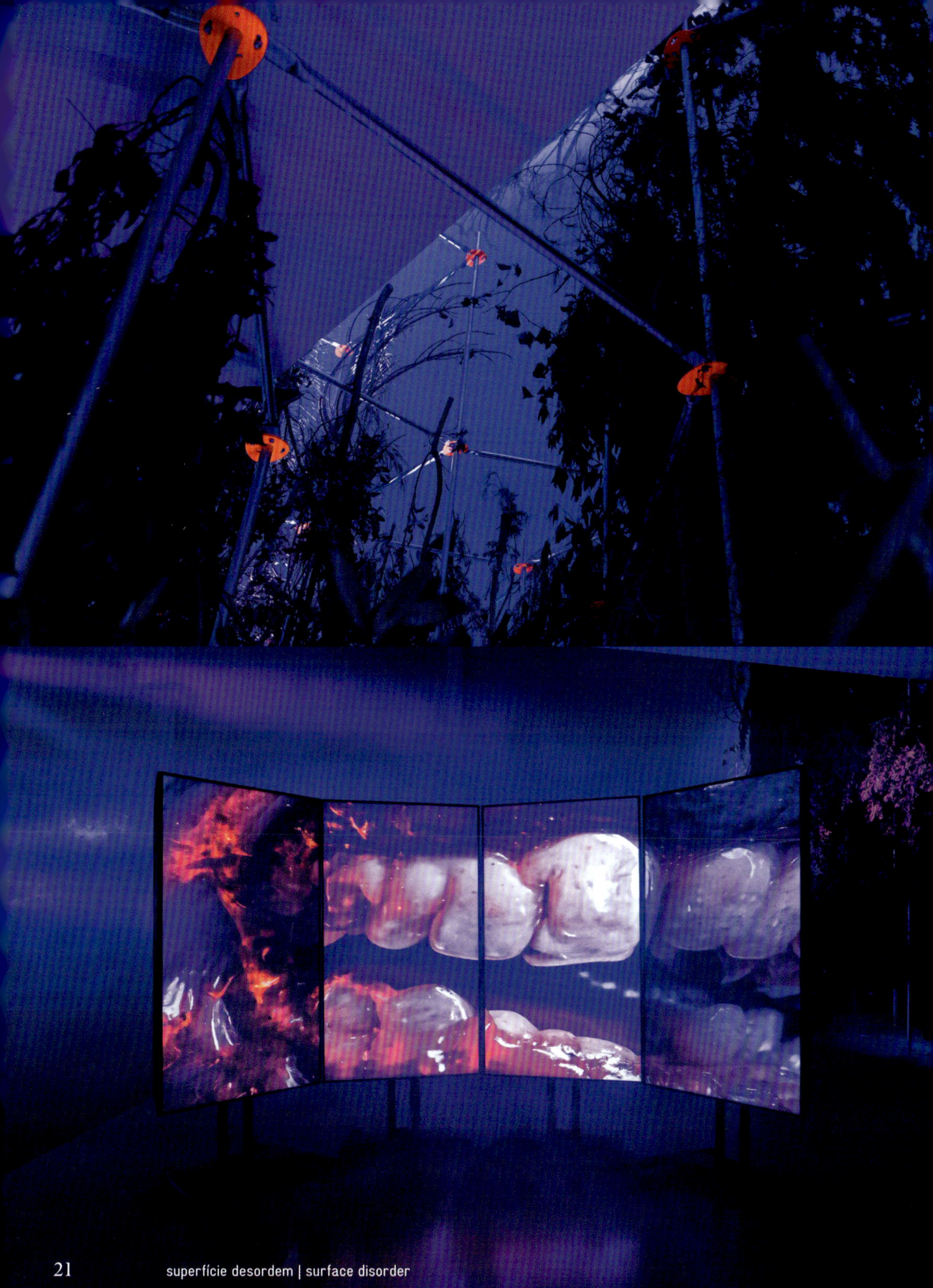

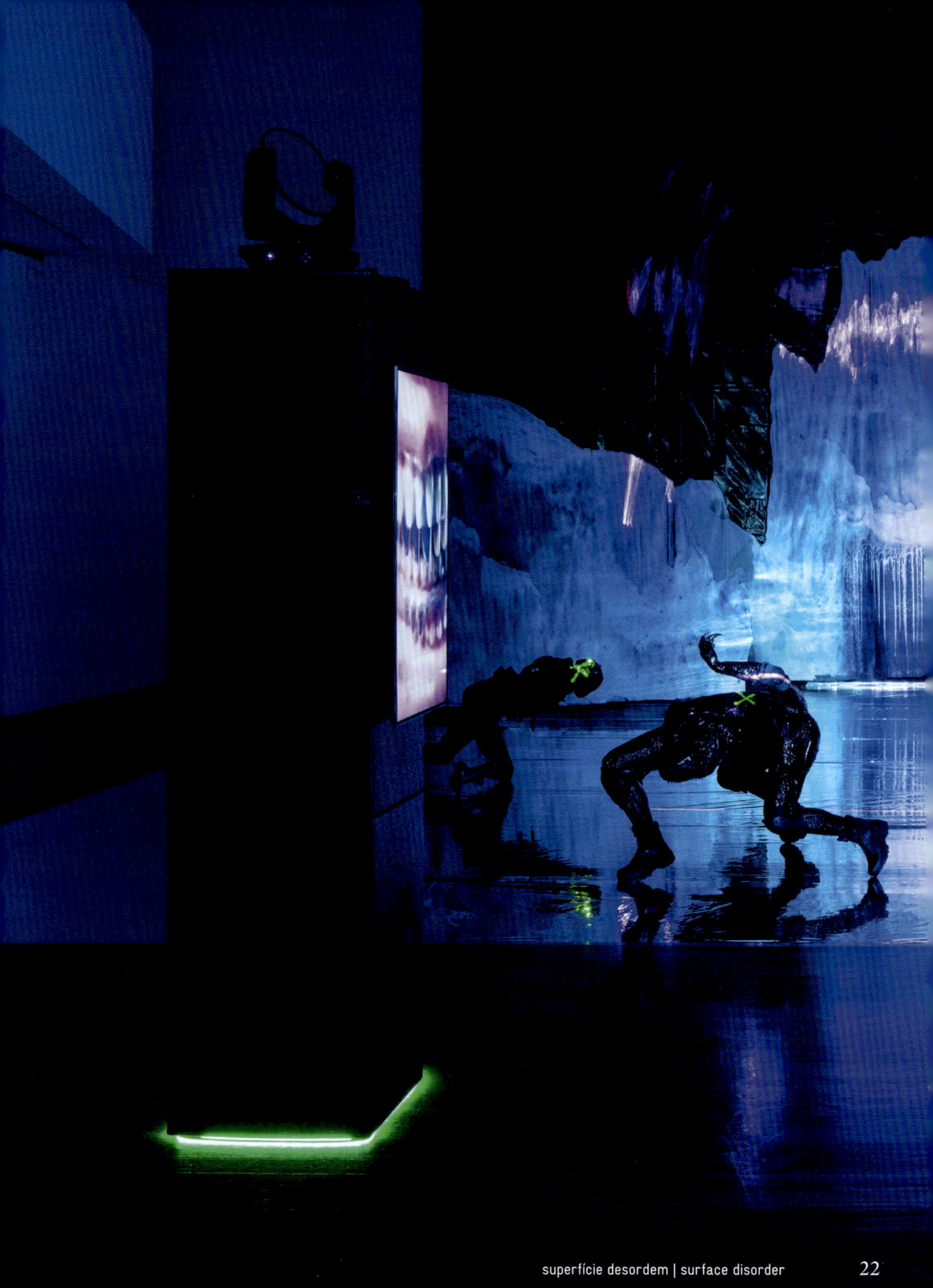

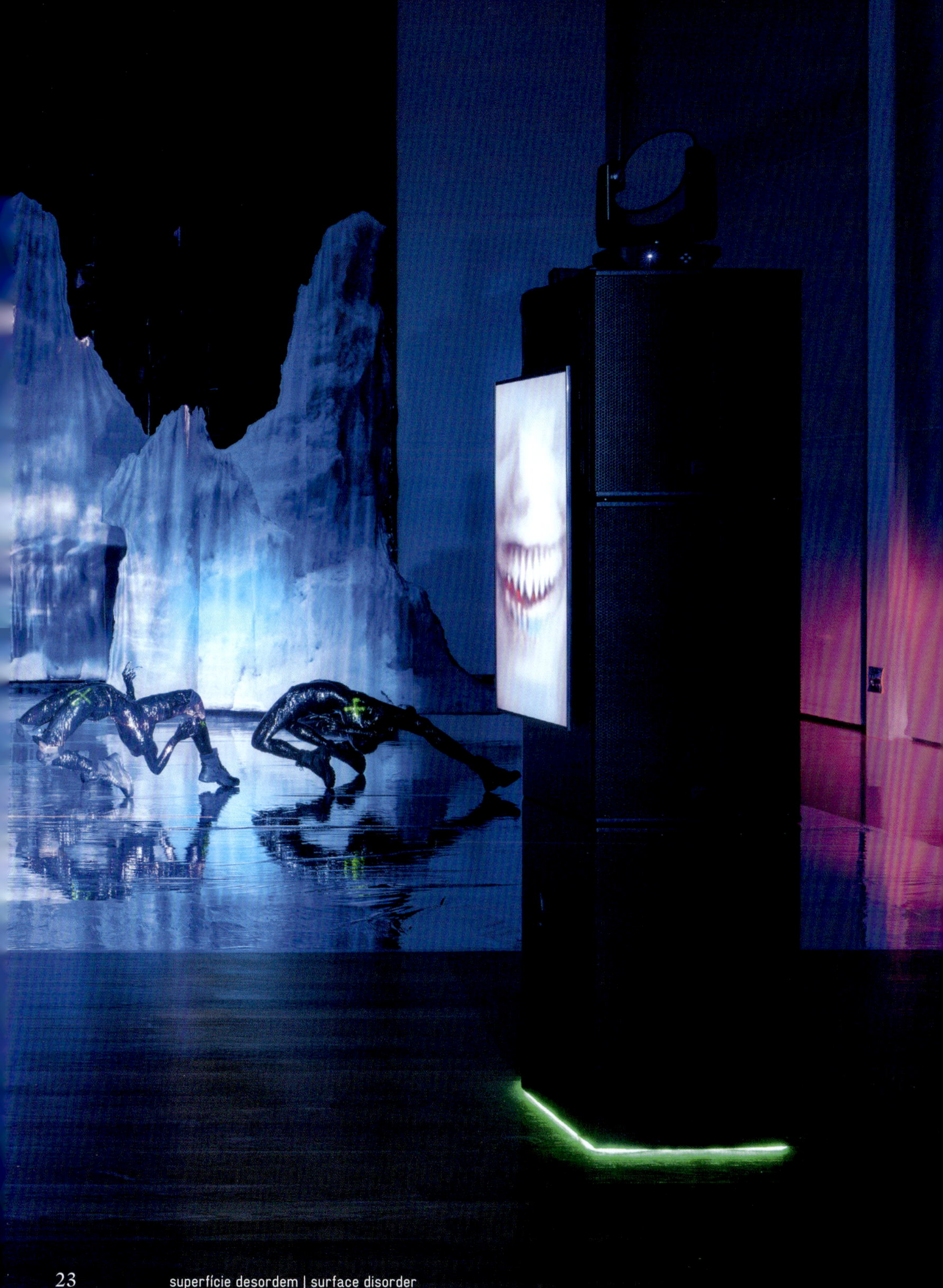

superfície desordem | surface disorder

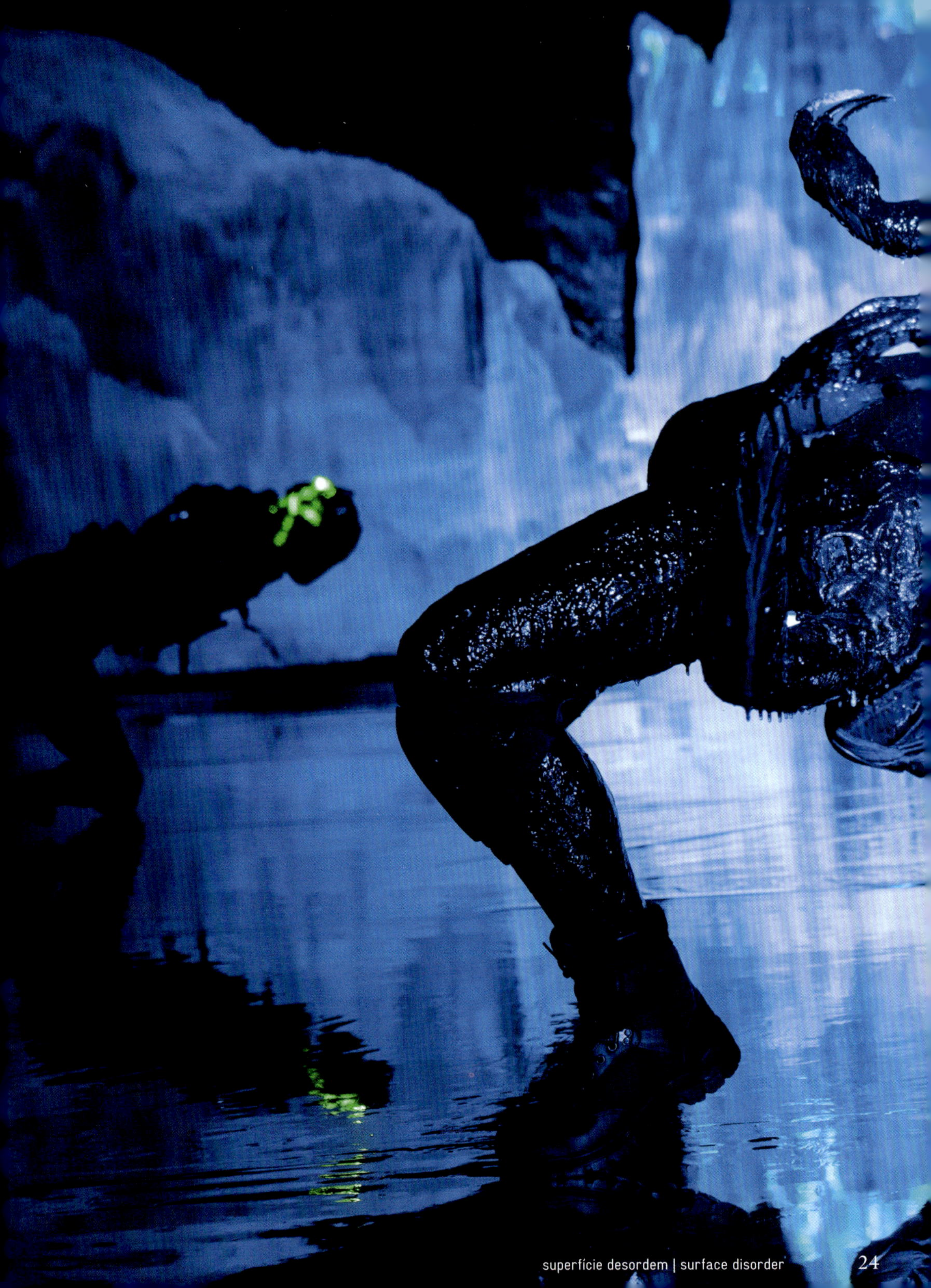

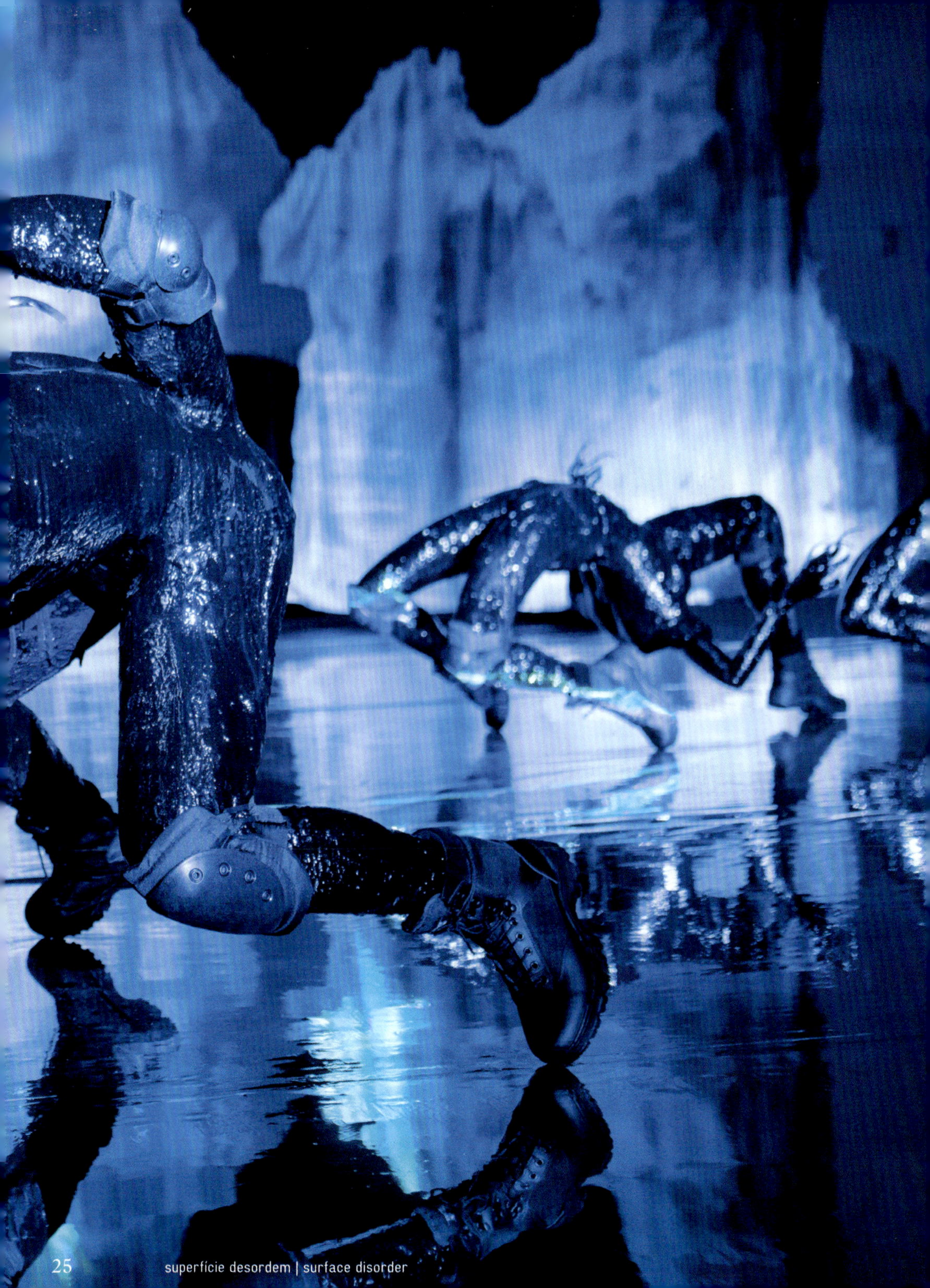

superfície desordem | surface disorder

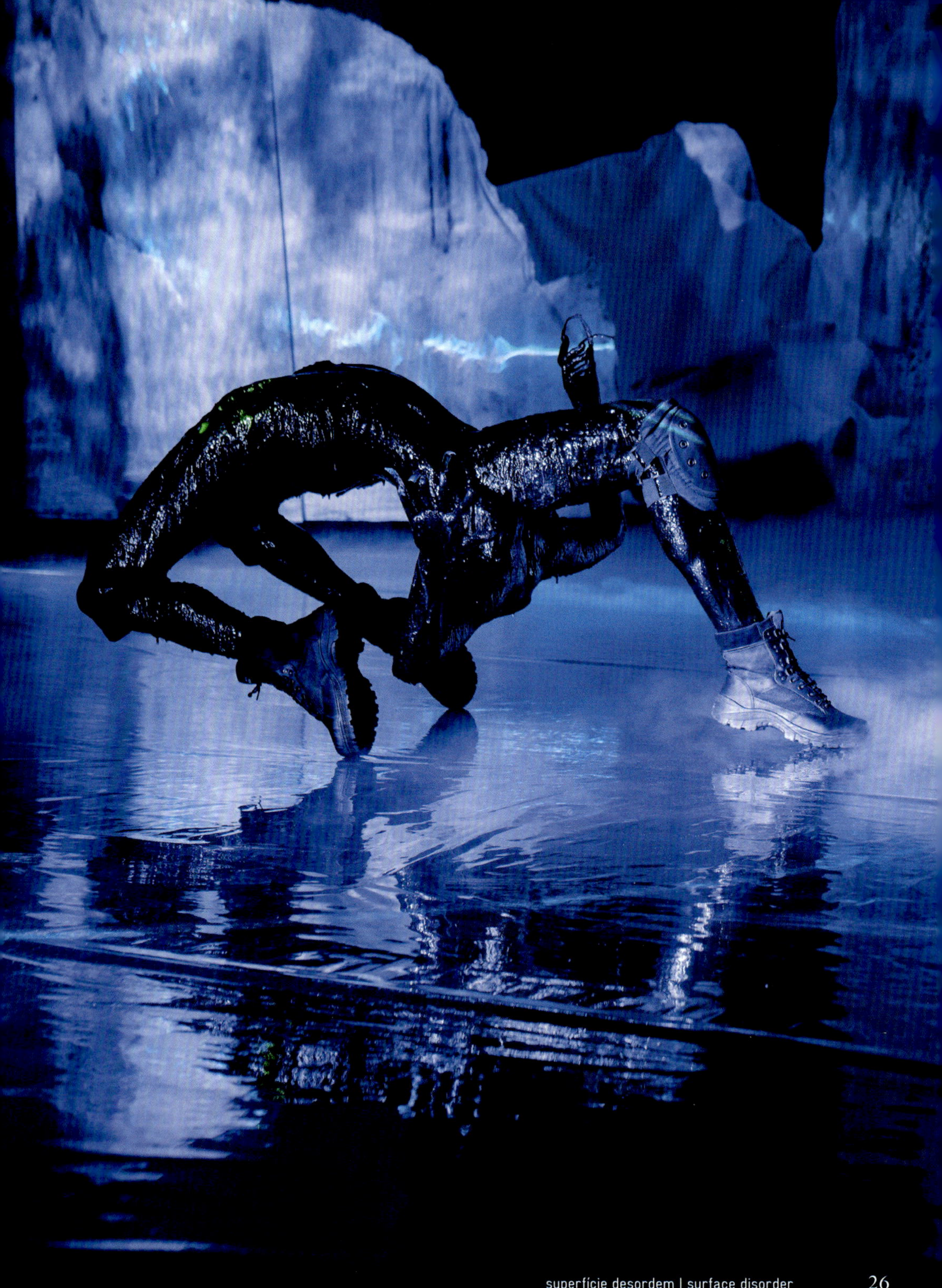

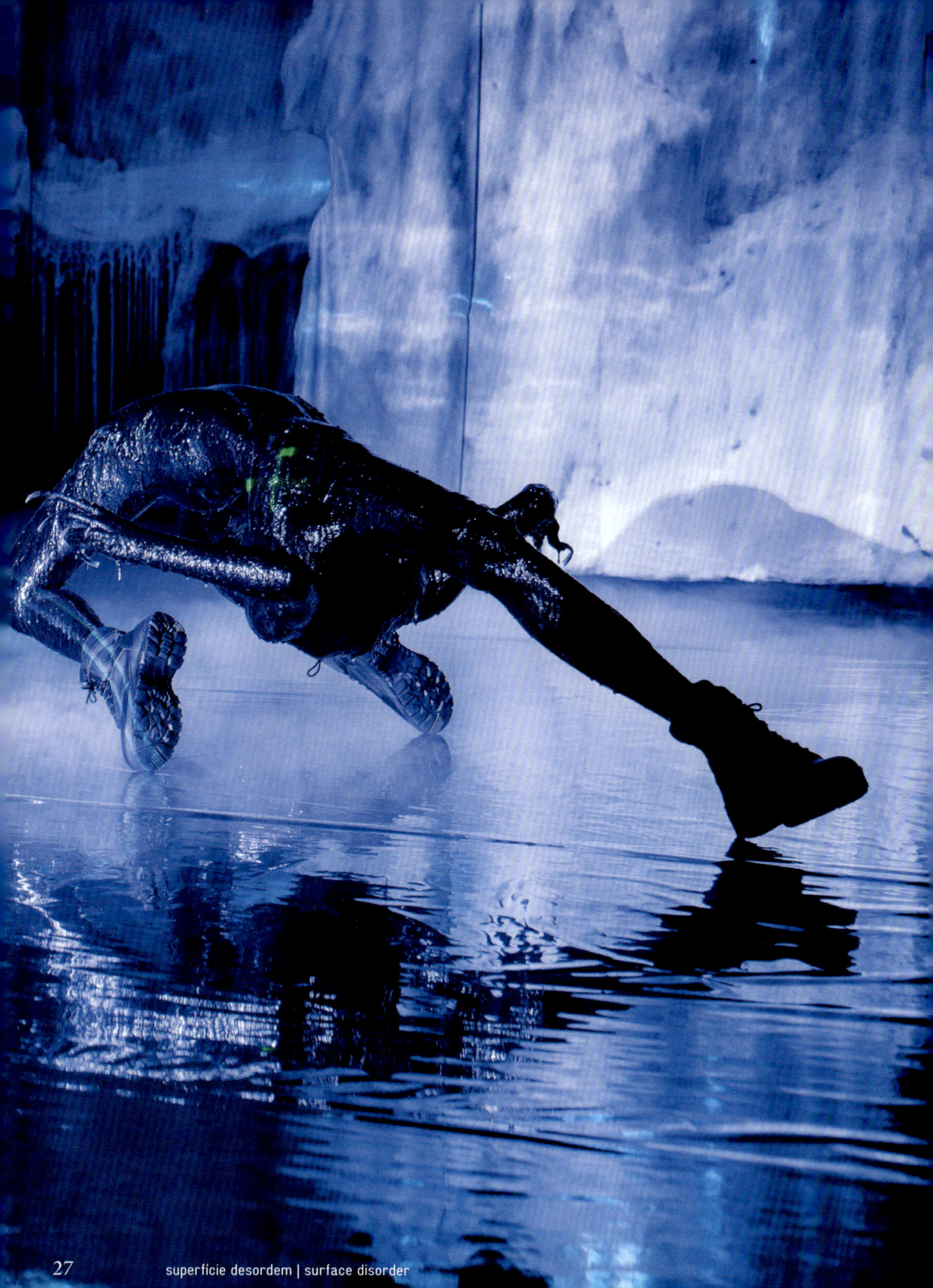

superfície desordem | surface disorder

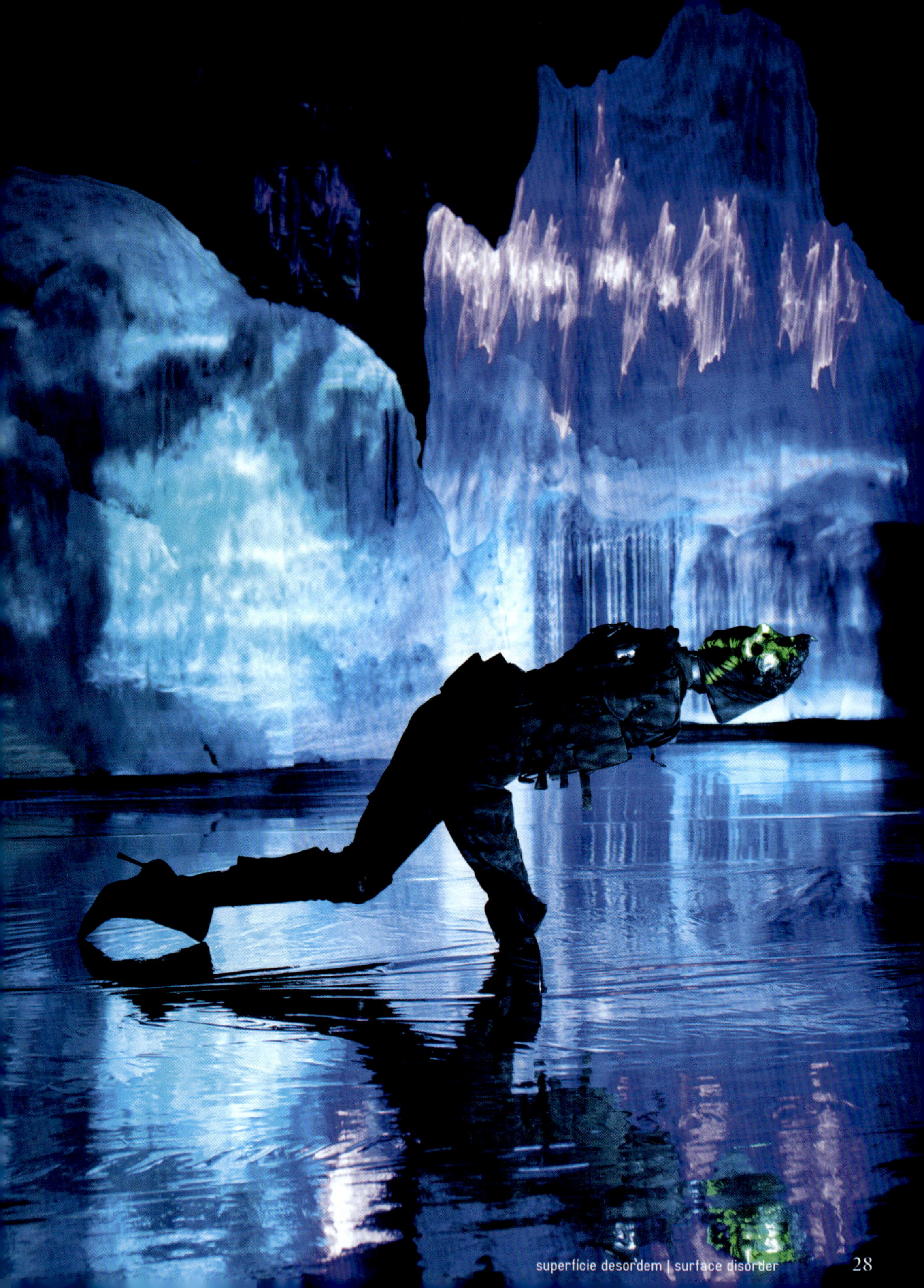

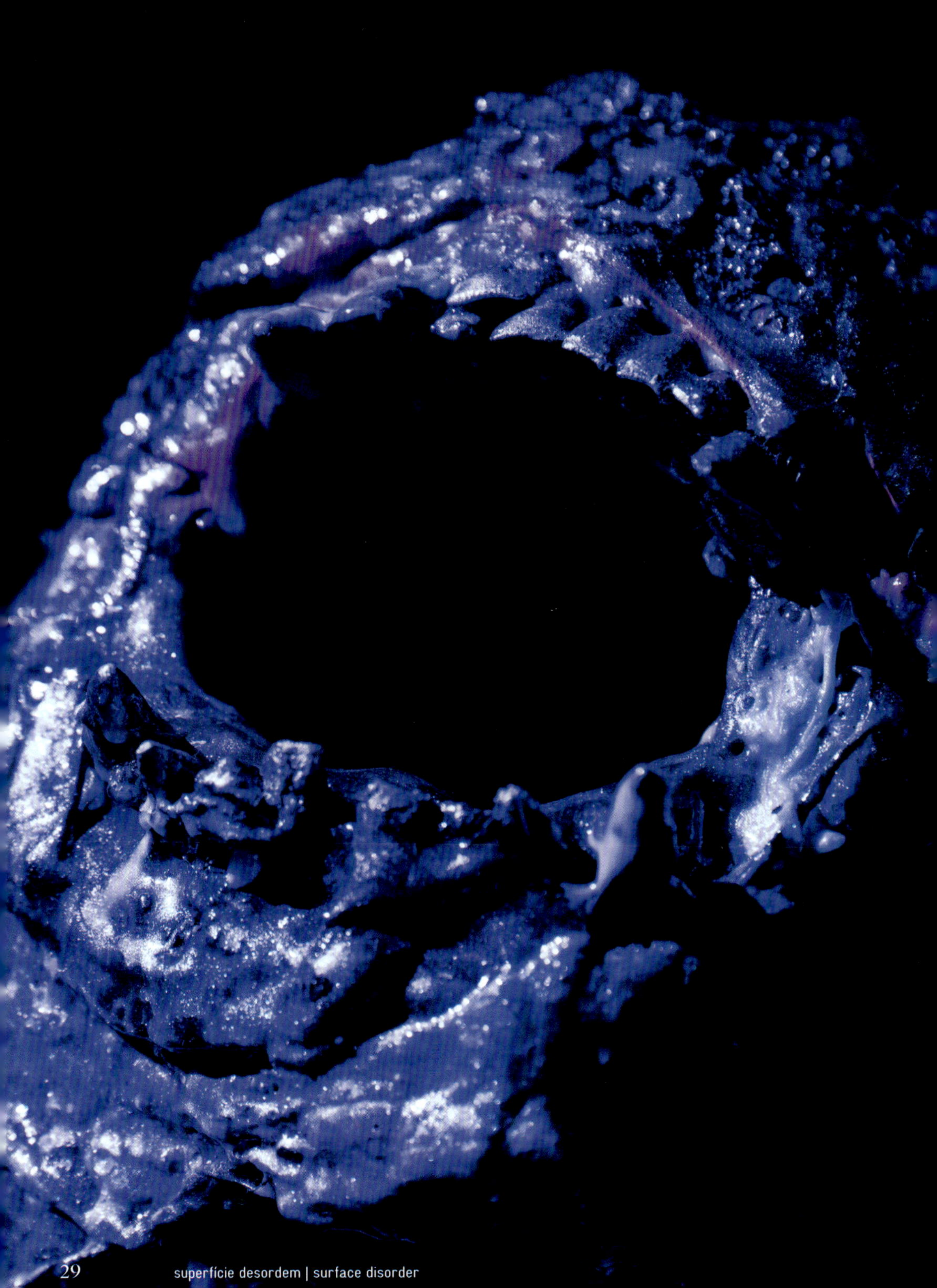

     superfície desordem | surface disorder

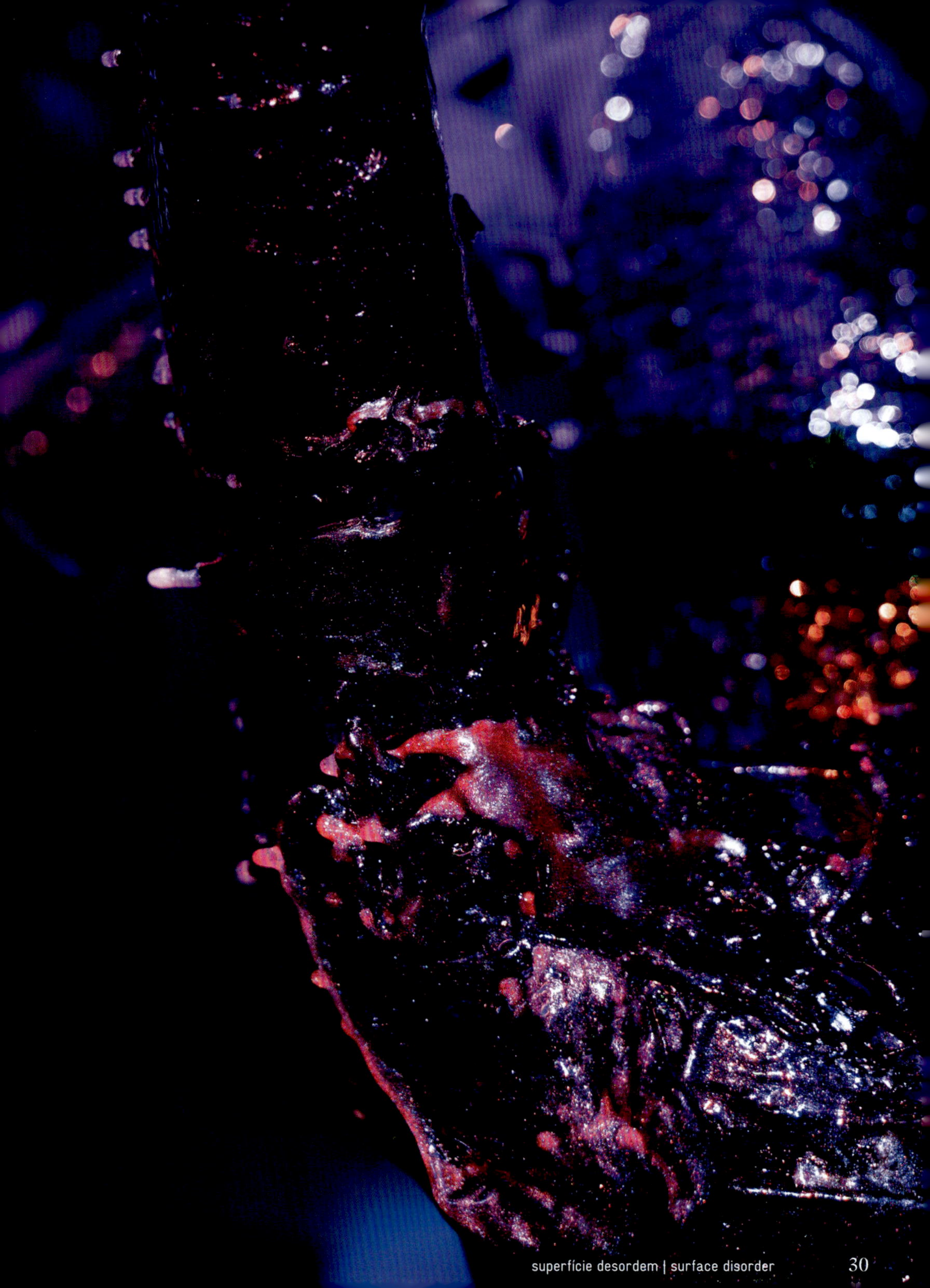

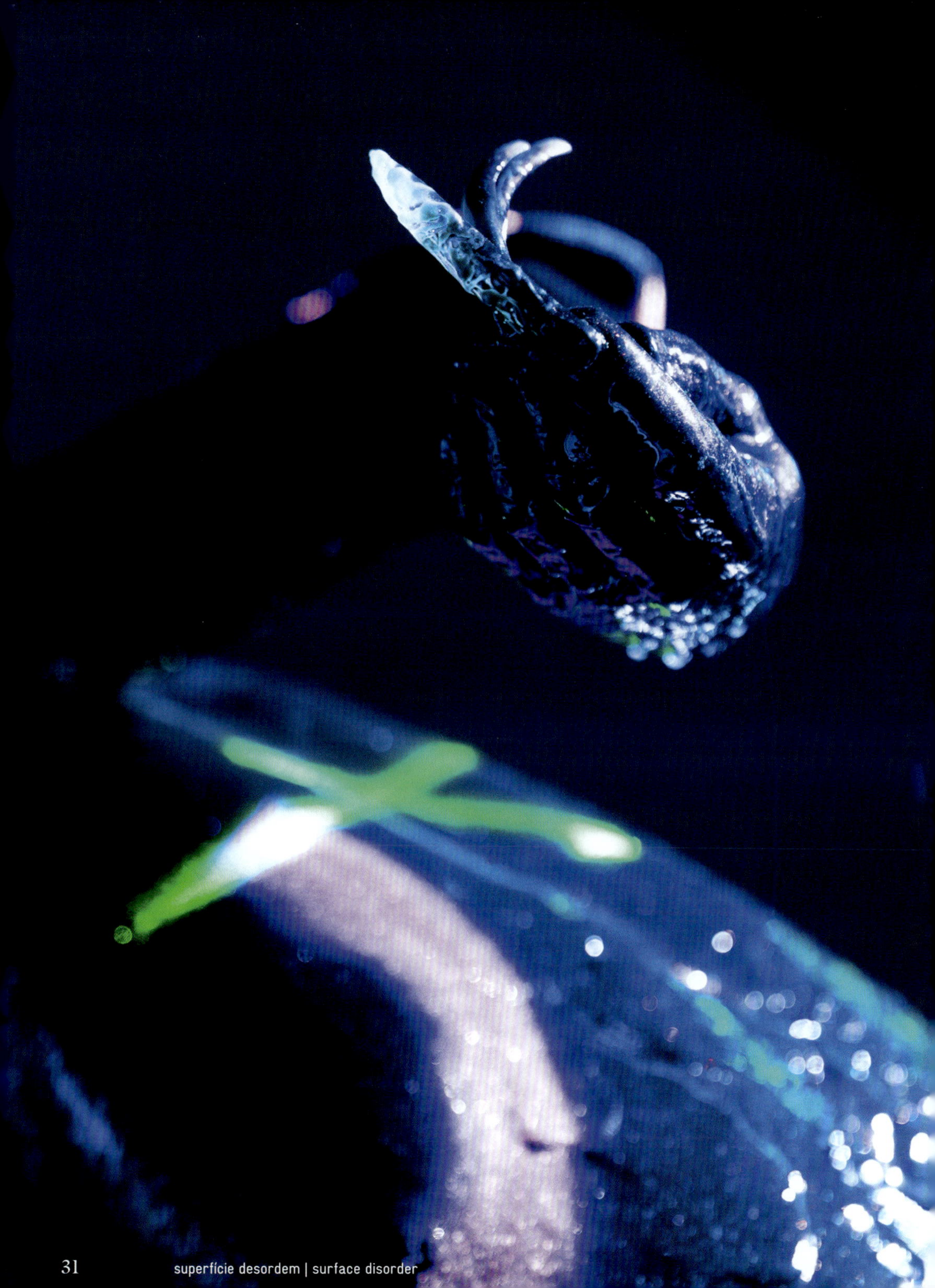

superfície desordem | surface disorder

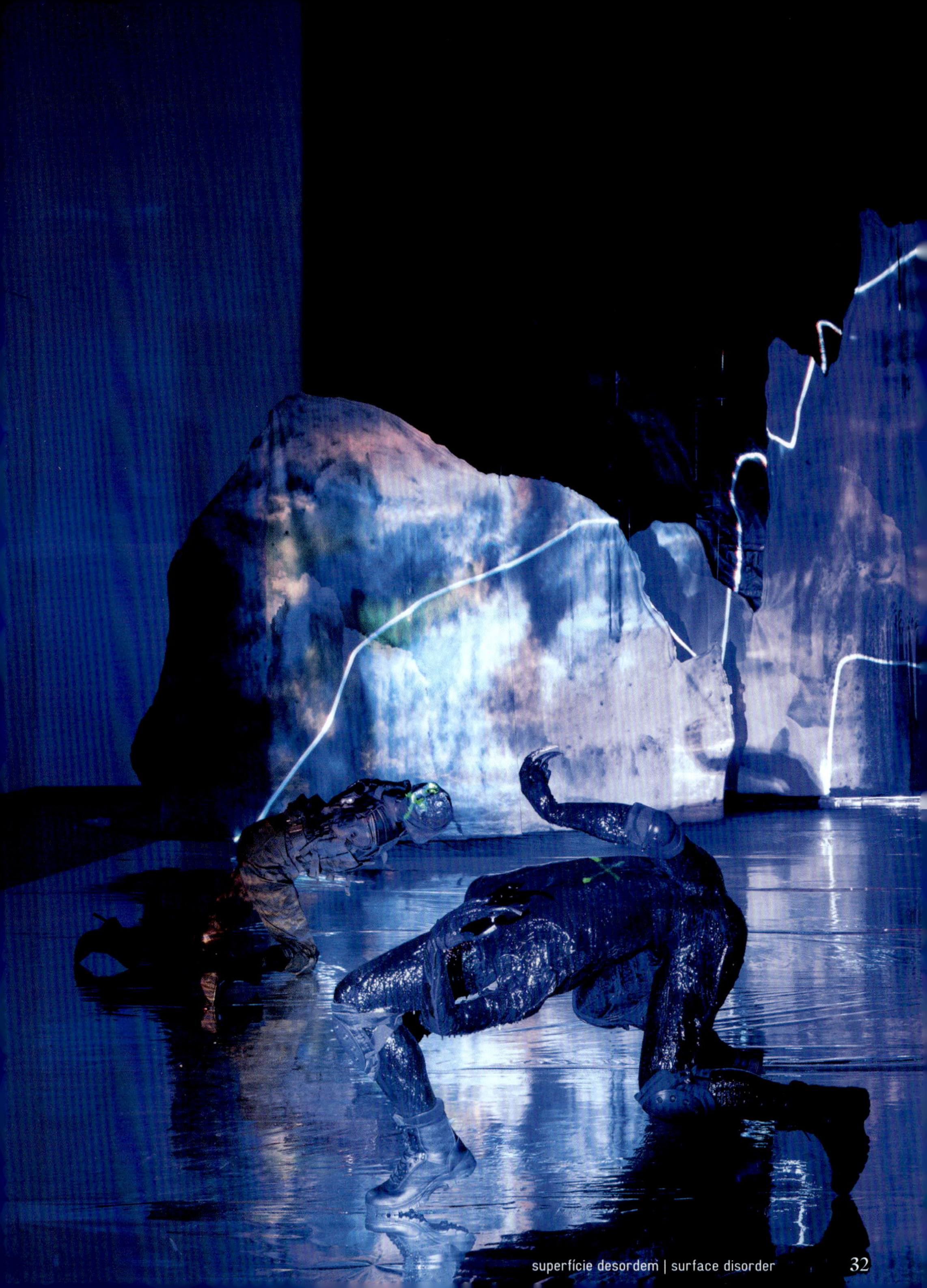

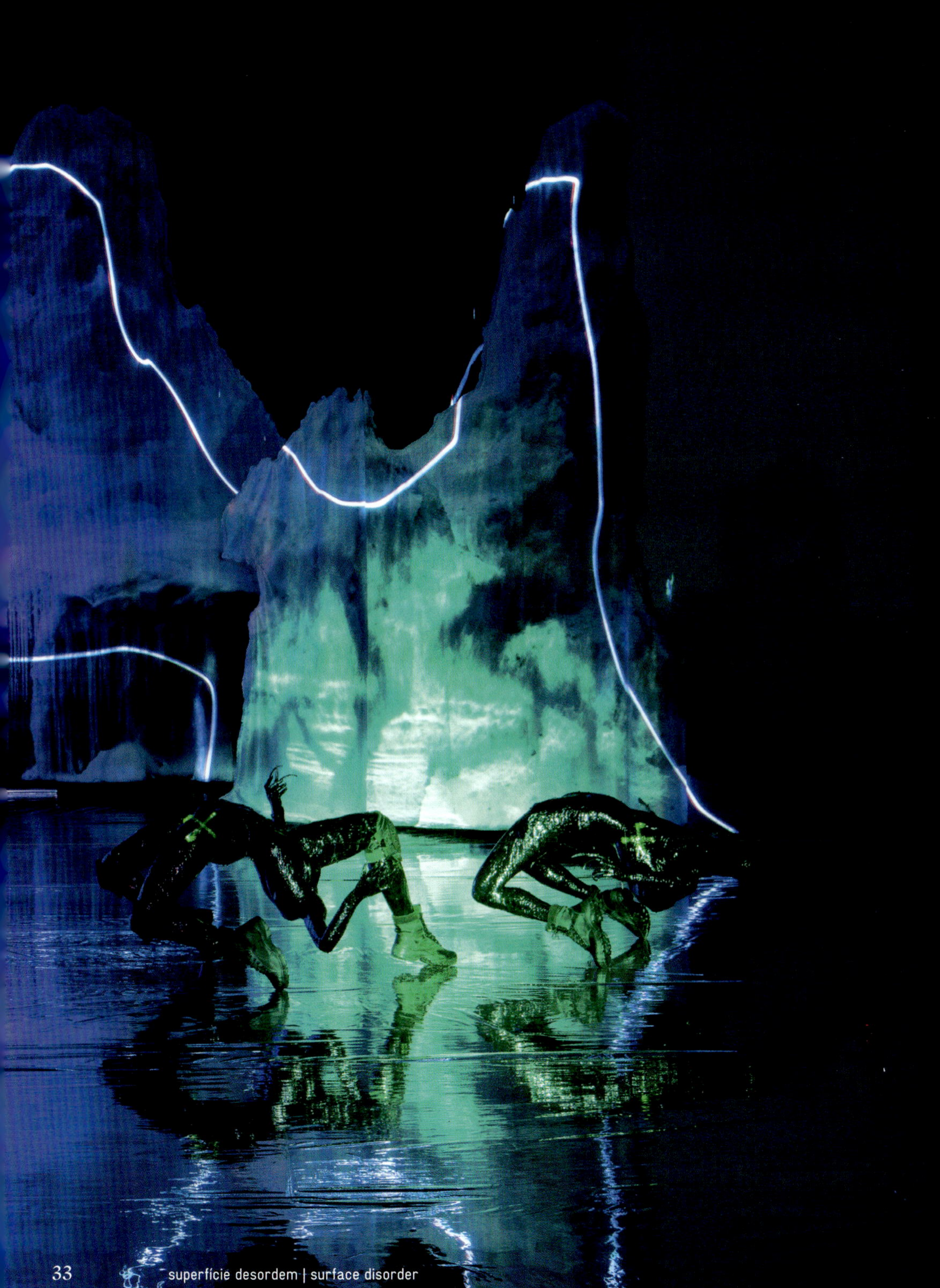

superfície desordem | surface disorder

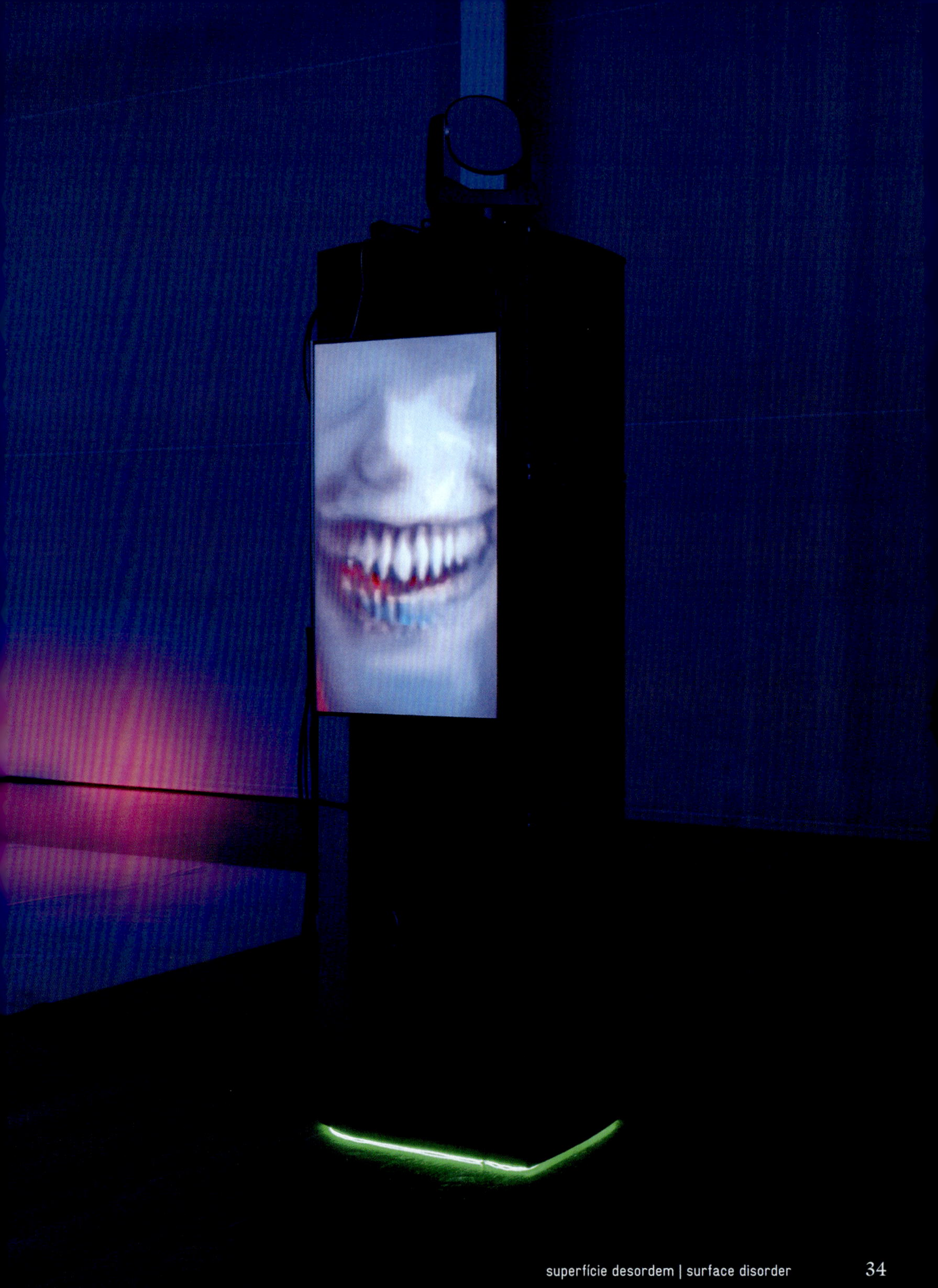

Jonathan Uliel Saldanha: Um Corte Profundo no Corpo da Realidade

João Laia

O velho mundo está a morrer e o novo mundo luta para nascer: agora é o tempo dos monstros.
— Antonio Gramsci

Lâminas cortam o tecido que nos habituamos a reconhecer como realidade. E dessas fissuras emergem entidades ambíguas, fluidas e opacas, que ainda não conhecemos, mas que se fazem sentir de forma cada vez mais forte. A realidade aparenta tornar-se mais irreal a cada instante: é-nos constantemente demonstrado que sempre foi uma ilusão confortável à qual nos agarrávamos ansiosamente.

No entanto, outras leituras são possíveis: a realidade existiu e ainda existe, mas está ameaçada. Necessitamos ou desejamos um regresso a essa realidade: as dinâmicas presentes que nos assustam e afastam dessa ideia de real materializam-se com ferocidade crescente. A ideia de progresso contínuo, marcado por um desenvolvimento generalizado que distribuía prosperidade social é hoje, para muitas pessoas, um mito, e para tantas outras algo que nunca existiu. Exemplos abundam: o colapso ecológico iminente, resultado de lógicas antigas mas cada vez mais intensas, que privilegiam o ganho económico em detrimento do bem-estar humano e planetário; a ascensão de posições opressivas que promovem a exclusão, por exemplo, o "racismo científico" ou a "família tradicional"; a incapacidade de superar a guerra como ferramenta de confronto e a consequente continuidade e emergência de conflitos armados, ou a agência de ferramentas tecnológicas que ameaçam dominar e substituir o ser humano.

É possível falar de um momento-pesadelo? Vivemos realmente uma época extraordinária? Ou o presente é antes um acelerar de tendências preexistentes menos visíveis? Talvez a nossa perceção ilusória da realidade também impacte o entendimento do momento presente como algo excecional. Talvez esta noção de crise-pesadelo seja um sentimento próprio das sociedades ocidentais, que de formas várias se tinham protegido deste tipo de tensões que já impactavam grande parte do mundo. Possibilidades abundam, mas parece ser evidente que habitamos uma época marcada pelo medo, um sentimento que é explorado de diferentes formas e que se pode observar tanto em modalidades de consumo como em posicionamentos políticos — e num número quase infinito de movimentos onde ambos se encontram.

Esse medo produz monstros, figuras que aparecem em cavidades — reais, imaginadas, conscientes ou inconscientes — e materializam ansiedades oriundas da perceção generalizada de falta de controle. São entidades (petróleo), são seres (humanos e não-humanos), são tecnologias (inteligência artificial), são o nosso planeta e o cosmos ao seu redor. É possível olhar para a nossa época como uma atualização do momento crepuscular assinalado por Gramsci onde os monstros aparecem? Mas talvez os monstros não sejam apenas as posições economicistas, exclusivistas e nativistas que emergiam ontem tal como emergem hoje, mas também a agência de um número quase infinito de presenças que não conhecemos (e talvez nunca possamos conhecer).

Os monstros são também personificações do desconhecido e, decorrente desta perceção, nós, pessoas humanas, somos também monstros. Desta forma, estes antigos-novos monstros podem também ser possibilidades de agências de vida que reconhecem e incluem limites de conhecimento, ou seja, que se abrem ao desconhecido. De facto, os monstros que habitam o universo crepuscular de Jonathan Uliel Saldanha consubstanciam-se como possibilidades empáticas de habitar o mundo, nas quais se reconhecem os fossos e as armadilhas do momento presente na sua relação com dinâmicas passadas, mas onde, em simultâneo, outras formas de ser e estar se tornam possíveis e se abrem à nossa frente. Assim, os monstros que emergem na obscuridade de Saldanha podem ser faróis que iluminam múltiplas possibilidades, sem ditar ou limitar o futuro.

Para a Galeria Municipal do Porto é uma honra poder apresentar um corpo de trabalho tão urgente e preciso no seu relacionamento com o momento contemporâneo. É essa a nossa missão como organismo municipal: dar visibilidade a práticas artísticas que se relacionem de forma tão próxima e necessária com a nossa sociedade. O facto de o artista em questão viver no Porto e ser um agente muito relevante no tecido artístico da cidade torna este projeto ainda mais crucial. Deixamos aqui o nosso profundo agradecimento a Jonathan Uliel Saldanha por toda a sua dedicação e a toda a equipa que com ele trabalhou neste projeto único.

A exposição *Superfície Desordem* de Jonathan Uliel Saldanha é apresentada em Lisboa, na segunda metade de 2025, no âmbito da colaboração entre a Galeria Municipal do Porto e as Galerias Municipais — Lisboa Cultura.

Jonathan Uliel Saldanha: A Deep Cut in the Body of Reality

João Laia

> *The old world is dying, and the new world*
> *struggles to be born: now is the time of monsters.*
> — Antonio Gramsci

Blades cut through the fabric that we have become accustomed to perceiving as reality. And ambiguous, fluid and opaque entities emerge from these crevices, that we don't yet know, but which are becoming ever more apparent. Reality seems increasingly unreal: we are constantly being shown that it was merely a comfortable illusion to which we anxiously clung.

However, there are other possible interpretations: reality existed, and still exists, but it is now under threat. We need, or desire, a return to that reality, since the current dynamics that frighten us and pull us away from this sense of the real are materialising with increasing ferocity. The idea of continuous progress, marked by generalised development that distributes social prosperity, is now viewed by many as a myth and by others as something that never existed. Examples abound: the imminent ecological collapse, the result of increasingly intense and well-entrenched logics that favour economic gain over human and planetary well-being; the rise of oppressive outlooks which foster exclusion, such as "scientific racism" or the "traditional family"; the inability to overcome war as an instrument of confrontation and the consequent persistence and emergence of armed conflicts; or the power of technological tools that threaten to dominate and replace human life.

Is it possible to refer to all of this as a nightmare moment? Are we really living in an extraordinary era? Or is the present simply an acceleration of pre-existing, less visible trends? Perhaps our illusory perception of reality also impacts our understanding of the present as something that is exceptional. Perhaps this notion of a nightmare-crisis is simply a sentiment that is specific to Western societies, which until now have been able to protect themselves, in various ways, from the kind of tensions that already affect much of the world. Possibilities abound, but it seems clear that we are living in a moment of fear, and that this feeling is being exploited in various ways, as seen in both consumer behaviours and political postures — and in an almost infinite number of movements where the two meet.

This sensation of fear produces monsters, figures that appear in cavities — real, imagined, conscious or unconscious — and materialise anxieties that derive from the generalised perception of lack of control. They are entities (petrol), beings (human and non-human) and technologies (artificial intelligence). They are our planet and the surrounding cosmos. Is it possible to understand our time as an update of the twilight moment identified by Gramsci, in which monsters emerge? But perhaps the monsters are not only the economic, exclusivist and nativist positions that arose in the past as they do today, but also the agency of an almost infinite number of presences that we don't know (and perhaps will never know).

Monsters are also embodiments of the unknown and, as a result of this awareness, we, human beings, are also monsters. In this way, these ancient-new monsters can also be possibilities for agencies of life that recognise and include the limits of knowledge, in other words, that open up to the unknown. In fact, the monsters that inhabit Jonathan Uliel Saldanha's twilight universe are empathic possibilities to experience the world, in which we recognise the gaps and pitfalls of the present, through its relationship with the dynamics of the past, but simultaneously, where other ways of being become possible and open before us. In this sense, the monsters emerging from Saldanha's darkness can be perceived as beacons that shine a light on multiple possibilities, without dictating or limiting the future.

It is a great honour for the Galeria Municipal do Porto to be able to present a body of work that is so urgent and precise in its relationship with the present. This is our mission as a municipal institution: to give visibility to artistic practices that are closely and urgently related to our society. The fact that the artist lives in Porto and is a relevant agent in the city's artistic fabric makes this project even more crucial. We would like to express our profound gratitude to Jonathan Uliel Saldanha, for his tireless dedication, and to the entire team that has worked with him on this unique project.

The exhibition *Surface Disorder* by Jonathan Uliel Saldanha is on display in Lisbon, during the second half of 2025, in the scope of the collaboration between Galeria Municipal do Porto and Galerias Municipais – Lisboa Cultura.

O Arquipélago da Arte em Uliel Saldanha

José Bragança de Miranda

A arte de Uliel Saldanha é enigmática, interroga-nos tal como a velhíssima esfinge, esse "monstro que propõe o enigma". Porém, esta obra inclui o próprio monstro, a pergunta e os que respondem. O monstro teria sido morto pela razão grega, mas com Goya sabemos que a razão sonha os seus monstros, e que tudo retorna de maneira inquietante e exige justiça.

A estética moderna procurou salvar a arte dos seus monstros, propondo critérios estéticos para separar a arte daquilo que ela não é, ou reduzindo-os e dando-lhes algum espaço com as categorias de grotesco ou do "feio". Ora, toda a arte contemporânea emerge do desabamento da estética, e para a arte poder emergir como arte foi preciso recusar toda a exterioridade, a do ritual, da teologia e, finalmente, a do juízo estético. Que o assunto é menos dramático do que aparenta mostram-no as obras de Uliel Saldanha.

I

Impressiona a multiplicidade das matérias, dos meios e formas artísticas empregues livremente por Uliel Saldanha. Mas o essencial está na redefinição radical da obra de arte que opera. Parecendo relevar da performance ou da instalação, sente-se uma afinidade com a *Gesamtkunstwerk* (obra de arte total), embora profundamente reformada.

Trata-se de um conceito proposto por Wagner que procurava evitar a separação da arte e da vida, mas também abolir a guerra entre as diversas artes. Gesto, em última instância, problemático, pois na modernidade a arte deixa de produzir a forma-mundo, para "explodir" no real. Podia fazê-lo quando era uma arte inconscientemente de poetas arcaicos, porém quando sabe que os deuses e os demónios eram pura poesia, perde a sua força. Entende-se o desconforto de Wagner pela separação da arte, mas já não era possível voltar atrás, sob pena de recair no mito, como denunciava Mallarmé, e acabar por ser vítima da estética do Estado, como se verificou na Alemanha ou na Rússia. A este propósito, Walter Benjamin considera que a falha essencial desta vontade de reunião está em ser uma "síntese prematura" que "isola a arte da técnica". Apesar das tentativas de salvar esta noção por parte dos futuristas, da Bauhaus ou dos artistas cibernéticos e da simulação digital, sempre em falha, encontra-se em Uliel Saldanha uma das respostas possíveis ao problema, em si mesmo bem evidente.

A obra de arte de Uliel Saldanha evita a síntese prematura e a mítica reunião de arte e vida por razões essenciais. Apesar de articular e trabalhar inúmeras matérias, que vão do som à fotografia, da nanotecnologia à dança, dos metais aos vídeos, da luz à escultura, cada obra inclui internamente e na sua relação com o mundo, o conflito e a dissonância de todas as partes, sendo cada elemento autónomo, e em contaminação mútua. A "síntese" é produzida pelo *Polemos*, o combate, pois como em todo o duelo as combatentes respondem-se e amparam-se, até que uma decisão ocorre, exigindo a máxima clareza. Em arte isso sucede quando a "obra" aparece como sendo de "arte", absoluta.

Com efeito não existe obra acabada, pois ela está em movimento pelo real, criando variações indefinidas no próprio movimento em que é instalada, recebida ou apropriada. Todas as obras que são de arte são marcadas por um inacabamento essencial. Como afirma Blanchot: "A *inoperosidade (désœuvrement)* está ao trabalho (à *l'oeuvre*), mas não faz a obra (*l'oeuvre*), mas desde que temos a obra é a vida, pela exterioridade que ela representa que parece possuir o momento de *inoperosidade*". Isto implica manter em reserva a potência de fazer a obra, que persiste mesmo depois de feita, pela impossibilidade de se fechar sobre si. A sua mera presença, implica uma captura impossível. Pode ser fechada nos depósitos de um proprietário ou amador cioso, mas a sua libertação virá um dia.

Não existe obra sem contorno ou sem *frame*. Claro que o *frame* já é um contorno fraco, por mais magnífica que seja a moldura barroca, ou que a obra seja ela a moldura, como em Hiroshi Sugimoto. Desde há muito tempo que se pensa o contorno ou o invólucro como *eidos*, palavra grega que associa ideia, imagem e forma. O *eidos* é incorporal mas necessário. Ao perder força, a obra de arte, isolada e pendurada, entra em crise, inseparável da crise da ideia de obra de arte, que não deixa de abalar o próprio *frame*. Podemos, no entanto, pensar num contorno instável, quase impercetível, que envolve tudo, impedindo que tudo se disperse de novo, apesar da dispersão ser inevitável.

Sintomaticamente, Uliel Saldanha salienta a ideia de "membrana", aludindo a "a set of explorations and mediations [that] comes to light for which the surviving space and its involving membrane are viscerally revived, extracting through resonance a vital potential". Assim, a envolvência corresponde a uma forma dinâmica em permanente mutação, com a criação de linhas de associação e desassociação sempre particulares e que se evolvem na obra através de indiretividade e des-hierarquização permanentes. Eis uma implicação do pensamento diagramático que a caracteriza.

A melhor metáfora física desta estrutura remete para o modo como na obra de Uliel Saldanha o som, em todas as suas anamorfoses, mesmo musicais, tudo funde, embora dissonantemente. Este não anula nenhum dos elementos da obra, que valem por si e podem ser transferidos para outras obras, ou momentaneamente isolados. É essencial que cada um mantenha a sua força própria, apesar da sua reunião. Um pouco como a aceleração das cores, que produz o cinzento, mas com todas as cores presentes, mesmo invisíveis, nenhuma delas desaparece.

Na estratégia artística de Uliel Saldanha, o som tem poderes transmórficos, existindo em si, simultaneamente tudo reunindo. O artista acentua bem o seu papel: "O som é um elemento aglutinador, quer seja na sua presença ou na sua ausência. [...] Mais do que aglutinador, potenciador. É uma máquina que emana e produz relações." Dizíamos que se trata de uma imagem física que alimenta uma estética muito peculiar. É esse poder da membrana que torna a obra, necessariamente, em algo aberto e inacabável. De facto, cada uma excede o espaço onde aparecem, transportando as suas reverberações para além da obra, expandindo-a pela Terra, que é afetada pelo ritmo e o movimento da obra.

As obras de arte de Uliel Saldanha constituem uma imensa obra como se constata na exposição de 2024, intitulada *Superfície Desordem*. Pela sua natureza, todas as obras comunicam entre si e prolongam-se para além do espaço e do tempo. Os objetos ressurgem, são radicalmente transformados, e aparecem outros novos e inesperados. Quando se entra numa obra de Uliel Saldanha entra-se numa obra expansiva, uma estranha *Gesamtkunstwerk*, que vai ocupando o mundo de maneira singular, comunicando-se através de uma espacialização muito própria. Daí que possamos falar de um "mundo Uliel", em que as obras entram no mundo e comunicam entre si, sendo este, ao mesmo tempo, trabalhado intensamente.

II

Esta obra expande-se como um arquipélago, em que novas ilhas estão sempre a aparecer pela atividade vulcânica deste artista, alterando a superfície da Terra, mas ligadas entre si, subterraneamente: podemos dizer que em Uliel Saldanha está em causa um paradoxal questionamento da história. Que a história e agora a natureza façam parte da matéria da obra de arte, que sejam incluídas na própria obra, é uma necessidade imperiosa da arte moderna. Já fora esse o gesto da pintura de De Chirico, é a força que alimenta o *Endgame* de Beckett, onde o fim é patológico justamente por não ter ocorrido, ou o *Quartett* de Müller, com as personagens fechadas num *bunker* na pose daqueles que deixaram a história para trás.

Se Paul Valéry pôde dizer: "Nós, civilizações, sabemos agora que somos mortais", hoje deveríamos dizer "Sabemos agora que a Terra é mortal". Na prática, estamos determinados pela descoberta especulativa de que tudo gira em torno do fim da história, com a hipótese de que a comunidade dos moradores da Terra cumpra as promessas que deu a si mesma, ou o seu contrário, a pura e simples extinção.

É certo que a história desapareceu de vista, até pela descoberta planetária que enfraquece as geopolíticas e, acima de tudo, porque a história universal se tornou uma espécie de "presente" eterno, descrito por Kojève como o "fim da história". A história coincide com a pura existência, mas esta é a realização de toda a história pensável. Longe vão as especulações de atos terminais como a revolução, ou as velhas teodiceias, que dividem a história em duas, encerrando-a. A história é o que está aí, chega aos nossos pés como as ondas do mar, depois reflui e regressa num incessante retorno. Sem uma lógica implícita, nela vagueiam coisas vagas, destroços, velhas civilizações, sonhos e espectros, restos de objetos, ruínas e também o seu porto, barcos e mapas de navegação. Neste sentido, é pura realização, sem programa nem projeto. Não algo a fazer, mas a fazer-se. E como diz Pasternak: "Ninguém faz a história, não é possível vê-la, tal como não se vê a erva a crescer."

Como a obra de arte é um fazer imediato, o seu mero aparecer altera a história. Ou melhor, dado ter-se confundido com o devir do planeta, afeta a Terra. Eis a consequência da tese de Walter Benjamin de que entrámos na era do agora (*Jetztzeit*), que Uliel Saldanha descreve como uma experiência de "dilatação e compressão do tempo". O tempo da obra de arte é, não o presente, nem o passado, nem o futuro, puras alucinações do agora, mas é um tempo especulativo, sem extensão nem progresso. O "agora" é o instante da eclosão, de aparecimento, mas também o instante do encontro e do envio. Daí que para Uliel Saldanha se possa "entender o tempo real como uma fratura com os mecanismos históricos e percebê-lo como uma potência que tem de implicar o outro na sua máxima complexidade". Trata-se de uma interrupção ou desinserção que ocorre, paradoxalmente, pelo mero facto de as obras ao entrarem no "real" o bifurcarem, alterarem e até o poderem desviar.

A fusão da história no agora implica uma desorganização da maneira como a natureza e a história se entrelaçaram através de imagens ilusórias, porém necessárias. A "natureza", essa palavra-imagem, permite-nos "aceder" ao "grande exterior" (Blanchot), mas este escapa sempre. Fomo-nos dando conta de que a palavra, mesmo enquanto categoria filosófica ou científica, é sempre excedida por aquilo mesmo que pretende capturar. Um fenómeno ocorreu no século XIX que esgaçou as imagens e palavras da natureza, e que levou ao extremo a relação entre história e natureza. Trata-se da descoberta no século XIX, ligado às máquinas termodinâmicas, da entropia geral que tudo permeia. Como diz Uliel Saldanha: "A ruína, que associamos à decadência de construções humanas e vestígios civilizacionais, segue, na realidade, o mesmo trajeto de tantos outros organismos." O efeito que se sentiu dramaticamente foi a crise de todas as categorias: a de corpo e espírito ameaçados pela "carne", as matérias em rebelião com as formas e a Terra em colisão com as imagens do futuro.

Como diz Robert Smithson, a arte tem de "colaborar com a entropia". O que significa que a sua revelação pode salvar, atacando a ilusória opacidade com que tudo é revestido pelas imagens históricas. Se analisarmos os deuses e os demónios, os seres eternos e sem gravidade, as almas e os espíritos criados pela poesia histórica, forçoso é constatar que esteve sempre em ato uma luta contra a entropia, contra o arruinamento e a queda. Toda a arte é neguentrópica e isso é mais verdadeiro quando entropia e informação criam novas máquinas. Como refere Simondon, "A máquina, como elemento do conjunto técnico, torna-se aquilo que aumenta a quantidade de informação, aquilo que aumenta a neguentropia, aquilo que se opõe à degradação da energia: a máquina, obra de organização, de informação, é aquilo que, tal como a vida e com a vida, se opõe à desordem, ao nivelamento de todas as coisas."

Na época que sucede à revelação da entropia, percebemos que as máquinas são os únicos aliados de que dispomos do ponto de vista cósmico, e que a arte, necessariamente, se tem de relacionar com elas, para inventar outras relações com a carne, o metal e a Terra.

Não sem ironia, arriscaria dizer que entrámos no "Tecnoceno" e a obra de Uliel Saldanha parece estar-lhe a dar uma configuração possível. O novo na história corresponde à presença da técnica, que sempre se retém e que se expressa, quase fanerogamamente, pelas máquinas, vindas e por vir. Neste sentido, mais do que usar a técnica, Uliel Saldanha faz dela um problema decisivo, terminal. Diz, algures, que "as "máquinas" podem ser vistas como práticas prismáticas, que capturam ângulos, pontas soltas e becos sem saída desta maquinaria autoprocessante que é o ambiente, um sistema que se curva e se torce sobre si mesmo, operando de forma não linear e não histórica." A *techné* na sua produtividade própria aparece nas e pelas máquinas, e a arte cria poeticamente novas máquinas poéticas onde simbioticamente se inventam novas formas de vida.

As obras de Uliel Saldanha correspondem a curvaturas do real, para as quais de pouco serve a noção de "instalação". O recurso às "cavidades", aos "poços", mas também a insistências nas fissuras e viragens pode ser pensada à luz da "heterotopologia" proposta por Foucault: "Uma ciência que teria por objeto os espaços diferentes, os outros lugares, as contestações míticas e reais do espaço em que vivemos, [...] espaços absolutamente outros." Trata-se de dobras do real, a criação de um espaço dentro do espaço, onde a vida se experimenta, onde se combate em torno dela e se busca a alegria da carne. Contrariamente às antigas cavernas, a dobra é feita por quedas e subidas na vertical, como na obra *O Poço*, escavando a superfície alisada do existente.

III

A atitude artística de Uliel Salanha é assim muito peculiar. Não abole imaginariamente o real como todos os desesperados da teologia e da metafísica, mas intervém sobre ele, numa afirmatividade absoluta. Esse afirmar joga-se em torno da "vida". É certo que "a vida não vive", diz Adorno, excedendo toda a conversa ou teoria sobre ela. Mas é ela, signifique o que significar, que torna o planeta Terra numa afinidade absoluta connosco. É um problema cósmico. A época terminal da história só tem uma saída cósmica, instabiliza e torna porosas todas as fronteiras, todas as categorias e todas as divisões.

No século XIX descobrimo-nos como os seres do microscópio, no século XX como seres do telescópio, hoje sentimos que novas óticas são necessárias, que é preciso explorar artisticamente, e não só, os impactos destas duas descobertas. Com o microscópio, o mundo aumenta para baixo, operando uma torção radical no mundo histórico.

A crescente atenção de Uliel Saldanha aos fungos e aos vírus traz à presença aquilo que deveria ter ficado oculto. Daí o seu caráter *unheimlich*, bem patente em *Esplendor e Dismorfia*, com Vera Mantero. Os fungos e os vírus sempre existiram simbioticamente com os humanos, e a sua revelação fragiliza a visão do que é o humano e a sua história. Se Burroughs pode dizer que "um vírus é uma unidade ínfima de palavra e imagem", é porque foi capaz de escutar a lição desse mundo onde o orgânico e o inorgânico se começam a misturar entre si e com as palavras e imagens, sendo impossível antecipar o que daí virá.

Na prática, o visceral, as contaminações correspondem a essa interrogação da vida, do orgânico e a sua abismação pelo inorgânico. Não por acaso, nas obras de Uliel Saldanha, o lítio, o petróleo, o cobalto ou o mercúrio, essa estranha metalurgia, misturam-se com os vírus e, também, com novos seres da IA, imagens e palavras. Se isso revela os limites de que somos herdeiros, experimenta e abre o caminho a novas possibilidades. Pôr na mesma relação os fungos e os animais, os bits e os gestos, as imagens e os sons, corresponde a um questionamento extremo, como só é possível na era do fim das épocas. Se são agentes de mutação, estão eles próprios em mutação acelerada.

Pierre Klossowski, no intrincado livro que é o *Baphomet*, refere que tudo o que existiu sobrevive no presente no estado de "almas" ou "sopros" que desincorporados vagueiam por todo o lado, num vento sibilante. Ficada para trás a ressurreição tal como ficou a história, as "almas" em fúria procuram corpos: "Essa prodigiosa quantidade de almas gira em vão sobre si própria, se por acaso os sopros se insinuarem em alguma obra de carne, eles não se infiltram apenas dois ou três, como quando se amalgamam, mas cinco, sete dentro de um único útero, ávidos por se apropriar de um embrião."

Tudo o que alguma vez foi retorna espectralmente, incluindo os sonhos do futuro que aguardam irrequietos nos livros, como o *Manifesto* ou a *República* ou a *Utopia*. A própria noção de alma, *anima* em latim, já é insuficiente. Falhada a apocatástase universal da ressurreição dos corpos, tudo serve para ganhar corpo, vampirizá-lo, parasitá-lo ou possuí-lo. Para Uliel Saldanha a arte é uma forma de "mediar e traduzir poderes espectrais". Também os espectros mais fracos, aqueles cindidos e fragmentados que nos chegam através de uma fotografia, de uma frase, de um olhar, têm as suas exigências. Em Uliel Saldanha o acolhimento do espectral implica dar-lhe lugar na obra, salvá-lo dando-lhe vida através do "contágio coletivo", do vertiginoso, da convulsividade da percussão africana ou do vodu haitiano.

No espectral joga-se a exigência de justiça universal, que depois de inventada é difícil desinventar.

The Archipelago of Art in Uliel Saldanha

José Bragança de Miranda

Uliel Saldanha's art is enigmatic. It presents us with questions — like the ancient sphinx, the "monster that poses the riddle". However, his work includes both the monster, the question and those who answer. The monster would have been killed by Greek rationality, but with Goya we learned that reason dreams of its own monsters, and that everything returns in a disturbing manner and demands justice.

Modern aesthetics has attempted to redeem art from its monsters by proposing aesthetic criteria that separate art from non-art, or by reducing such monsters and giving them space within the categories of the grotesque or the "ugly". However, all contemporary art emerges from the collapse of aesthetics. For art to be able to emerge as art it was necessary to reject all forms of exteriority — in terms of ritual, theology and, ultimately, aesthetic judgement. Uliel Saldanha's works reveal the subject as less dramatic than it initially seemed.

I

Uliel Saldanha uses an impressive multiplicity of materials, media and artistic forms. The essential thing is his radical redefinition of the work of art. Seemingly reminiscent of performance or installation, there is an affinity with the *Gesamtkunstwerk* (total work of art), albeit profoundly reformed.

This is a concept that was proposed by Wagner, in an attempt to avoid the separation between art and life, and also to eradicate the war between the various arts. Ultimately, this is a problematic gesture, because, in the modern era, art no longer produces a world-form, but instead "explodes" into reality. Art was able to produce a world-form when it was unconsciously produced by archaic poets. But it loses its power as soon as it realises that the gods and demons were pure poetry. Wagner's discomfort with the division between art and life is understandable, but it was no longer possible to go back, otherwise he would fall into myth, as Mallarmé denounced, and would end up being a victim of state-controlled aesthetics, as occurred in Germany or Russia. In this regard, Walter Benjamin considers that the essential flaw of the desire to unite art and reality is that it is a "premature synthesis" that "isolates art from technique". Despite the multiple failed attempts to save this notion, by the Futurists, the Bauhaus or cybernetic artists and digital simulation, Uliel Saldanha provides one of the possible answers to this problem, which is in itself quite obvious.

Uliel Saldanha's *oeuvre* avoids any premature synthesis and the mythical union of art and life, for essential reasons. Despite articulating and working with countless materials — ranging from sound to photography, nanotechnology to dance, metals to videos, light to sculpture — each work incorporates the conflict and dissonance of all the parts internally, and in its relationship to the world, wherein each element is autonomous and subject to mutual contamination. "Synthesis" is achieved by *Polemos* (combat), because as in any duel the opponents respond to each other and support each other until a decision is taken, demanding maximum clarity. In art, this occurs when the "work" appears to be "art", absolute.

In fact, there is no such thing as a finished work, because it is moving through reality, creating indefinite variations in the very movement in which it is installed, received or appropriated. All artworks are characterised by an essential unfinishedness. As Blanchot noted: "*Désœuvrement* (unworking) is involved in the work (*à l'oeuvre*), but it does not make the work (*l'oeuvre*), but provided that we realise that the work is life, through the exteriority that it represents, that seems to contain the moment of *désœuvrement*." This implies keeping in reserve the power to make the work, which persists even after it has been made, due to its inherent inability to conclude itself. Its mere presence implies an impossible capture. It can be locked away in the storerooms of a jealous owner, or an amateur collector, but one day will be released.

There is no work without a contour or frame. Of course, the frame is already a weak contour, no matter how magnificent it may be, as a baroque frame, or whether the work itself is the frame, as in the case of Hiroshi Sugimoto. For a long time, the contour or casing has been conceived as *"eidos"*, a Greek word that combines idea, image and form. The *eidos* is incorporeal but necessary. By losing its strength, the isolated work of art, hanging on the wall, experiences a crisis, inseparable from the crisis of the idea of the work of art, which also impacts the *frame* itself. We can, however, think of an unstable, almost imperceptible outline that surrounds everything, preventing it from dispersing again, even though dispersion is inevitable.

Symptomatically, Uliel Saldanha emphasises the idea of "membrane", by which he refers to "a set of explorations and mediations that comes to light, for which the surviving space and its involving membrane are viscerally revived, extracting a vital potential through resonance." In this manner, the "involving membrane" corresponds to a dynamic form, in permanent mutation, with the creation of lines of association and disassociation that are always particular, and that evolve in the work through permanent indirectness and de-hierarchization. This is an implication of the diagrammatic thinking that characterises it.

The best physical metaphor for this overall structure is the way in which sound, in all its anamorphoses, even musical ones, fuses everything in Uliel Saldanha's *oeuvre*, albeit dissonantly. This doesn't cancel out any of the work's elements, which stand on their own and can be transferred to other works, or be momentarily isolated. It is essential that each retains its own strength, despite being brought together. A bit like the acceleration of colours, which produces grey, but with all the colours present, even the invisible ones — none of them disappears.

Sound has transmorphic powers within Uliel Saldanha's artistic strategy, existing within itself and simultaneously bringing everything together. The artist highlights its role: "Sound is an agglutinating element, whether in its presence or absence. [...] More than an agglutinator, it is an enhancer. Sound is a machine that emanates and produces relationships." We remarked that this is a physical image that nourishes a very specific aesthetic. It is this power of the membrane that necessarily makes the work open-ended and unfinished. In fact, each work exceeds the space in which it appears, transporting its reverberations beyond the work itself, expanding it into the earth, which is affected by its rhythm and movement.

Uliel Saldanha has produced an immense *oeuvre*, as is evident in the 2024 exhibition, *Surface Disorder*. By their very nature, all his works communicate with each other and extend beyond space and time. Objects reappear, are radically transformed and new and unexpected ones appear. Entering a work by Uliel Saldanha, involves entering an expansive work, a strange *Gesamtkunstwerk*, which occupies the world in a unique manner, communicating through a very specific form of spatialisation. This is why we can speak of an "Uliel world", in which the works enter the world and communicate with each other, while at the same time being intensely molded.

II

His *oeuvre* expands like an archipelago, in which the artist's volcanic activity constantly produces new islands, thereby altering the surface of the Earth, but the islands are connected to each other underground: we can say that Uliel Saldanha is dealing with a paradoxical questioning of history. Modern art has the imperative need to ensure that history, and now nature, should be part of the artwork material, should be included within the work itself. This was already the gesture of De Chirico's painting, it is the force that fuels Beckett's *Endgame*, where the end is pathological precisely because it didn't occur, or Müller's *Quartett*, where the characters are locked in a bunker in the pose of those who have left history behind.

If Paul Valéry could remark: "We civilisations now know that we are mortal", today we should say "We now know that the Earth is mortal". In reality, we are determined by the speculative discovery that everything revolves around the end of history, with the hypothesis that the community of those who live on this Earth will fulfil the promises that it has given to itself, or otherwise will face pure and simple extinction.

It is true that history has disappeared from view, not least because of the planetary discovery that undermines geopolitics, and above all because universal history has become a kind of eternal "present", which Kojève has called the "end of history". History coincides with pure existence, but this is the realisation of all thinkable history. We have moved beyond speculations of terminal acts, such as revolution, or the old theodicies, which split history in two, concluding it. History is what is there, it arrives at our feet like the waves of the sea, then ebbs and flows in an eternal recurrence. Without any implicit logic, vague things wander through history — wreckage, former civilisations, dreams and spectres, vestiges of objects, ruins, and also its navigation maps, port and ships. In this sense, history is pure realisation, without any programme or project. It is not something to do, but rather something to be done. As Pasternak said: "No one makes history, it is impossible to see it, just as it is impossible to see the grass grow."

Given that the work of art is an immediate act of making, its mere appearance alters history. Or to be more precise, since it has become intertwined with the becoming of the planet, it affects the Earth. This is the consequence of Walter Benjamin's thesis that we have entered now-time (*Jetztzeit*), which Uliel Saldanha describes as an experience of "the dilation and compression of time". The time of the work of art is not the present, nor the past, the future, or pure hallucinations of the now. It is a speculative time, without any extension or progress. The "now" is the instant of hatching, of appearing, but also the instant of meeting and transmitting. This is why Uliel Saldanha considers that we can "understand real time as a fracture with historical mechanisms and perceive it as a power that has to involve the other, in its maximum complexity." This is an interruption or dis-insertion that occurs, paradoxically, due to the mere fact that when artworks enter "reality" they bifurcate it, alter it and may even divert it.

The fusion of history within "now-time" implies a disorganisation of the way that nature and history have been intertwined, by means of illusory images. But this fusion is nonetheless necessary. "Nature", this word-image, allows us to "access" the "great outside" (Blanchot), but it always escapes us. We progressively realise that the word "nature", even as a philosophical or scientific category, is always exceeded by the very thing that it claims to capture. The discovery, in the 19th century, of the general entropy that permeates everything, linked to thermodynamic machines, shattered the images and words of nature, and took the relationship between history and nature to the extreme. As Uliel Saldanha says: "Ruin, which we associate with the decay of human constructions and vestiges of civilisation, in reality follows the same path as so many other organisms." This led to the dramatic effect of the crisis of all categories: that of body and spirit threatened by "flesh", materials in rebellion with forms and the Earth in collision with images of the future.

As Robert Smithson has suggested, art has to "collaborate with entropy". This means that artistic revelation can be a saviour, by attacking the illusory opacity with which everything is dressed in historical images. If we analyse gods and demons, eternal and weightless beings, souls and spirits created by historical poetry, we inevitably realise that there has always been a struggle against entropy, ruin and downfall. All art is negentropic. This is all the more true when entropy and information create new machines. As Simondon remarked: "The machine, as an element of the technical ensemble, becomes that which increases the quantity of information, increases negentropy, and opposes the degradation of energy: the machine, being a work of organisation and information, is, like life itself and together with life, that which is opposed to disorder, to the levelling of all things."

In the era after the revelation of entropy, we realise that machines are our only allies, from a cosmic perspective, and that art necessarily has to relate to them, in order to invent other relationships with flesh, metal and earth.

Not without a certain sense of irony, I would venture to say that we have entered the "Technocene" and Uliel Saldanha's *œuvre* seems to be giving it a possible configuration. The "new" in history corresponds to the presence of technique, which is always retained and which is expressed, almost phanerogamously, by machines, those already invented and those to come. In this sense, rather than using technology, Uliel Saldanha makes it a decisive, terminal problem. He noted somewhere that "machines" can be viewed as prismatic practices, which capture angles, loose ends and dead ends of the self-processing machinery of the "environment', a system that bends and twists on itself, operating in a non-linear and non-historical manner." *Techné* in its own productivity appears in, and through, machines, and art poetically creates new poetic machines where new forms of life are symbiotically invented.

Uliel Saldanha's works correspond to curvatures of reality, for which the concept of "installation" is of little use. His use of "cavities", "pits", and his constant interest in cracks and turns can be understood in the light of the "heterotopology" proposed by Foucault, a science that would have as its object the study of "those different spaces, those other places, in a kind of both mythical and real contestation of the space in which we live [...] absolute other spaces." This concerns the folding of reality, the creation of a space within space, where life is experienced, where we fight around it and seek the joy of the flesh. Unlike the caves of the past, the folding is achieved by falling and climbing vertically, as in *The Pit*, excavating the smoothed surface of that which already exists.

III

Uliel Salanha's artistic attitude is therefore very peculiar. He doesn't imaginatively abolish reality, like all the despairing theologians and metaphysicians, but instead intervenes on it in an absolute affirmative manner. This affirmation is centred on "life". It is true that "life doesn't live", says Adorno, exceeding all talk or theory about it. But it is life, whatever that term actually means, that establishes the Earth in absolute affinity with us. It is a cosmic problem. The terminal epoch of history has only one cosmic outlet, it destabilises and makes porous all borders, categories and divisions.

In the 19th century we discovered ourselves as microscopic beings, in the 20th century as telescopic beings. Today we feel that new optics are needed, that we need to explore the impact of these two discoveries artistically and beyond. With the microscope, the world zooms downwards, achieving a radical twist in the historical world.

Uliel Saldanha's growing attention to fungi and viruses brings to light that which should have remained hidden. Hence their character as *unheimlich*, clearly evident in *Splendour and Dysmorphia*, with Vera Mantero. Fungi and viruses have always existed symbiotically with humans, and their revelation weakens the vision of that which is human and its history. If Burroughs can remark that "a virus is a tiny unit of word and image", it is because he was able to hear the lesson of this world, where the organic and the inorganic are starting to mix with each other, and with words and images, and it is impossible to anticipate what will come of it.

In practice, the visceral dimension, the contaminations, correspond to this questioning of life, of the organic and its abyssal transformation by the inorganic. It is no coincidence that in Uliel Saldanha's work, lithium, petrol, cobalt or mercury, that strange metallurgy, are mixed with viruses and also with new AI beings, images and words. If this reveals the limits of which we are the heirs, it experiments and opens the way to new possibilities. Placing fungi and animals, bytes and gestures, images and sounds in the same relationship involves extreme questioning, which is only possible in the era of the end of epochs. If they are agents of mutation, they are themselves undergoing accelerated mutation.

Pierre Klossowski, in his intricate book *The Baphomet*, states that everything that has existed survives in the present in the state of "souls" or "breaths" that, disembodied, drift everywhere in a hissing wind. Resurrection has been left behind, just as history was left behind. The raging "souls" are looking for bodies: "This prodigious quantity of souls revolves around itself in vain, if by chance the breaths insinuate themselves into some work of flesh, they do not infiltrate only two or three, as when they amalgamate, but five, seven within a single womb, eager to appropriate an embryo."

Everything that has ever been returns spectrally, including the dreams of the future that wait restlessly in books such the

Manifesto, the *Republic* or *Utopia*. The very notion of soul, *anima* in Latin, is already insufficient. If the universal apocatastasis of the resurrection of bodies fails, everything serves to gain a body, vampirise it, parasitize it or possess it. Uliel Saldanha states that art is a way of "mediating and translating spectral powers". Even the weakest spectres, the split and fragmented ones that come to us through a photograph, a sentence or a look, have their demands. In Uliel Saldanha, welcoming the spectral implies giving it a place in the work, saving it by giving it life through "collective contagion", the vertiginous, the convulsiveness of African percussion or Haitian voodoo.

The demand for universal justice, which once invented is difficult to uninvent, is played out in the spectral realm.

INSTALAÇÃO, MATÉRIA VEGETAL, LUZ, SOM, GÁS. *Vocoder & Camouflage* explora a toxicidade elétrica através de uma selva tecnicolor habitada por organismos espectrais, fragmentos de vozes e vislumbres de luz filtrada. Durante três meses, um mecanismo de vegetação simulado torna visível a sua decomposição através de uma profusão de ramos e folhas — uma floresta suspensa. **Equipa:** Catarina Miranda, Centre d'Art Contemporain Passerelle, Brest; **Agradecimentos:** Tiago Guedes.

INSTALLATION, VEGETAL MATTER, LIGHT, SOUND, GAS. *Vocoder & Camouflage* delves into electrical toxicity through a technicolor jungle inhabited by spectral organisms, fragments of voice, and glimpses of filtered light. Over three months, a simulated vegetation mechanism renders its decay visible through an abundance of branches and leaves — a suspended forest. **Team:** Catarina Miranda, Centre d'Art Contemporain Passerelle, Brest; **Acknowledgments:** Tiago Guedes.

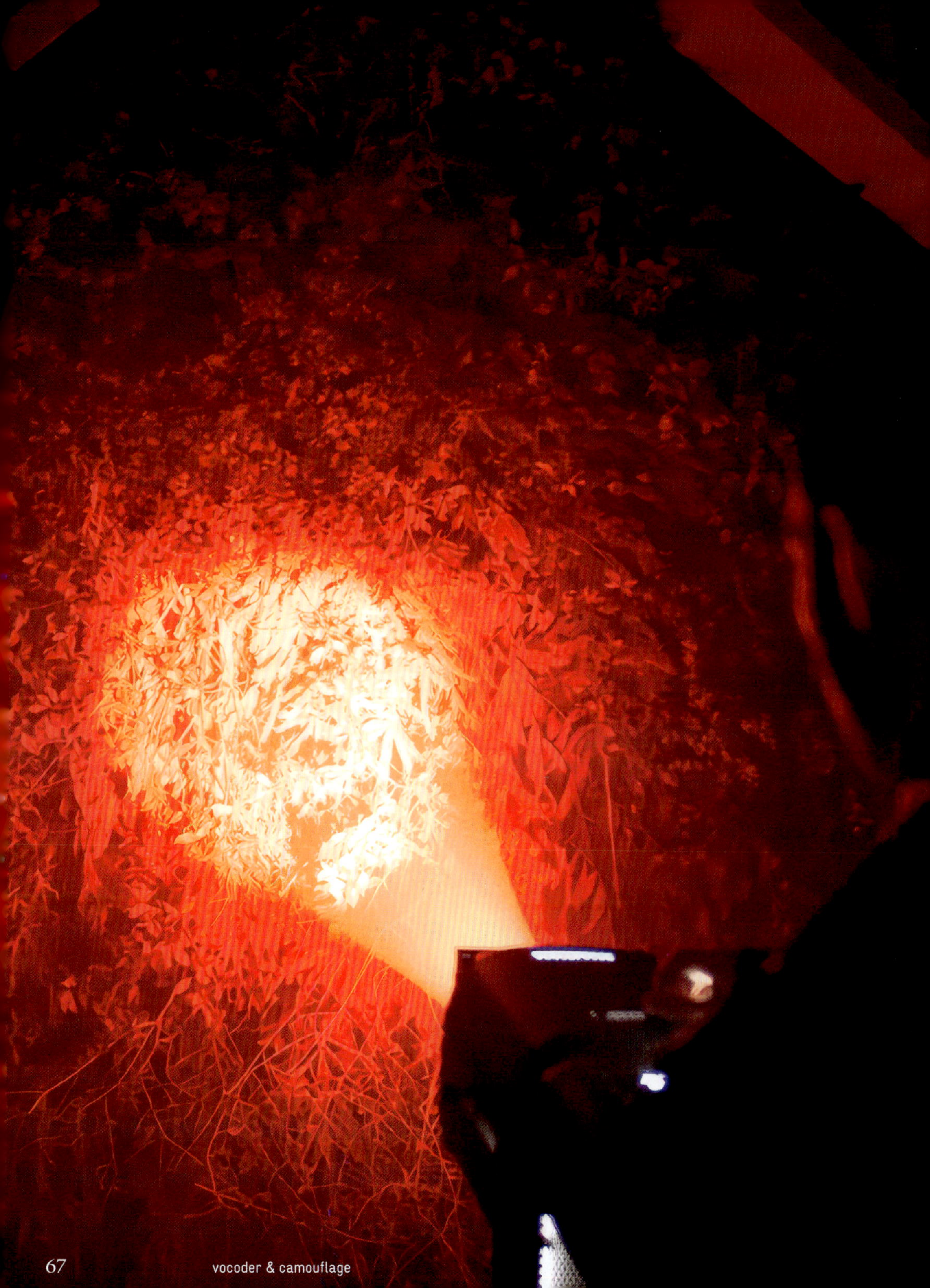

vocoder & camouflage

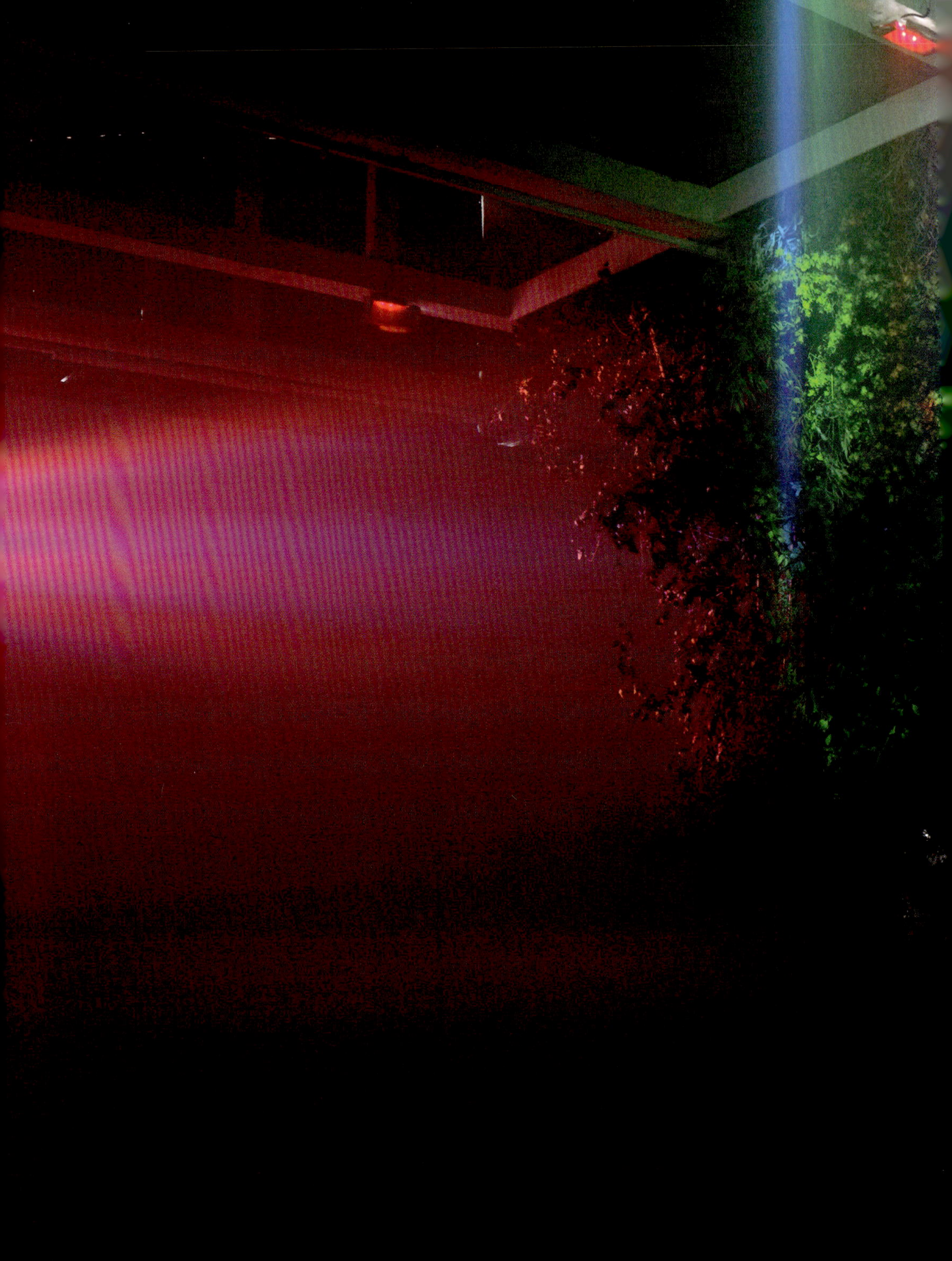

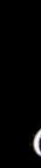

vocoder & camouflage

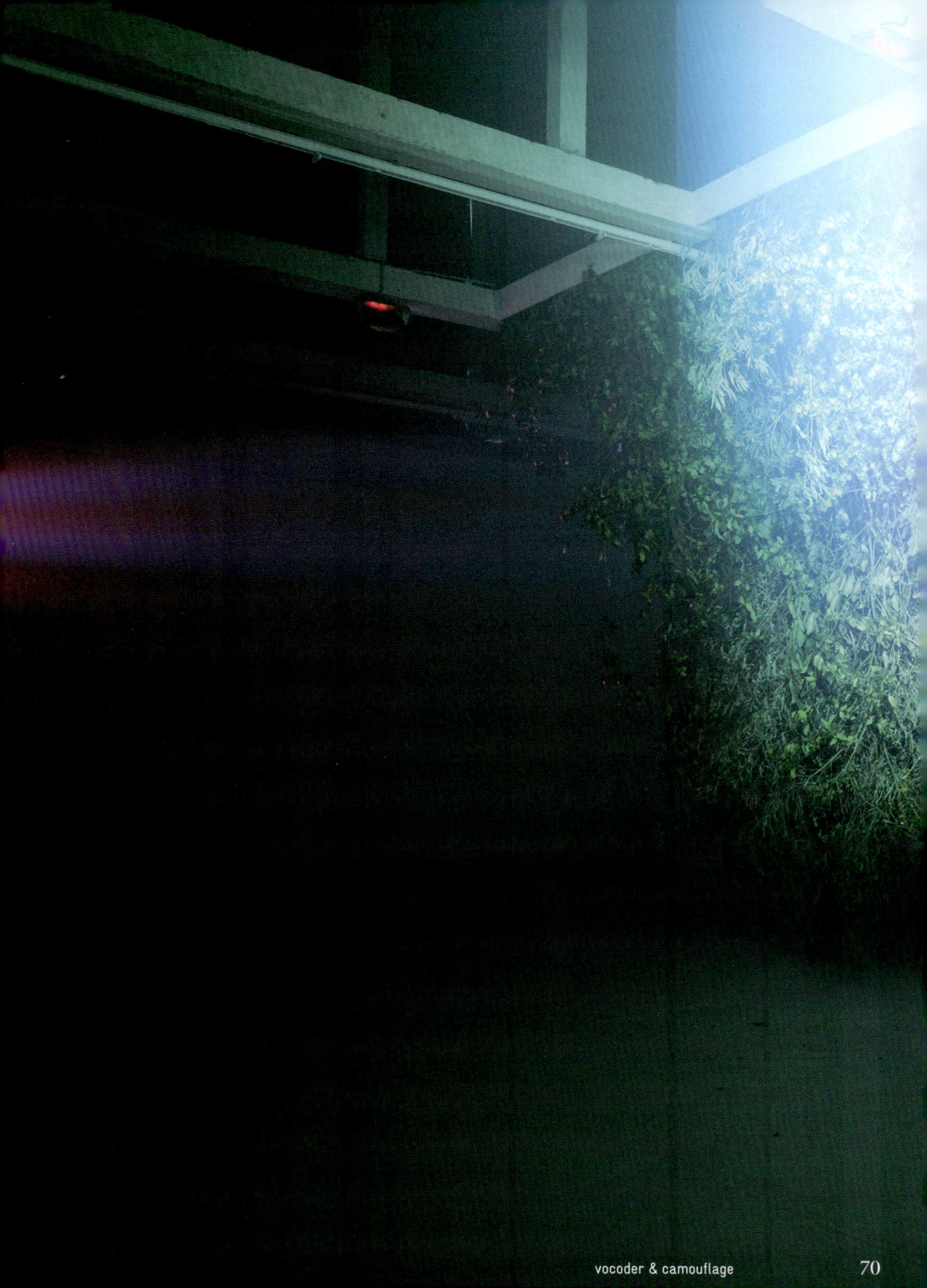

vocoder & camouflage

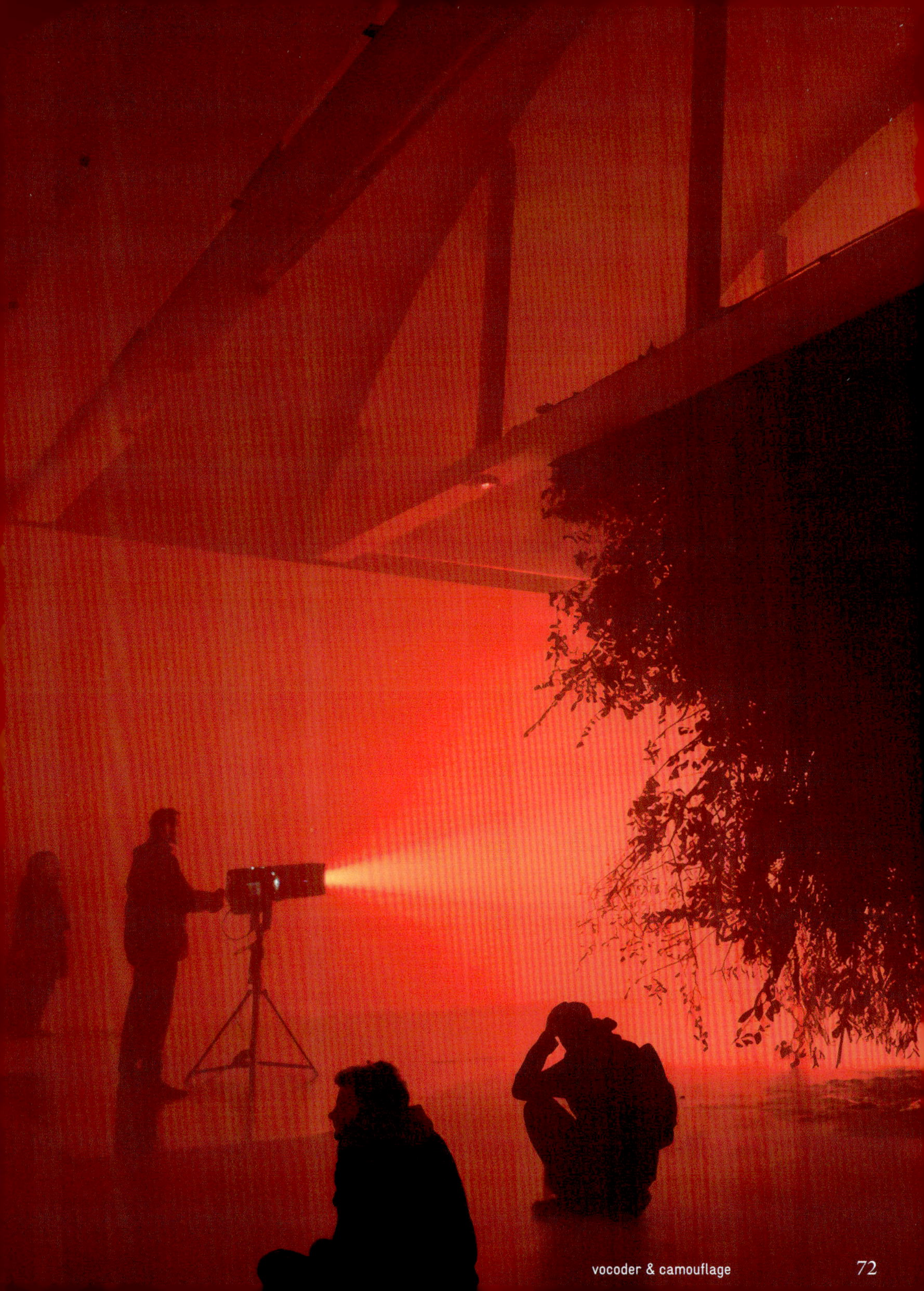

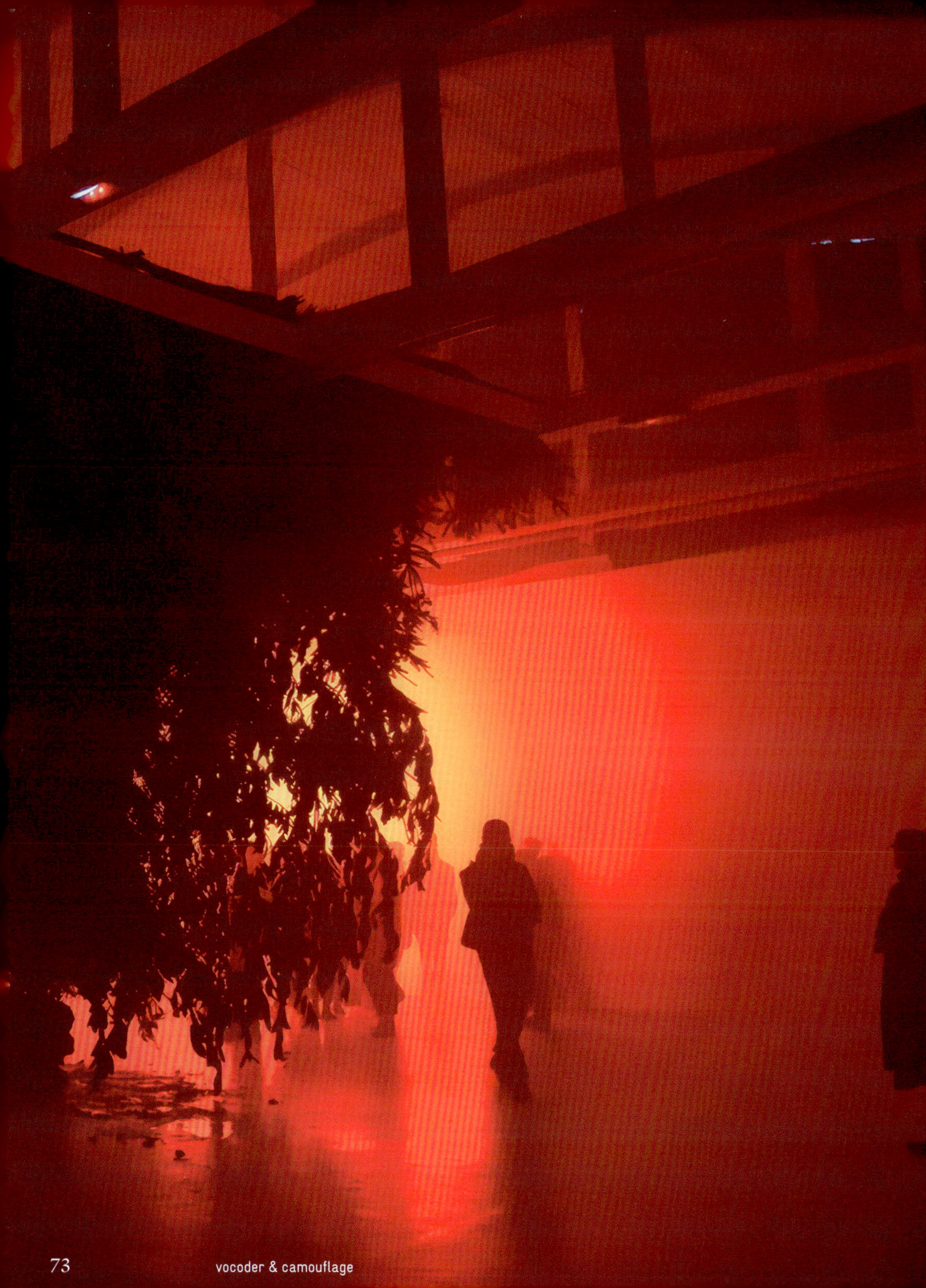

Eco Ctónico

Jonathan Uliel Saldanha

Cavidade, o supremo estado de silêncio, onde a hierarquia visual de um olhar entediado é substituída pela ferida exposta do ouvido. A articulação do vazio invertido delimita a superfície e a sua borda circundante. Assim como na Selva, o ponto de referência altera-se, e o sujeito torna-se o *axis mundi*, com o ambiente ao seu redor a transformar-se num horizonte invisível. Ele manifesta-se como um véu de escolha, uma bússola expandida que se desdobra e multiplica as direções [Ishtar, a estrela de oito pontas, contendo em potência todos os caminhos direcionais do mundo superior e seu reflexo territorial negativo, guiada por sua irmã Ereshkigal].

As grutas/cavidades situadas por baixo são elementos do espaço localizado. Com "cavidade", referimo-nos aos seus limites superficiais, não ao volume ou à massa interna, mas à sua ressonância, que funciona como mediador vibracional que interage com a fronteira. A partir daí, abre-se um espaço onde é possível criar tempo através da emissão de sinais, proporções, transposições e movimentos ordenados. Isso permite aceder a uma hierarquia de intercâmbios ritualísticos, sanguíneos e políticos, que se expande tanto quanto se materializa. É o próprio reflexo do limite da superfície.

> [*a enviar sinais pelas fendas das rochas*]
>> **Eco** — a proposta é a cristalização.
>>> **O ouvido**, ferramenta de perceção, antena para a manifestação do *pouvoir magique* (poder mágico)/*magische Gewalt* <

Segundo Bento de Espinosa, "tudo o que existe está ou em si mesmo, ou noutra coisa". A cavidade é transposta ao cortar a sua área de ocupação na esfera dona atmosfera e do espaço magnético, projetando o limite de uma cripta. Vozes emergem da cavidade, estabelecendo uma relação íntima com o seu duplo e a sua dimensão prismática. Deixam de ser simples vozes, transformando-se num estado estático, numa cristalização — um cristal/prisma que desdobra o espectro. O som que a move ou que é por ela movido.

O som animal do sangue e da carne transforma-se no animal totémico da cavidade e do espectro [em analogia].

[Teurgia] A materialização de um ritual manifesta-se de forma prática quando é extraída da estrutura de invocação, evidenciando a ação real que desencadeia a presença. Esta metodologia do presente pode acelerar ou desacelerar, ameaçando ou fortalecendo a substância que se entende como uma extensão do espaço, com largura e profundidade. Meios analógicos são utilizados como princípios dinâmicos de condução.

[Impor a bússola] É um caminho complicado; nada menos que isso deve ser esperado. A proposta é clara, mas o procedimento envolve um terceiro tipo de pulsação. Uma crença. O trabalho [como entendia Benjamin Brejon, "não consiste numa invenção, mas numa captura prismática de alguns ângulos, extremidades soltas e becos sem saída desta máquina mito-poética autoprocessual a que chamamos de ambiente: constantemente a curvar-se e deslocar-se sobre si mesma"] é a força dinâmica que permite que o feedback ocorra.

> Hipnos, o deus do sono e irmão de Tânatos (personificação da morte), vive em cavernas, e entre os dois existe um espaço hipnagógico, destinado aos mortos-vivos/zombies e à conquista do tempo.

Lembre-se das duas forças: a fonte da oxidação e destruição [tempo] e a da anti-oxidação [peso]. Para que o eco ressoe e gere feedback, de modo a que o tempo não o corrompa, o peso atua como o seu elemento anti-oxidativo. O peso do espaço contido traz consigo o tempo. Locais arquitetónicos e paisagísticos, assim como massas e paredes, são obstáculos ao espaço e, por conseguinte, obstáculos à oxidação do tempo numa estrutura de eco/ressonância.

O espaço da cavidade [e o ruído] do ventre/ferida térrea é magnetizado para uma localização mais elevada [eixo vertical], formando um abismo na superfície que permite que o que estava abaixo emerja. Trata-se de uma montanha do diabo, uma cripta/eixo/figura totémica que se inscreve nas dobras de diversas paisagens. Este recipiente dinâmico é magnetizado pelo eco, abrindo caminho para que o espectro se manifeste como presença e limite.

Através do eco, abre-se caminho para que o espectro se revele.

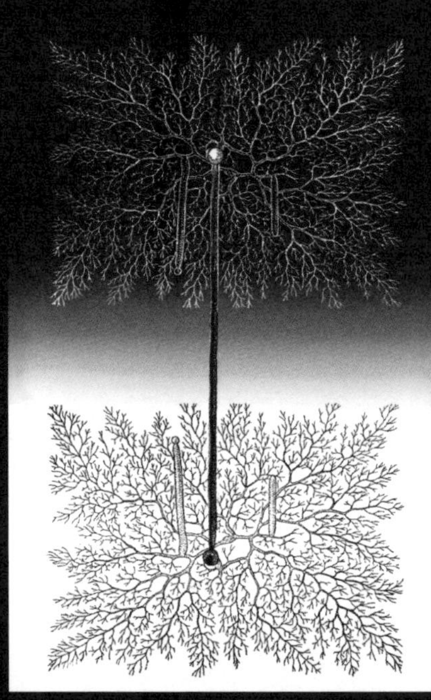

"The sun-door and the tree-root are the same thing in the same place, seen now from below and now from above and named, by the seer, for the moment of seeing." Erzulie via Maya Deren

Cthonic Echo

Jonathan Uliel Saldanha

Cavity, the ultimate state of silence, where the visual hierarchy of the bored eye is undertaken by the open wound of the ear. The inverted void articulation limits the surface and its surrounding border. As in the Jungle, the point of reference changes, subject becoming *axis mundi*, and the surrounding an invisible horizon. It is there as a veil of choice, an expanded compass that unfolds and doubles direction [Ishtar, the eight-pointed star, containing in potency all the directional tracks from the upper world and its negative territory reflection led by its sister Ereshkigal].

Caves/cavities located beneath are elements of localized space. By the use of the cavity we mean its surface limits, not the internal volume and mass, but its resonance, the vibrational mediator with the boundary. From there, you have a space where you can create time through the emission of signal, proportion, transposition and ordered movement. You will then have access to a hierarchy of ritual/blood/political interchange that projects as much as it exists. The surface-limit's own reflection.

> [*sending signal through the cracks of the rocks*]
>> **Echo** — the proposal is the crystallisation.
>>> **Ear**, the awareness tool, antenna for the manifestation of the *pouvoir magique / magische Gewalt* <

According to Baruch de Spinoza, "whatever exists is either in itself or in something else". The cavity is transposed by cutting its area of occupation into the sphere of atmosphere and magnetic space, projecting the limit of a crypt.

Voices coming from the cavity, in an intimate relation with their double and their prismatic dimension. Becoming less of a voice and more of a state, a static-state, a crystallisation [a crystal/prism that unfolds the spectrum]. The sound that moves it, or is moved by it.

The animal sound of blood and flesh becomes the totemic animal of cavity and spectrum [analogy].

[Theurgy] The materialisation of a ritual is manifested in a practical sense when extracted from the structure of invocation, making clear the actual action that triggers the/a presence. This methodology of the present accelerates or decelerates, threatening or strengthening the substance that can be understood as an extension of space, with breadth and depth. Analogical means are used as dynamic principles for conduction.

[Imposing the compass] It is an uneasy way; expect nothing else. The proposal is clear, but the procedure deals with a third kind of pulsation. A belief. The work [as understood by Benjamin Brejon, "consists not in a invention but rather in a prismatic capture of some angles, loose ends and dead ends of this all-inclusive self-processing mythopoetic machinery which we call the environment: ever curving and shifting on itself"] is the dynamic force for the feedback to occur.

> Sleep, Hypnos, brother of death, Thanatos, lives in caves, and between the two there is a space, hypnagogic, for the undead/zombie, and for the conquest of time.

Remember the two forces, the source of oxidation and destruction [time] and of anti-oxidation [weight]. For the echo to resonate and feedback, so that time doesn't corrupt it, the weight works as its anti-oxidative element. The weight of the contained space brings time. Architectonic and landscape sites or masses and walls are obstacles to space and therefore obstacles to time oxidation on an echo/resonant structure.

The cavity space [and noise] from the Earth womb/wound is magnetized into a higher location [vertical axis], a chasm on the surface allowing what was beneath to step forward, a devil's mountain, *crypt/axis/totemic* figure that cuts itself into the folds of multiple landscapes. This dynamic container is magnetized through echo, opening the path for the spectrum to come as a presence and limit.

Through echo, opening the path for the spectrum to come.

Máquina da Selva[1]

Jonathan Uliel Saldanha, Benjamin Brejon, Diogo Dória, Frederico Duarte, Godofredo Pereira, & Manuel Neto

RELATÓRIO I

MÁQUINA DA SELVA

Entrar na selva significa submeter-se à completa indistinção e indiferença entre o mundo interior e o exterior. Implica ser transportado de um limiar para um ambiente expansivo e imersivo, que se estende para além dos limites do corpo, simultaneamente orgânico e mental. Aqui, ficamos aprisionados numa concha (uma caverna, uma cavidade) sem pontos de orientação e com múltiplas entradas, onde apenas conseguimos vislumbrar uma possível saída: um espaço de ecos, aparições, desvios e infiltrações constantes do sonho na realidade e da realidade no sonho. A selva é, nesse sentido, uma máquina (simbólica, sensorial e sonora) de ficções subterrâneas, fluxos e intensidades, na qual mergulhamos por completo, tornando-nos componentes desta engrenagem de contaminação.

Princípio Cosmológico: *Esfera*
(Eterno retorno: produção cíclica de cosmogonias, com o horizonte situado no centro da Terra)

Princípio da Vida: *Cristalização*
(Fragmentação, fabulação e mitificação do mundo: multiplicação animista de quase-objetos em progressão geométrica)

1.
Texto coletivo retirado da publicação *Mundo de Cristal, Máquina da Selva: HHY & Beast Box*. Fundação de Serralves/SOOPA, 2013.

Princípio Económico: *Guerra, Canibalismo e Fornicação*
(Sociedades contra o Estado, alianças anómalas, agentes vermiculares e operadores transversais: larvas, insetos, bactérias,
piranhas e formigas corroem a separação entre o divino e o
profano)

Princípio Territorial: *Ritornelos Mecânicos*
(O núcleo microcósmico da subjetividade é mobilizado por
operações totémicas e fetichistas: a máquina territorial não se
liga à terra, mas sim ao planeta como um todo)

RELATÓRIO II

GRUTA DE CRISTAL

Ao refletirmos sobre a nossa condição humana, a doença surge
como uma expressão contundente do nosso estatuto biológico
e orgânico — um prisma que acelera o trauma, o desastre e a
transformação. O vírus e o tumor assemelham-se a ervas pér-
fidas, crescendo e reproduzindo-se desordenadamente, como
uma invasão capciosa ou cristais malignos que se alojam nas
fissuras das rochas. Este fenómeno resulta num fluxo prolixo
de criaturas degeneradas e parasitárias dentro de um organismo vivo, que se expandem de forma dispersa e difusa. O
mundo da doença representa uma justaposição vegetal e geo-
lógica de corpos e anticorpos, tentáculos e cavidades, todos
interligados em níveis calibrados de intensidade e vibração.

Isolarmo-nos numa cápsula estéril revela-se inútil — a natureza, mesmo quando parece distante ou imóvel, respira dentro
da nossa própria respiração, e os seus limites são insondáveis
e abismais. A selva, por sua vez, é uma teia imersiva de múltiplas vozes que se espalham pelo deserto, onde o triunfo da
vegetação é absoluto.

A inumação permite uma total apropriação do terreno, cul-
minando na sua sacralização. O húmus é a fundação do humano, e o solo da sepultura preserva a essência.

O futuro da era das redes colapsa no passado geológico, e a
fronteira ambígua entre o vivo e o não-vivo, simbolizada pelos vírus, marca também o limiar do reino dos cristais, substâncias complexas que se cristalizam.

Esses cristais, com a sua capacidade de se organizarem em padrões espaciais regulares e repetitivos, refletem a natureza da matéria inanimada. As suas formas e simetrias representam uma organização interna primitiva, caraterizada pela repetição monótona de um único padrão em todas as direções no espaço.

O cristal não só suprime o exterior, como também suspende o mundo ao mesmo tempo que o reflete. Torna-se uma laje de tempo espelhado, sem interior ou exterior, construída em planos e facetas vertiginosas, onde as fronteiras entre passado e presente se confundem numa busca cega e tentadora pelo material e pelo imaterial. Esta abstração cristalina é uma cartografia do desconhecido.

Um cristal amplifica tudo, situando-se no esquivo limiar entre imagem e pensamento, entre realidade e realidade aumentada, entre o indeterminado e destino.

O olhar transformador de um satélite altera a superfície de um terreno indiferenciado, convertendo-o num campo de cristais refletores. Esta paisagem continua a refletir e a expandir os efeitos do olhar do satélite, mesmo após este desaparecer por detrás do horizonte, como se fossem aeronaves tetraédricas.

As abstrações cristalinas, com as suas arestas geométricas, superfícies refletoras e ecos vítreos, reprimem a vida e a forma orgânica. Este feedback de reflexões aprisiona o fluxo do tempo, tornando-o neutro e estático, gerando reverberações espaciais espelhadas.

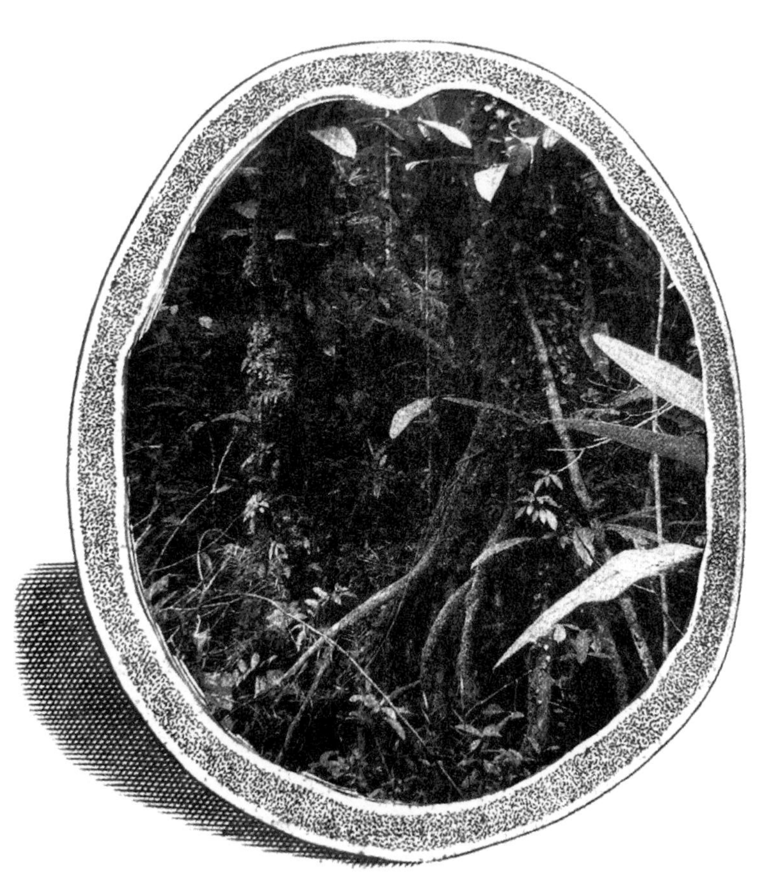

Jungle Machine[1]

Jonathan Uliel Saldanha, Benjamin Brejon, Diogo Dória, Frederico Duarte, Godofredo Pereira, & Manuel Neto

REPORT I

JUNGLE MACHINE

Stepping into the jungle means submitting to the absolute indistinction and indifference between the inner and the outer world. It means to be transposed from a threshold to an immersive, expanding environment beyond the edges of our bodies, at once organic and mental, becoming imprisoned in a shell (a cave, a cavity) with no points of orientation and with multiple entry points, from which we can only envision a way out: a space of echoes, visitations, drifts and constant infiltrations of dream into reality and of reality into dream. The Jungle is, in that sense, a machine (symbolic, sensory and sonic) for subterranean fictions, flows and intensities, into which we enter and completely submerge, at the time becoming ourselves components of this engine of contamination.

Cosmological Principle: *Sphere*
(Eternal recurrence: production of cyclic cosmogonies, the horizon lies at the centre of the Earth)

Life Principle: *Crystallisation*
(Fragmentation, fabulation and mythification of the world: animist multiplication of quasi-objects in geometric progression)

1.
Collective text from the publication *Mundo de Cristal, Máquina da Selva: HHY & Beast Box*, Porto: Fundação de Serralves/SOOPA, 2013.

Economic Principle: *War, Cannibalism and Fornication*
(Societies against the state anomalous alliances, vermicular agents and transversal operators: larvae, insects, bacteria, piranhas and ants corrode the separation between divine and excrement)

Territorial Principle: *Machinic Ritornellos*
(Microcosmic nucleus of subjectivity mobilised by totemic and fetishist operations: the territorial machine isn't connected to the land but to the Earth)

REPORT II

CRYSTAL CAVE

When we consider our human condition we cannot find a more vehement expression of its biological *ergo* natural, status than that of the disease — a prism accelerating trauma, disaster and change. The virus and the tumour, for example, resemble perfidious herbs disorderly growing and reproducing in a captious movement of invasion or malign crystals lodging in the interstices and cracks of rocks: a prolix flow of degenerate and parasitical creatures inside a living organism, expanding sparse and dispersive. The world of disease is like a vegetal and geological juxtaposition of bodies and anti-bodies, tentacles and cavities, bound together in calibrated levels of intensity and vibration.

To commit ourselves to exile inside a sterile capsule is useless — nature even if stagnant and remote, breathes within our own breathing and its limits are fathomless, abysmal. The jungle is an immersive web of many tongues spreading throughout the desert. The triumph of vegetation is absolute.

Inhumation allowed for a complete appropriation of the terrain, its ultimate sacralisation. Humus founds the human. The grave's soil preserves the essence.

Network age future collapses into geological past.

The vague borderline between living and non-living that viruses represent is also the boundary of the crystal kingdom, for they are complex substances which crystallise.

The capacity to pack into a regular repeating spatial pattern is common among simpler substances. Shapes and symmetries of crystals are characteristic of dead matter: they represent a primitive kind of internal organisation, the monotonous repetition of a single pattern in all direction in space.

The crystalline suppresses the outside and suspends the world, reflecting it at the same time. A slab of mirrored time, with no inner or outer side, built in vertiginous plans and facets, in which the borders of past and present interchange in a blind and tentative search for material and immaterial. This crystalline abstraction is a cartography.

A crystal amplifies everything. At the elusive limit between image and thought, reality and enhanced reality, indeterminacy and fate.

A satellite's transformative eye of light changes the surface from an undifferentiated ground into a field of reflective crystals. This landscape continues to reflect and expand the effects of the satellite's gaze even after it fails behind the horizon. Tetrahedral aircraft.

Crystalline abstractions, with their geometric edges, reflect surfaces and glass echoes, repressing life and organic form.

A feedback of reflections traps the flow of time, making it neutralised and static. Mirrored spatial reverberations.

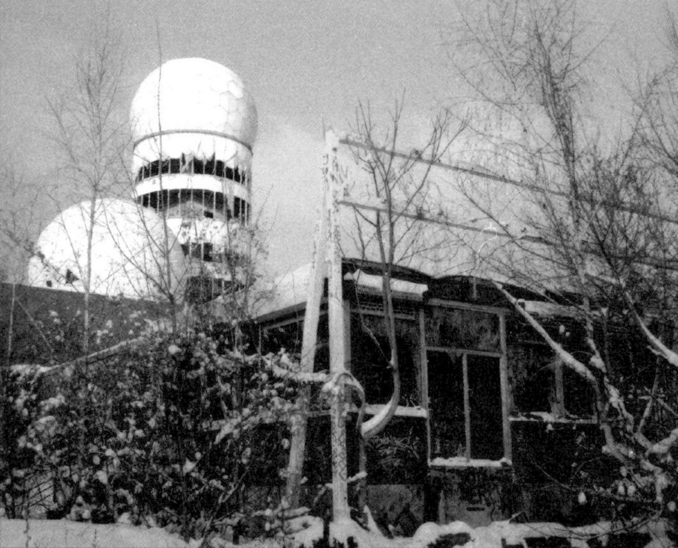

Mediações Vibracionais

Jonathan Uliel Saldanha

Os seguintes relatórios documentam dois momentos de uma investigação em curso sobre espaços que possuem uma dimensão sonora — territórios acústicos que operam através da ressonância, mediando e traduzindo poderes espectrais.

O primeiro relatório analisa a constituição de um coro como elemento indutor de ressonância nas instalações de uma antena de rádio situada em Teufelsberg, na Alemanha. O segundo relatório aborda a tradução e filtragem de gravações realizadas por um radiotelescópio em Dwingeloo, nos Países Baixos, com base nas interceções do buraco negro localizado na constelação do Cisne.

Ambas as ruínas, que anteriormente serviam para detetar e traduzir o invisível, tornaram-se agora cenários de sedimentação tecnológica — um aterro de protocolos do passado: transmissões de rádio, encriptação/desencriptação, radiação cósmica, ionosfera, emanações electromagnéticas e anti-matéria, todas canalizadas através das suas cavidades ctónicas.

Os vestígios do corpo operativo anterior persistem, esvaziados do seu propósito original. Os fluidos primordiais secaram, deixando este corpo apto a participar em novos protocolos. Aqui, emerge um conjunto de explorações e mediações que revivem visceralmente o espaço sobrevivente e a sua membrana envolvente, extraindo um potencial vital através da ressonância.

Ambos os processos revelam um interesse particular pela presença do som e pela sua inscrição vibracional, corporal e física.

I.
Eco do Diabo

[...] ecos sinistros de frequências ressonantes que podem afetar o cérebro — parecem ter sido uma componente intencionalmente planeada de vários locais pré-históricos em todo o mundo, desde templos em ruínas a locais de arte rupestre.
— Paul Devereux

A emanação acústica do espaço interior de uma antena de rádio serviu de cenário para uma série de gravações de um coro informal de vozes. Situada em Berlim, esta antena foi outrora crucial para o monitoramento e a interceção de sinais de rádio durante a Guerra Fria[1]. Durante esse período, foram construídas cúpulas para proteger as antenas do frio, do vento e da chuva, uma vez que eram fabricadas com materiais frágeis, e qualquer alteração na sua estrutura (como geada ou ferrugem) poderia comprometer a sua capacidade de receção.

Dentro de uma destas cúpulas, foi possível explorar a relação do som com o seu fantasma imediato — o eco. As singulares propriedades acústicas deste espaço devem-se à sua configuração esférica, que cria uma câmara interna capaz de potenciar fenómenos de ressonância[2]: o som é refletido e reenviado pelo corpo sólido da cúpula[3]. Este vasto complexo de edifícios foi utilizado como estação de monitoramento de comunicações, amplificando, descodificando e recodificando uma extensa gama de sinais de rádio distantes e invisíveis.

Esta cúpula é agora reposicionada como um *axis mundi* que funciona como um centro nevrálgico e como câmara de eco, intensificando a experiência temporal do espaço, amplificando outros aspetos do espectro do sinal e revelando, hoje, através da sua ressonância, fantasmas acústicos que emanam das ruínas do seu longínquo corpo telúrico petrificado.

Todas as emissões sonoras provenientes do interior estão tão contaminadas que são efetivamente alteradas, deixando um rasto no espaço como um som instantaneamente substituído pelo seu duplicado, pelo feedback do seu recipiente. O efeito é semelhante ao de ouvir a própria voz a partir do interior do

1.
Estratos geológicos do Teufelsberg:
— Colina artificial construída pelos Aliados após a Segunda Guerra Mundial, com cerca de 12 milhões de metros cúbicos de escombros provenientes de Berlim. É uma das colinas mais altas da região de Berlim.
— Sob esta colina encontra-se uma antiga escola técnico-militar nazi, projetada por Albert Speer. Os Aliados tentaram demolir a escola com explosivos, mas a sua estrutura era tão resistente que acabaram por optar por cobri-la com entulho, o que se revelou ser mais fácil.
— Posteriormente, foi instalada a estação da NSA (Agência de Segurança Nacional dos EUA) no Teufelsberg, tornando-se um dos principais postos de escuta durante a Guerra Fria, alegadamente fazendo parte da rede global de espionagem ECHELON.
— Nas proximidades da colina fica o lago Teufelssee, onde, segundo a lenda, existiu outrora um castelo habitado por demónios, que mais tarde foi submerso pelo lago.
— Uma grande estrutura foi erguida no topo da colina; de todas as direções, a estação tinha uma receção excecional de sinais de rádio, em frequências que normalmente seriam difíceis de captar a longas distâncias. Vista de toda a Berlim Ocidental, a estação estava voltada para o "Leste". Continuou a operar até à queda da Alemanha Oriental e do Muro de Berlim, sendo então encerrada e os equipamentos removidos.
— Embora os edifícios e as cúpulas de radar ainda permaneçam no local, o sítio foi amplamente vandalizado desde os anos 1990, e as colinas circundantes são agora utilizadas como estações de esqui.

2.
Uma frequência de ressonância é uma frequência natural de vibração, determinada pelos parâmetros físicos do objeto vibrante — neste caso, pelas dimensões, forma e material desta cavidade. A ressonância neste espaço também se manifesta como reverberação, ou seja, a persistência do som num espaço específico após o som original se dissipar.

3.
Esta cúpula é composta por módulos hexagonais e pentagonais de um material sintético permeável a frequências de rádio. A superfície rígida deste espaço esférico reflete o som de forma contínua; o som direto é seguido por um conjunto de múltiplas reflexões sonoras que se misturam e se sobrepõem. A intensidade sonora é amplificada pelas ondas refletidas, o que cria a marca acústica distintiva característica da reverberação.

nosso próprio crânio, recebendo os reflexos e ressonâncias das paredes com mais intensidade do que a emissão sonora original. Este fluido vibracional desbloqueia a superfície interna da cúpula, transformando-a numa membrana, uma extensão fisiológica da perceção ambiental. O som revela a forma arquitetónica do seu recipiente, impregnando o tempo com a sua assinatura acústica.

Neste processo de evocação, formou-se um grupo de vozes que se organizou como uma trajetória pelo interior do espaço; o seu tempo determinado pela duração das distâncias predefinidas, para encontrar um ponto interno de relação com a cavidade e o seu eco. Estabeleceu-se um protocolo de tons e intensidades onde as vozes operaram, num processo topográfico que recombina e revela os seus traços no espaço.

Este grupo de vozes, enquanto sistema, foi disposto de tal forma que apenas se revelava verdadeiramente através da ressonância[4]. O canto em grupo — entendido como um catalisador para um estado visceral — era alimentado pela arquitetura da cavidade e pelos sons estáticos que se produziam e desdobravam dentro dela — um espaço que se desvenda, envolvendo os participantes numa deslocação mental. A geometria deste cenário interage profundamente com os ocupantes, inibindo os sentidos e amplificando o território espectral do lugar, que é lentamente impregnado durante o processo.

A cúpula redonda assume a forma de um crânio que se esforça por comunicar, vibrando a sua cavidade interior e falando através da voz dos outros. O eco media o espaço e as pessoas que o ocupam.

II.
Cegueira Espectral

Toda a pedra profere oráculos.
— Teixeira Rego

Uma viagem ao radiotelescópio de Dwingeloo, nos Países Baixos[5], e, a partir daí, até ao buraco negro na constelação do Cisne[6], num processo de revelação em que formas emergem e se materializam a partir da opacidade.

4.
Pode-se traçar um paralelo com o "Visible Speech" de Alexander Melville Bell, que foi utilizado para ajudar pessoas surdas a aprender a falar, uma vez que não conseguiam ouvir a sua própria pronúncia. Este sistema é composto por símbolos que indicam a posição e o movimento da garganta, língua e lábios à medida que produzem os sons da linguagem, funcionando como uma forma de notação fonética.

5.
Um convite de Regina de Miguel.

6.
Esta galáxia distante aparece-nos como a segunda fonte de rádio mais luminosa do céu. O seu buraco negro supermassivo gera uma enorme energia à medida que consome grandes quantidades de matéria. Os eletrões próximos são acelerados neste processo, emitindo fortes ondas de rádio à medida que vão espiralando para o exterior em campos magnéticos.

Esta antena parabólica, um "ouvido" mecânico dos anos 1950[7], foi construída para captar as ondas transmitidas por fontes de rádio no Cosmos, entre as quais se destacam fortes emissões provenientes de buracos negros. A massa que compõe o fundo cósmico é um conglomerado de impulsos e emanações eletromagnéticas que, à primeira análise, parecem opacos. Saturados de radiação interestelar, os seus componentes só se tornam visíveis quando estas emissões são analisadas com a ferramenta certa. O sinal de rádio captado pela antena é traduzido em som, resultando num ruído branco amorfo[8].

Trata-se de uma cegueira gerada pela impossibilidade de interpretação. A qualidade deste ruído eletromagnético estático, ao ser escutado através da máquina que o capta[9], torna difícil identificar um ponto específico de origem. No entanto, enquanto a grande antena gira à procura de sinais no céu, uma pequena oscilação de volume anuncia uma fenda no ruído opaco — emissões fortes, como as do buraco negro na constelação do Cisne, fazem o volume aumentar — permitindo que essa oscilação seja interpretada como uma coordenada. O limiar de visibilidade é estreito para este tipo de antena, já desfasada das atuais metodologias e tecnologias de observação astronómica. Esta máquina descodifica o sinal de rádio em som, deteriorando-o através do seu mecanismo elétrico e reduzindo o espectro do ruído branco recebido. Trata-se de um encontro em que o observador tem acesso apenas ao sinal já traduzido pelos instrumentos de observação.

Após a sessão na antena e de volta ao estúdio de som, outros mecanismos foram ativados para realizar uma série de traduções sonoras das gravações de ruído branco do buraco negro. Trabalhar com este sinal implica entrar na sua opacidade e transmutá-lo num processo temporal[10].

O som foi progressivamente transformado e filtrado, num processo que restaurou a forma do ruído, conferindo-lhe um gesto, que foi também modificado pela transposição das suas frequências, para coincidir com os harmónicos da cavidade da Terra (ressonância de Schumann)[11].

O som foi, então, filtrado[12] por dois tipos de objetos: membranas: estruturas flexíveis que cobrem ou delimitam um corpo;

7.
O Observatório Radiofónico de Dwingeloo, situado no nordeste dos Países Baixos, é um radiotelescópio de prato único com um diâmetro de 25 metros. A sua construção foi concluída em 1956, e na altura era o maior radiotelescópio do mundo. Desde 2000, deixou de estar operativo de forma oficial e, desde agosto de 2009, é reconhecido como um monumento do património industrial holandês. A CAMRAS, juntamente com radioamadores e astrónomos amadores, utiliza o telescópio para EME, também conhecido como "moonbounce". Nesta técnica, os sinais de ondas de rádio são direcionados para a Lua a partir de um local, refletem-se na sua superfície e são detetados por uma antena situada em outro local da Terra. Um EME foi realizado no mesmo dia das gravações do buraco negro, enviando sons de um coro das sessões de Teufelsberg para serem refletidos pela Lua, um eco interplanetário que agradaria a King Tubby.

8.
O ruído branco é um sinal aleatório com uma densidade espectral plana; o sinal contém potência igual em qualquer frequência central. O nome "ruído branco" deriva do conceito de luz branca, na qual a densidade espectral de potência da luz está distribuída sobre a banda visível de forma a estimular igualmente os três recetores de cor do olho. Um sinal aleatório é considerado ruído branco se se observar que tem um espectro plano na mais ampla largura de banda possível de um meio.

9.
Karl Guthe Jansky, um engenheiro dos Laboratórios Bell Telephone, foi incumbido em 1931 de identificar fontes de estática que poderiam interferir no serviço de telefone rádio. A antena de Jansky era composta por uma série de dipolos e refletores, projetados para receber sinais de rádio em ondas curtas. Ao girar a antena, era possível determinar a direção da fonte de rádio interferente recebida (estática). Após gravar sinais de todas as direções durante vários meses, Jansky conseguiu categorizar os sinais em três tipos de estática: trovoadas próximas, trovoadas distantes e um suave chiado constante de origem desconhecida. Jansky concluiu finalmente que o "suave chiado" provinha da Via Láctea e era mais intenso na direção do centro da galáxia, onde se encontra um buraco negro supermassivo.

10.
A. Graham Bell, o inventor do telefone, criou o espectrógrafo, um dispositivo que traduzia os sons em padrões legíveis através de um processo fotográfico, fazendo registos visíveis da frequência, intensidade e tempo.

e cavidades: concavidades internas de objetos com paredes de diferentes densidades, cujo espaço interno pode tanto filtrar o sinal de ruído como ressoá-lo. Surgiu, assim, um novo corpo acústico para o som "encorpado" do buraco negro.

Os sons resultantes foram depois recombinados, forjando uma reconstituição forense[13] do território negativo do buraco negro.

Lista de materiais usados como mediadores e filtros: eletricidade > membrana sintética > metal > cerâmica > madeira > pele > carne > crânio de cabra > crânio humano > e, finalmente, a gravação do som resultante nos sulcos de um disco de vinil, que condensa o processo — um condensador passível de ser utilizado como meio de difusão.

11.
As Ressonâncias de Schumann são ondas eletromagnéticas quasi-estacionárias que existem na cavidade da Terra. Tal como as ondas numa mola, não estão sempre presentes, mas precisam de ser "excitadas" para poderem ser observadas. Não são causadas por fatores internos da Terra, como a sua crosta ou o seu núcleo, mas parecem estar relacionadas com a atividade elétrica na atmosfera.

12.
Um objeto vibratório escolherá as suas frequências de ressonância a partir da excitação complexa proveniente do ruído branco e vibrará nessas frequências, filtrando outras frequências presentes na excitação.

13.
A análise forense de áudio surgiu durante a Segunda Guerra Mundial, quando cientistas acústicos investigaram a possibilidade de identificar vozes inimigas em transmissões de rádio. Os seus esforços foram viabilizados pelo recém-inventado espectrograma de som, uma ferramenta que permite graficar a frequência e a amplitude dos padrões vocais ao longo do tempo. Alexander Gelfand, "Audio Forensics Experts Reveal (Some) Secrets", *Wired*, 10 nov. 2007, consultado a 15.01.2012, http://www.wired.com/science/discoveries/news/2007/10/audio_forensics?currentPage=all#

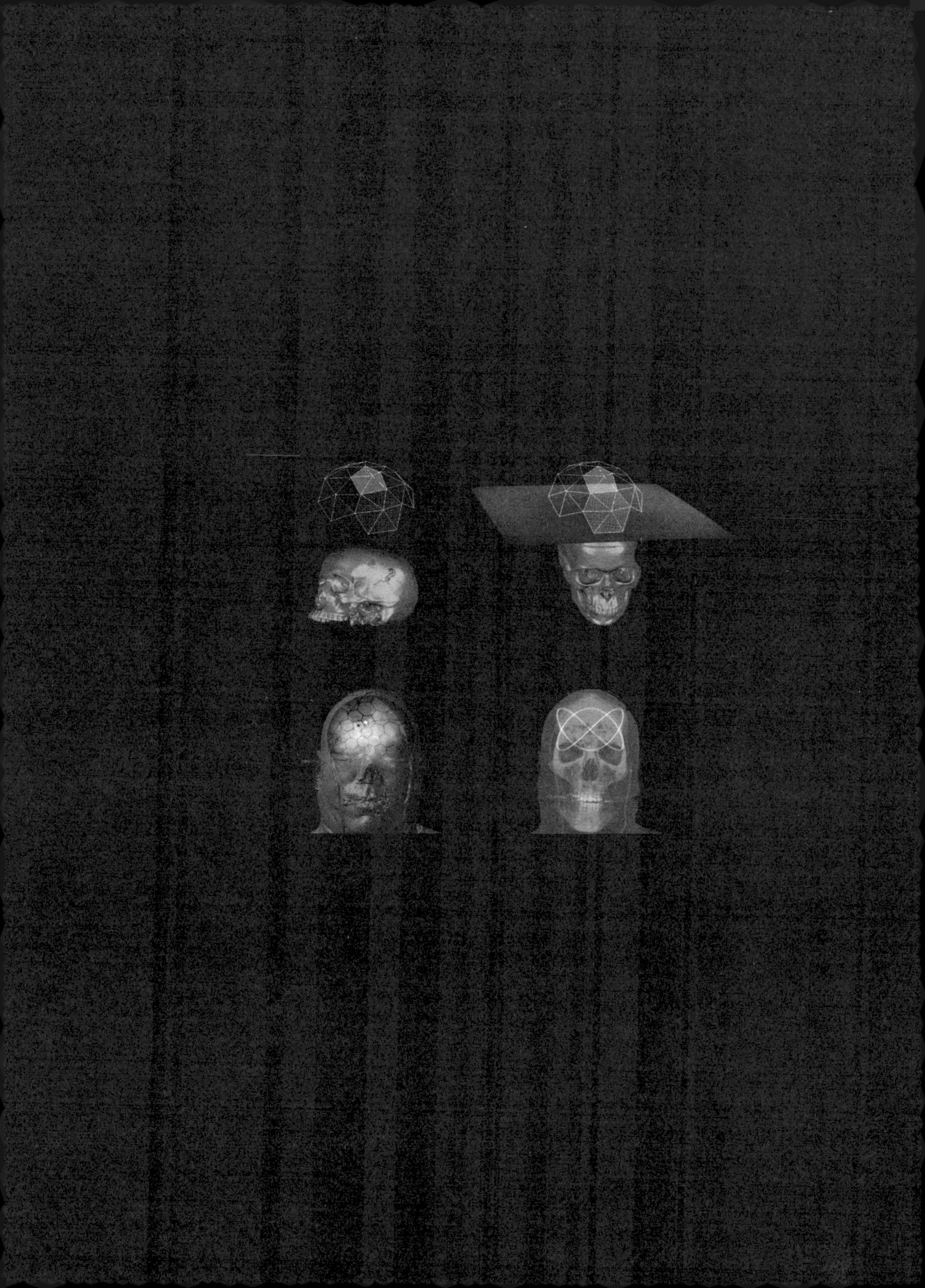

Vibrational Mediations

Jonathan Uliel Saldanha

The following reports document two moments of an investigation in progress about spaces that contain a sonic dimension, acoustic territories that operate through resonance while mediating and translating spectral powers.

The first report deals with the constitution of a choir as a resonance-inducing element in the premises of a radio antenna located in Teufelsberg, Germany, and the second report with the translation and filtering of recordings made by a radio telescope in Dwingeloo, the Netherlands, based on the interceptions of the black hole located in the Cygnus constellation.

Both ruins once operated in tracking and translating the invisible, but are now sceneries of technological sedimentation, a landfill of past protocols: radio transmissions, encrypting/decrypting, cosmic radiation, ionosphere, electromagnetic emanations and anti-matter, all of them now channelled through their chthonic cavities.

The remains of the previous operational body persist, emptied of their previous purpose. The original and elementary fluids have dried, leaving this body suitable for the participation in new protocols. Here a set of explorations and mediations comes to light for which the surviving space and its involving membrane are viscerally revived, extracting through resonance a vital potential.

Both processes contain a particular interest for the presence of sound, and its vibrational, corporal, and physical inscription.

I.
Devil's Echo

[...] eerie echoes to resonant frequencies that can affect the brain — seem to have been an intentionally planned component of a number of prehistoric sites worldwide, from ruined temples to rock art locations.
— Paul Devereux

The acoustic emanation of the inner space of a radio antenna was the site for a series of recordings of an informal choir of voices. Located in Berlin, this antenna was once upon a time important for the monitoring and interception of radio signs during the Cold War.[1] During this period, domes were built to protect the antennas against the cold, the wind and the rain, as they had been manufactured from fragile materials and any alteration to their structure (frost or rust) would reduce their capacity for reception.

Inside one of these domes it was possible to explore the relations of sound with its immediate ghost — its echo. The particular acoustic properties of this space are caused by its spherical configuration, which constitutes an internal camera that potentiates the phenomena of resonance:[2] the sound is reflected and re-sent by the hard corpus of the dome.[3] This vast building complex was used as a station for communications monitoring, amplifying, decoding and re-encoding of an extensive radio range of distant, invisible signs.

This dome is now repositioned as an *axis mundi* which operates as a nerve centre and as an echo chamber intensifying the temporal experience of space, amplifying other parts of the sign's range, revealing today, through its resonance, acoustic ghosts that emanate from the ruins of its long petrified tellurian body.

All sound emissions originating in the interior are contaminated to the point of being effectively altered, leaving a trail in space like a sound instantly substituted by its double, by the feedback of its container. The effect is equivalent to that

1.
Geological strata of the Teufelsberg:
– Artificial hill built by the Allies after the Second World War from about 12 million cubic meters of rubble from Berlin. It is one of the highest hills in the Berlin area.
– Buried underneath the hill is a Nazi military-technical college designed by Albert Speer. The Allies tried using explosives to demolish the school, but it was so solid that covering it with debris turned out to be easier.
– The NSA (US National Security Agency) Field Station Berlin Teufelsberg came after this and was one of the premier listening posts of the Cold War, rumoured to be part of the global ECHELON intelligence gathering network.
– Lake Teufelssee is near the hill. It is believed that once there was a castle there inhabited by demons, which was subsequently submerged by the lake.
– The large structure was constructed on the top of the hill; from all directions the station enjoyed excellent and unobstructed reception of signals in radio bands that were otherwise difficult to receive over long distances. And viewed from all over West Berlin, in was turned to the "East". It continued to operate until the fall of East Germany and the Berlin Wall. After that the station was closed and the equipment removed.
– The buildings and radar domes still remain in place but the site has been largely destroyed since the 1990s and the hill is used as a ski park.

2.
A resonant frequency is a natural frequency of vibration determined by the physical parameters of the vibrating object, in this case the dimensions, shape and material of this cavity. The resonance in this space is also a reverberation; the persistence of sound in a particular space dissipates after the original sound.

3.
This dome is made of hexagonal and pentagonal modules of a synthetic material, permeable to radio frequencies. The hard surface of this sphere-like place reflects sound continuously, the direct sound received is followed by a cluster of many reflected sounds which blend and overlap, the sound intensity is enhanced by the reflected waves, hence the particular acoustic imprint characteristic of reverberation.

of hearing your own voice from inside your skull, receiving the reflections and resonance of the walls stronger than the original sound emission. This vibrational fluid unblocks the inner surface of the dome, transforming it into a membrane, a physiologic extension of environmental perception. The sound reveals the architectural form of its container, impregnating time with its acoustic signature.

In this evocation process a group of voices was formed that was organising itself as a trajectory through the space's interior, its time determined by the duration of the predefined distances, so as to find an internal point of relation with the cavity and its echo. It established a protocol of tones and intensities where the voices had operated, in a topographical process that re-combines and reveals its traces in space.

This group of voices, as a system, was placed in such a way as to only truly show itself through resonance.[4] The group singing — understood as a catalyst for a visceral state — was fed by the architecture of the cavity and by the static sounds produced and unfolded in it — space that unravels, wrapping the participants in a mental dislocation. The geometry of this scenery interacts deeply with the occupants, inhibiting senses and amplifying the spectral territory of the place, which is slowly impregnated during the process.

The round dome assumes the configuration of a skull striving to speak, vibrating its inner cavity and speaking through the voice of others. The echo mediates space and the people who occupy it.

II.
Spectral Blindness

Every stone utters oracles.
— Teixeira Rego

A trip to the Dwingeloo radio telescope in the Netherlands,[5] and from there, on to the black hole in the Cygnus constellation,[6] in a process of revelation in which forms appear and materialise out of the opaqueness.

4.
A parallel can be drawn with Alexander Melville Bell's *Visible Speech* which was used to help the deaf learn to talk since they could not hear their own aural pronunciation. The system is composed of symbols that show the position and movement of the throat, tongue, and lips as they produce the sounds of language, and it is a type of phonetic notation.

5.
At the invitation of Regina de Miguel.

6.
This distant galaxy appears to us as the second brightest radio source in the sky. Its supermassive black hole generates tremendous energy as it consumes large amounts of material. Nearby electrons are accelerated in this process, emitting strong radio waves as they spiral outward in magnetic fields.

This satellite dish, a mechanical ear of the 1950s,[7] was built to listen in to the waves transmitted by radio sources in the cosmos, among which are the strong spots of radio wave emanation originating in black holes. The mass composing the cosmic background consists of a conglomerate of electro-magnetic impulses and emanations that appear opaque at a first analysis. Saturated with interstellar radiation, its compo-nents become visible only when these emissions are analysed with the right tool. The radio signal feeding the antenna is translated into a sound signal, an amorphous white noise.[8]

A blindness engendered by the impossibility of interpretation. Given the quality of this radio magnetic static noise, and lis-tening to the machine that hears it,[9] it is difficult to point to some definite spot, but while the great antenna turns looking for a signal in the sky, a small volume oscillation announces a visible crack in the opaque noise — strong radio emissions like those originating from Cygnus black hole increase its volume — allowing for the interpretation of this oscillation as a coor-dinate. The visibility threshold is narrow for this kind of an-tenna, already not up to date with the current methodologies and technologies of astronomical observation. This machine decodes the radio signal into sound, deteriorating it through its electric mechanism and reducing the spectre of white noise received. An encounter where the observer meets only the translated signal produced by the tools used in the observation.

After the session at the antenna and back at the sound stu-dio, other mechanisms were put into action in order to carry out a series of sonic translations of the recordings of white noise from the black hole. To work with this signal implies moving towards its opaqueness and to transmute it into a mechanism in time.[10]

The sound was progressively transformed and filtered in a process that restored the form of the noise, giving it a ges-ture that was also cut out by the transposition of its frequen-cies, to coincide with harmonics of the Earth's cavity (Schu-mann's resonance).[11]

The sound was therefore filtered[12] through two types of objects: membranes — flexible structures covering or limiting a body;

7.
The Dwingeloo Radio Observatory (northeastern Netherlands), is a single dish radio telescope with a diameter of 25 m. Its construction was completed in 1956. At that time it was the largest radio telescope in the world. As of 2000, it was no longer operative in an official capacity and since August 2009 is officially a Dutch industrial heritage monument. CAMRAS, along with radio amateurs and amateur astronomers, use the telescope for EME, also known as moonbounce. In this technique, radio wave signals are aimed at the Moon from one location, bounce off the Moon's surface, and are detected by an antenna at a different location on Earth. One EME was made in the same day of the black hole recordings, sending choir sounds of the Teufelsberg sessions to be deflected by the moon, an interplanetary echo that would please King Tubby.

8.
White noise is a random signal with a flat spectral density; the signal contains equal power at any centre frequency. White noise draws its name from white light in which the power spectral density of the light is distributed over the visible band in such a way that the eye's three colour receptors are equally stimulated. A random signal is considered white noise if it is observed to have a flat spectrum over a medium's widest possible bandwidth.

9.
Karl Guthe Jansky, an engineer with Bell Telephone Laboratories, in 1931 was assigned the job of identifying sources of static that might interfere with radio telephone service. Jansky's antenna was an array of dipoles and reflectors designed to receive short wave radio signals. By rotating the antenna, the direction of the received interfering radio source (static) could be pinpointed. After recording signals from all directions for several months, Jansky eventually categorized them into three types of static: nearby thun-derstorms, distant thunderstorms, and a faint steady hiss of unknown origin. Jansky finally determined that the "faint hiss" was coming from the Milky Way and was strongest in the direction of the centre of the galaxy, the place for a supermassive black hole.

10.
A. Graham Bell, inventor of telephone, created the Spectrograph, a device that translated sounds into readable patterns via a photographic process, making visible records of frequency, intensity, and time.

11.
The Schumann Resonances are quasi-standing electromagnetic waves that exist in the Earth cavity. Like waves on a spring, they are not present all the time, but have to be "excited' to be observed. They are not caused by anything internal to the Earth, its crust or its core. They seem to be related to electrical activity in the atmosphere.

12.
A vibrating object will pick out its resonant frequencies from the complex excitation coming from the white noise, and vibrate at those frequencies, filtering out other frequencies present in the excitation.

13.
Audio forensics was born during WWII, when acoustic scientists investigated the possibility of identifying enemy voices on radio broadcasts. Their efforts were made possible by the newly invented sound spectrograph, a tool for graphing the frequency and amplitude of voice patterns over time. Alexander Gelfand, "Audio Forensics Experts Reveal (Some) Secrets", *Wired*, November 10, 2007, accessed January 15, 2012, http://www.wired.com/science/discoveries/news/2007/10/audio_forensics?currentPage=all#

and cavities — objects' inner concavities, with walls composed of different densities and whose internal space can filter the noise signal as well as resound it. A new acoustic body for the fleshed-out sound of the black hole.

The resulting sounds were then re-combined, forging a forensic reconstitution[13] of the black hole's negative territory. List of materials used as mediators and filter: electricity > synthetic membrane > metal > ceramics > wood > skin > meat > goat skull > human skull > and, finally, the encrypting of the resultant sound in the grooves of a vinyl record, which condenses the process, a condenser susceptible to be used as a diffusion medium.

Fissura Mnemónica

Jonathan Uliel Saldanha

ferida | toxicidade | BPM | auralidade | alopoiese | máquina-animal | pressão | simulação | ressonância | recetáculo | impulso

TOPOS TRÁGICO

No mecanismo multinodal dos territórios urbanos, aglomerados densos de simulação, desejo, dor, mimésis, conectividade e técnica, um lugar peculiar mantém-se enquanto catalisador transversal aos centros e periferias, um espaço-cavidade desenhado e programado para a destruição voluntária de nexos através da pressão sonora, luz e movimento.

Este recetáculo e arquitetura multidimensional é a urna onde está depositado um panteão de sensações da carne, vestígios de gestos sincronizados, rasgos de violência e ritos de sedução, através da qual a ressonância das cavidades internas dos corpos dialoga com a caixa negra que os envolve.

Este é o espaço privilegiado para mutações de superfície conduzidas pela vibração cintilante entre carne e paisagem, pela refração contínua de zonas de simulação e zonas de imersão, num território ambíguo de camuflagem. O reconhecimento da orla que circunda esta Terra Ignota, lugar ignóbil e caoticamente reproduzido, delineia um contorno hiper-consciente, que dramatiza os ângulos de acesso ao interior opaco, acionando no plasma intangível uma volumetria, nomeando os seus potenciais órgãos e agências. Esta cavidade, caixa negra insondável, é porventura adivinhada a partir da listagem de situações e comportamentos simuláveis, de um protocolo.

A tragédia enquanto mecanismo dramatúrgico que atravessou a história da encenação humana talvez possa ser um protocolo para a análise da relação entre corpo, espaço e catarse no âmbito destas cavidades-fissura, encontrando um mecanismo evocativo do embate humano na paisagem, revelando uma matriz ótica que serve um potencial prisma sobre a ferida provocada no quotidiano. Uma ferida forçada na superfície do corpo abrindo-o ao exterior em assombro e permitindo o acesso da paisagem ao interior do corpo em infeção. Permitindo um *reset* da cadeia tendencialmente incontrolável de eventos que pontuam a um ritmo cerrado o quotidiano com uma purga. Um hiato onde tudo volta a ser possível, os contornos da individuação tornam-se difusos, permitindo uma mudança da fortuna e do devir. Espaço para uma natureza não empática e não harmónica, libertando o acesso a um *pathos*, paixão e pertença, sincronizando verticalmente as várias dimensões espácio-temporais num *axis mundi*. A durabilidade desta metamorfose é agradavelmente circunscrita a uma secção de tempo, um conjunto de horas, talvez dias, mantendo-a num limite delineado, que emana do poder operativo de nomear o inominável. Nomear a falha.

LOCUS AMOENUS, LOCUS HORRIBILIS

Locus Amoenus, um lugar aprazível na paisagem, idílico e protetor, que pela beleza estável alberga encontros românticos e revitalizadores, numa relação de fruição empática extraído de uma natureza pacificada. Exemplos possíveis: Éden, parque de campismo, parque temático, jardim francês.

Locus Horribilis, a natureza hostil que por força da sua inexplicabilidade alberga uma força destrutiva em potência, um vírus, massa caótica e brutal, ameaçadora e violenta. Exemplos possíveis: Narciso vislumbra o seu reflexo na superfície de um lago; Aguirre atravessa a selva; jardim romântico.

Hortus Conclusus, espaço demarcado onde a natureza está totalmente domesticada e/ou enclausurada. Exemplos possíveis: museu botânico, estufa, *shopping centre*, pintura de uma Madona em gestação.

A paisagem no seu modelo canonizado vegetal-mineral apresenta-se com diferentes níveis de opacidade; os agentes humanos, inumanos e espectrais que a atravessam oscilam entre os diferentes níveis de acesso; a natureza do lugar é inconstante e provoca desenlaces nos agentes. Nas suas *Metamorfoses*, Ovídio descreve uma paisagem animada por agências indizíveis, o lugar onde a presença humana se desenrola é uma paisagem em movimento, em constante mutação, passando de jardim ou natureza ordeira e civilizadora, para um lugar tóxico e hostil onde a natureza é incompreensível, assassina e alienígena.

Este *Locus Horribilis* é também uma espécie de caixa negra/ *black box*, um sistema/oráculo opaco do qual se entra e do qual se sai, mas com pressupostos incompreensíveis mediados pelo seu efeito, por conjuntos de tendências. Volume opaco cujo protocolo permite olhar o acidente, coordenada precisa para o contorno.

A cavidade-paisagem é de composição múltipla atravessando variadas densidades, formatos e composições, podendo começar numa pedra de granito continuando num pilar de cimento, metamorfoseando-se em plástico e vidro, continuando enquanto vibração no ar até penetrar e mesmo atravessar o corpo. Numa descontinuidade de matérias animadas por continuidades outras que, apesar de aparentemente domesticadas pela colonização humana, atravessam o espaço a partir de outros pressupostos, com outras agências.

A FISSURA

À medida que a entrada para uma cavidade se torna uma escolha pragmática com vista a capitalizar um conjunto de resultados, a possibilidade de cisão com o fluxo quotidiano torna-se inconstante e altamente mediada por uma distorção da expectativa, encerrando o acesso a dimensões de alteridade. Um modelo de competência sobrepõe-se à alienação, ao monstro, o ritmo fica regular.

A fissura é o cordão umbilical que mantém tangível a conexão entre os protocolos diários humanos com o outro absoluto, a paisagem em movimento. Esses protocolos que competem entre si de forma a melhor regular a estabilidade mental, física, social são os mesmos que contêm na sua composição a possibilidade do desastre pela reorganização genética da sua função. Uma arquitetura espectral, uma câmara de simulação onde o corpo se conecta com o exterior, a paisagem, através de uma ferida, por onde os agentes patogénicos, a toxicidade, a oxidação entram em contacto com o sistema corporal, contaminando a sua estabilidade. Um arranjo funcional de estranhos.

O caráter apotropaico do som, poder que protege ou expia
o mal, revela no corpo um espasmo, um espanto. Este tremor sanguíneo é lembrado e inscrito desde o aparecimento
de mecanismos basilares de comunicação e tradução, no re-
gisto pictórico, fonético, mnemónico da experiência do mundo. Esse espanto é consequência de um embate com o outro,
despoletando uma série de reações inarmónicas do corpo-al-
ma, saturação dos sentidos que coloca em cena duplos morais,
cosmonautas temporários, *Doppelgänger* numa paisagem intersticial. Esta ferida aberta é a possibilidade de infeção por
um organismo xenomorfo, pré-linguístico na polarização de
uma emergência disruptiva.

A zona delineada pela fissura é a abertura reguladora que o
sistema tem com o exterior; este mecanismo tem duas impli-
cações possíveis: uma, a de vislumbrar o plasma informe da
paisagem; outra, a de enquadrar o que chega a partir de protocolos de absorção, integrando o plasma e seus tentáculos
numa listagem rizomática de dados. A forma do exoesqueleto imprime-se na forma da cicatriz.

Na história de Eco e Narciso, este permanece hipnotizado
pelo seu reflexo enquanto Eco vê o seu corpo fundido com
a paisagem. Uma ótica possível para este desenlace é a de ver
Eco demonstrar sinais de aceitação e cooperação com a paisagem, humanizando aquilo que era anteriormente um corpo
absolutamente intangível, não categorizável. Tornando-se uma
refém com sentimentos empáticos em relação ao seu captor,
Eco é na realidade possuída pela paisagem.

REPETIÇÃO PRESSÃO

O ritmo é uma cifra, ferramenta síntese reguladora de eventos,
impulsos que emergem de objetos atingidos por um ataque.
Explosão que convoca para o corpo do objeto, escultura ou
simulação, a vibração que o anima, mapeando um volume e
uma ressonância para invocar uma presença. A regularidade
destes eventos no tempo demonstra uma sintaxe articulada
por uma língua seca e inarmónica; o sistema onde opera o
seu pontilhismo é o ataque direto à contagem do tempo. Um
metrónomo quântico que opera a várias dimensões animan-
do o corpo humano numa fricção com o tempo.

O som enquanto vibração é um princípio fundador da relação humana com o exterior e participa de um conjunto de pactos que deixam a paisagem em movimento liberta de linha do horizonte. Catalisador que invoca para o presente uma série de estímulos ocultos sobrepondo dimensões; impulsos privados colidem com desejos coletivos em atrito com objetos animados por outras agendas.

A regularização da pulsação fixa a gama de relações possíveis entre o ritmo/corpo e a contagem das batidas por minuto, uma ferramenta fatal na domesticação dos estímulos que intercetam o humano. O Feedback Negativo é aumentado, inibindo o estímulo externo para um valor estável ideal, realimentando a relação de forma a manter o equilíbrio. Por oposição, o Feedback Positivo incita o estímulo exterior realimentado e otimizado o seu fluxo de forma a potenciar um crescimento exponencial imprevisível, metamorfoseando o estado vigente. A pressão no ar repetida em impulsos, numa cadência artificial do tempo para a mortificação da carne.

PLASMA CTÓNICO

O exoesqueleto rígido dos sistemas e redes que atravessam humanos, objetos e paisagens, tem no seu interior ctónico um plasma sonoro, fluido e parasitário. Os infrassons, frequências graves que vibram no limiar inferior da audição e que descem para registos impossíveis de escutar, intercetam o corpo de forma direta. A energia acústica é absorvida pela carne, causando distorção do campo visual e a pressão no esqueleto e órgãos internos devido à ressonância das cavidades do corpo, denunciando uma presença, uma matéria, induzindo estados alterados que podem ir da euforia à náusea. Estes espectros telúricos são produzidos pelas sociedades humanas que vagueiam entre e através de arquiteturas e corpos. As frequências inaudíveis adensam a massa informe invisível que povoa as cidades num lastro permanente, deslocando-se por grandes distâncias ao longo dos espaços geográficos e através deles, de forma errática e disforme.

Estas vibrações telúricas são o nó mais largo da teia apertada dessas rotas invisíveis, grandes mastodontes que se deslocam, numa logarítmica própria e independente, dotados de grande energia cinética; atravessam prédios e quarteirões, deixando nas estruturas físicas rastos de vibração e oscilação, vestígios que gradualmente alteram os espaços e os corpos, movendo--os numa coreografia involuntária.

Os corpos trazem com eles o rasto vibracional do monstro insondável, incomensurável. Granito, húmus, cimento, plástico, carne, osso são constituintes deste colosso que navega a espessura intersticial da paisagem, colidindo com o espaço-tempo.

A escala, valor espacial e inter-relacional nos quais o visível e o invisível se imprime, constituem uma formalização espacial; os rácios proporcionam uma ferramenta para medir, relacionar e cartografar. A escala operada no eixo vertical liga os submundos ctónicos do interior da Terra (extração de recursos fósseis, túneis, cavernas) ao mundo das criaturas celestes (ionosfera de satélites e frequências eletromagnéticas), numa cosmologia em que as proporções assumem o controlo do intangível.

LACUNAR

O conjunto de informações que é absorvido pelo corpo numa caixa negra com 110db de pressão sonora serve uma mnemónica que acede a um logos velado, onde a figura e avatar de Mnemosine, titã que personifica a memória, filha de Urano (Céu) e de Gaia (Terra), serve de corpo e antídoto para o esquecimento total personificado por Tártaro, irmão de Caos.

Esta refração do indivíduo numa saturação sensorial do corpo serve de forma prática a uma meditação sobre prazer e morte, invocando as memórias biológicas e matéricas, num *memento mori*. Eixo onde opera uma mutação das *nuances* de presença, entre a possessão da cavidade-paisagem pelo corpo e a possessão do corpo pela paisagem-cavidade.

Podemos considerar estas relações como apenas mais um dos parâmetros funcionais pelo qual um sistema vasto e múltiplo se manifesta. Sistema cujo caráter se revela de forma gradual pelos modos com os quais atua e se torna inteligível e que, talvez, através da interceção-pressão-vibração-corpo-repetição, revele modos de inferência que auxiliam no diálogo possível com a alteridade lacunar.

Mnemonic Fissure

Jonathan Uliel Saldanha

wound | toxicity | BPM | aurality | allopoiesis | animal-machine | pressure | simulation | resonance | receptacle | impulse

TRAGIC TOPOS

Within the multi-nodal mechanism of urban territories, thick agglomerates of simulation, desire, pain, mimesis, connectivity and technique, an exquisite place survives as catalyst, common both to centres and peripheries, a cavity-space designed and programmed to perform the voluntary destruction of nexus through sound pressure, light and movement.

Such a receptacle of multidimensional architectural nature is the urn where a whole pantheon of sensations of the flesh, vestiges of synchronized gestures, bursts of violence and rites of seduction is condensed and through which the resonance of the bodies' internal cavities dialogues with the black box around them.

This is a privileged place for surface mutations conducted by a flickering vibration between flesh and landscape, through a continuous refraction of simulation zones and immersion zones, within an ambiguous territory ruled by camouflage. The recognition of the shore surrounding the Unknown Earth, an ignoble and chaotically reproduced place, draws a hyper-conscious contour dramatizing the angles of access to its dim interior, activating a volumetry in the ineffable plasma, naming its potential organs and agencies. Such a cavity, such an unfathomable black box, is perhaps anticipated by the listing of possible simulated situations and behaviours by a protocol.

Tragedy as a dramaturgic mechanism throughout the history of human representation could possibly be used as a protocol regarding the analysis of the relation between body, space and catharsis in the context of these cavity-fissures. It would

discover a mechanism evoking the human being's encounter with landscape, revealing an optical matrix perceived as
a potential prism to observe the wound inflicted upon daily
life. A wound inscribed on the surface of the body, opening
it in bewilderment to the outside world, allowing it to get
in touch with and to be infected by the landscape. Allowing a reset of the uncontrollable chain of events punctuat-
ing everyday life, with a fast rhythm, as a purge. A hiatus in
which everything is possible again, in which the contours of
individualization become diffuse, therefore bringing forth a
shift of fortune and becoming. A place of non-empathic and
non-harmonic nature, allowing access to a kind of *pathos*,
passion and sense of belonging, vertically synchronizing the
multiple space-time dimensions on an *axis mundi*. The duration of such metamorphosis is pleasantly confined to a short
period of time, some hours, maybe days, always within the
well-defined limits that emanate from the operative power of
naming the unnameable. To give fissure a name.

LOCUS AMOENUS, LOCUS HORRIBILIS

Locus Amoenus, a pleasant place in the landscape, idyllic and
protective, which, in its steady beauty, shelters romantic and
revitalizing encounters, a relationship of empathic fruition
extracted from a pacified nature. Possible examples: Eden,
campsites, theme parks, French gardens.

Locus Horribilis, a hostile nature which, by means of its in-
explicability, shelters a potentially destructive force, a virus,
a brutal and chaotic mass, threatening and violent. Possible
examples: Narcissus glimpses his reflection on the surface of
a lake, Aguirre crosses the forest, romantic garden.

Hortus Conclusus, a delimited place where nature is totally
domesticated and/or enclosed. Possible examples: botanic
garden, museum, greenhouse, shopping centre, painting of
a pregnant Madonna.

Landscape as a canonized vegetal-mineral system presents
itself in different levels of opacity; the human, inhuman and
spectral agents who traverse it oscillate between different levels of access; the nature of the place is not stable and disturbs

the acting persons. In his *Metamorphoses*, Ovid describes a landscape enlivened by unspeakable agencies and the place where human presence is felt corresponds to a moving landscape that is always changing — sometimes it is built in the shape of a garden or a civilised and orderly place, other times in the shape of a toxic and hostile space where nature is unintelligible, murderous and alien.

The *Locus Horribilis* is also a sort of black box, an opaque system/oracle which we may enter or leave, based on incomprehensible presuppositions mediated only by its effect, by a set of trends. An opaque volume whose protocol allows us to observe the accident, precise coordinate of the contour.

The cavity-landscape is multidimensional, comprehending many different densities, formats and compositions, from a granite stone to a pillar made of cement, which then transforms itself in plastic and glass, surviving as pure vibration of the air until it penetrates and intersects the bodies. It survives through a discontinuity of matter enlivened by other continuities which, although apparently domesticated by human colonisation, do not cease to intersect space by other means, with other agencies.

THE FISSURE

As the entry to the cavity becomes a pragmatic choice, aiming at capitalising certain results, the possibility of a split occurring within the daily flux becomes more erratic and more and more mediated by a distortion of expectancies, thereby closing the access to the dimensions of otherness. A paradigm of competence imposes itself on alienation and monstrosity and the rhythm becomes steady again.

The fissure is the umbilical cord preserving the tangibility of connexion between the daily human protocols and the absolute Other, a landscape in motion.

Those protocols, which compete among themselves in order to regulate mental, physical and social stability, convey the possibility of disaster within the genetic reorganisation of its function. A spectral architecture, a simulation chamber where bodies connect with exterior reality, landscape, through a wound, where the pathogenic agents, toxicity and oxidation get in touch with the physical system, thereby contaminating its stability. A functional encounter of strangers.

The apotropaic nature of sound, a power which either protects or exorcises evil, unveils a spasm, an astonishment in the body. Such sanguineous tremor is remembered and inscribed, since the invention of the first basic mechanisms of communication and translation, in pictorial, phonetic and mnemonic expressions of our experience of the world. Such astonishment is the consequence of our encounter with the Other, something that provokes a chain of inharmonious reactions of the body-soul, a saturation of the senses that stages moral stunts, temporary cosmonauts, doppelgängers in an interstitial landscape. This open wound corresponds to the possibility of infection by a xenomorphic organism, pre-linguistic in its polarization of a disruptive emergency.

The zone delimited by the fissure is the regulatory channel between the system and exterior reality and its mechanism has two possible implications: the emergence of landscape's shapeless plasma and a proposition of understanding of the protocols of absorption, inscribing the plasma and its tentacles on a rhizomatic list of data. The form of the exoskeleton impresses itself in the form of a scar.

In the Echo and Narcissus myth, the latter remains hypnotised by his reflex, while Echo sees her body merged with landscape. One plausible perspective of this story may be that Echo shows signs of accepting to cooperate with the landscape, therefore humanising what before was a totally intangible and unclassifiable body. By becoming captive of a feeling of empathy towards her captor, Echo is possessed by the landscape.

REPETITION PRESSURE

Rhythm is a cipher, a synthesis-tool regulating events, impulses which irrupt from objects under attack. An explosion that calls upon the body of the object, sculpture or simulation, the vibration that enlivens it mapping a volume and a resonance in order to evoke some kind of presence. The regularity of such events in time reveals a syntax articulated by a dry and inharmonious language; the system engaging in pointillist exercises is a direct attack on the counting of time. A quantic metronome operating in several dimensions, enlivening the human body through a friction with time.

Sound as vibration is the founding principle of all human relation with exterior reality and is one of the pacts setting landscape in motion and rescuing it from the oppression exerted by the horizon line. A catalyst evoking for the present several hidden stimuli that overlap dimension, private impulses colliding with collective desires in attrition with objects animated by other agendas.

The regularity of pulsation determines all possible relations between rhythm and body and the counting of beats per minute is a fatal tool designed to domesticate the stimuli received by human beings. The Negative Feedback grows, thereby inhibiting the external stimulus and turning it into a stable and ideal value, back-feeding the relation in order to preserve balance. By contrast, the Positive Feedback incites the exterior stimulus and its flux is back-fed and optimised in order to potentiate an exponential and unpredictable growth transforming the present state. The pressure in the air, repeated by impulses of time's artificial cadence, until the mortification of the flesh is achieved.

CHTHONIC PLASMA

The rigid exoskeleton of systems and networks passing across people, objects and landscapes, keeps inside its chthonic interior a sonorous, fluid and parasitic plasma. Infrasounds, low, mostly inaudible frequencies that vibrate at the lower threshold of hearing, directly usurp the body. The acoustic energy is absorbed by the flesh, causing distortion of the visual field and the pressure on both the skeleton and the internal organs due to the resonance within the body's cavities, revealing a presence, a material, inducing altered states from euphoria to nausea. These telluric spectres produced by human societies that wander in-between and across architectures and bodies. Inaudible frequencies thicken the shapeless and invisible mass inhabiting the cities as permanent deadweight and move over great distances along and across geographic places, erratically, monstrously.

Such telluric vibrations are the largest knot in a tight web of invisible routes, massive mastodons which move according to an autonomous logarithmic, propelled by a massive volume of kinetic energy; they pass through buildings and whole blocks, leaving on those structures traces of vibration and oscillation, vestiges which gradually transform the places and the bodies, putting them into motion, forcing them to an involuntary choreography.

Bodies convey a vibrational trace of the unfathomable and incommensurable monster. Granite, humus, cement, plastic, flesh and bone are the constituents of this giant who sails the interstitial thickness of the landscape, colliding with space and time.

The scale, spatial and inter-relational value through which the visible and the invisible manifest themselves, constitutes a spatial formalization; ratios provide all the tools needed to measure, connect and map it. The scale of the vertical axis connects the chthonic underworlds of the Earth's interior (extraction of fossil resources, tunnels, caverns) with the world of celestial creatures (ionosphere of satellites and electromagnetic frequencies) within a cosmology where proportions assume control of the intangible.

LACUNAR

The data absorbed by the body inside a black box with a level of 110db of sound pressure feeds a mnemonic linked to a veiled logos, where the figure and avatar of Mnemosyne, the titan who embodies memory, daughter of Uranus (Sky) and Gaia (Earth), provides both the body of and the antidote to total oblivion, embodied by Tartarus, brother of Chaos.

A refraction of the individual through a state of sensory saturation such as the one described above brings forth a reflection about pleasure and death, evoking biological and material memories condensed in a *memento mori*. An axis where a mutation of the nuances of presence takes place in an intermediary state of possession of the cavity-landscape by the body and possession of the body by the landscape-cavity.

We may consider such relations as merely one of the functional parameters through which a vast and multidimensional system is manifested. A system whose features are progressively revealed and become intelligible and which may, perhaps, reveal through a process of pressure-vibration-body-repetition new ways of interference in a possible dialogue with incomplete otherness.

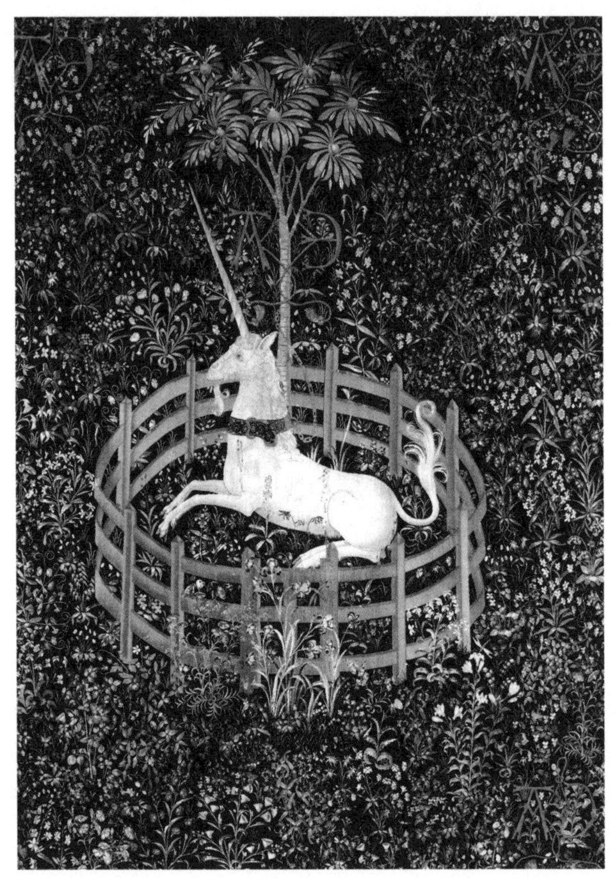

o unicórnio em cativeiro, tapeçaria, autores desconhecidos
the unicorn in captivity, tapestry, unknown authors, c. 1495-1505

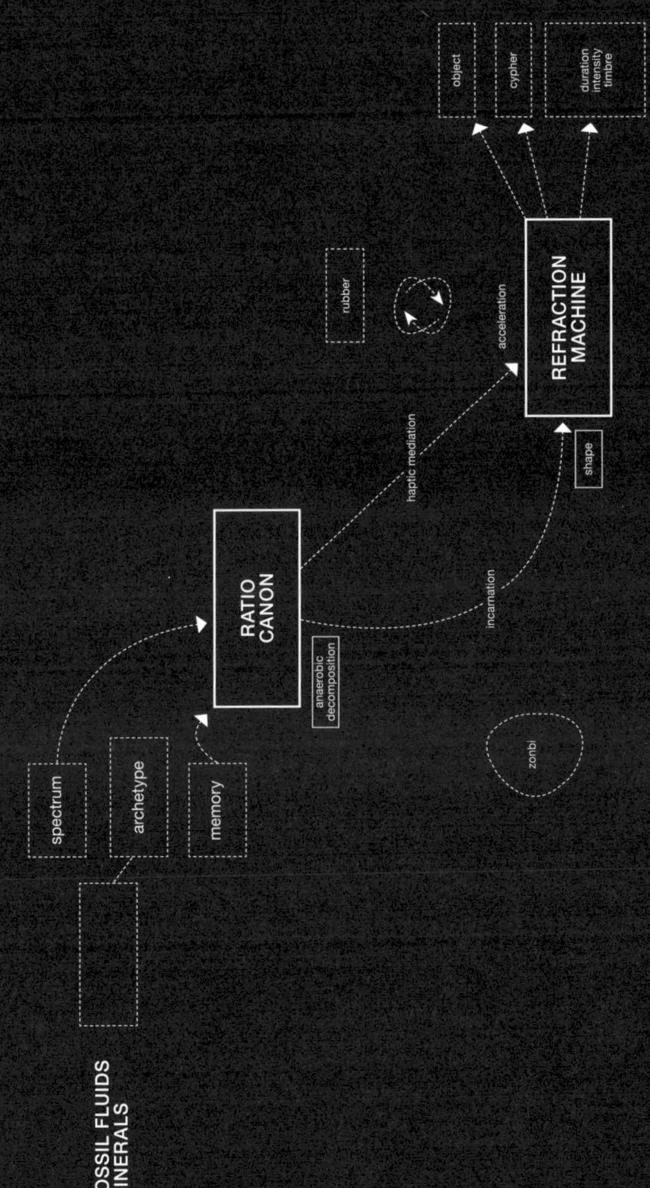

object
cypher
duration
intensity
timbre
rubber
REFRACTION MACHINE
acceleration
haptic mediation
shape
incarnation
RATIO CANON
anaerobic decomposition
zonbi
spectrum
archetype
memory
FOSSIL FLUIDS MINERALS

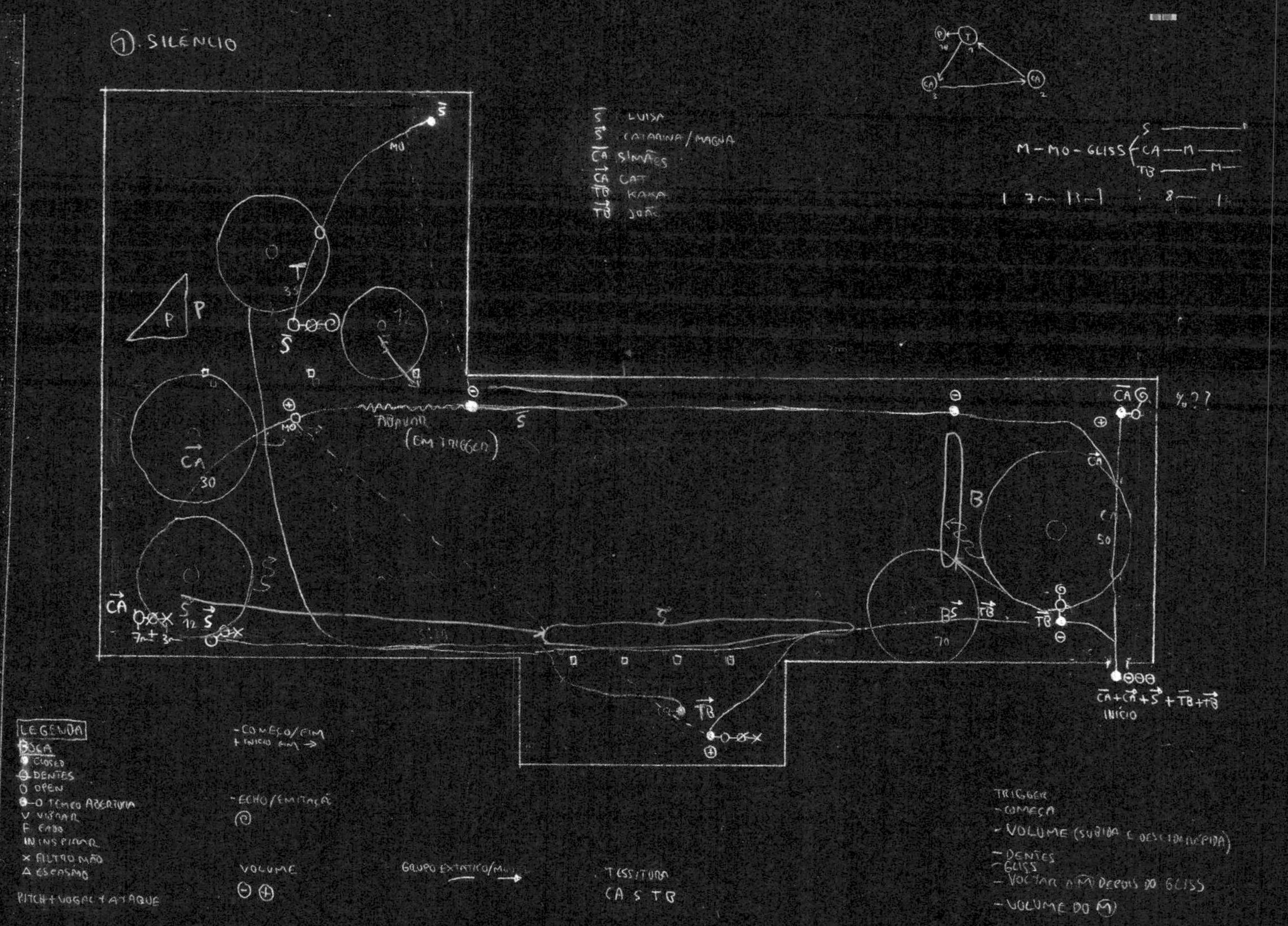

(7) SILÊNCIO
khorus anima [diagrama | diagram] 118
LUISA
CATARINA / MAGNA
SIMÕES
CAT
KAKÁ
JOÃO
M – MO – GLISS
CA — M
TB — M
S
M
MU
S
T 35
P P
CA 30
CA S OOX S OOX
7n + 3n 12
NDAUA (EM TRIGGER)
S
B
CA
C 50
BS TB TB
7n
CA + CA + S + TB + TB
INÍCIO
%??
TB
LEGENDA
BOCA
CLOSED
DENTES
OPEN
O TEMPO ABERTURA
VISNAR
EMBO
IN INSPIRAR
FILTRO MÃO
ESCASSO
PITCH + VOGAL + ATAQUE
– COMEÇO/FIM
+ INÍCIO FIM
– ECHO / EMITAÇÃ
VOLUME
GRUPO EXTATICO/MU
TESSITURA
CA S TB
TRIGGER
– COMEÇA
– VOLUME (SUBIDA E DESCIDA RÁPIDA)
– DENTES
– GLISS
– VOLTAR A M DEPOIS DO GLISS
– VOLUME DO M

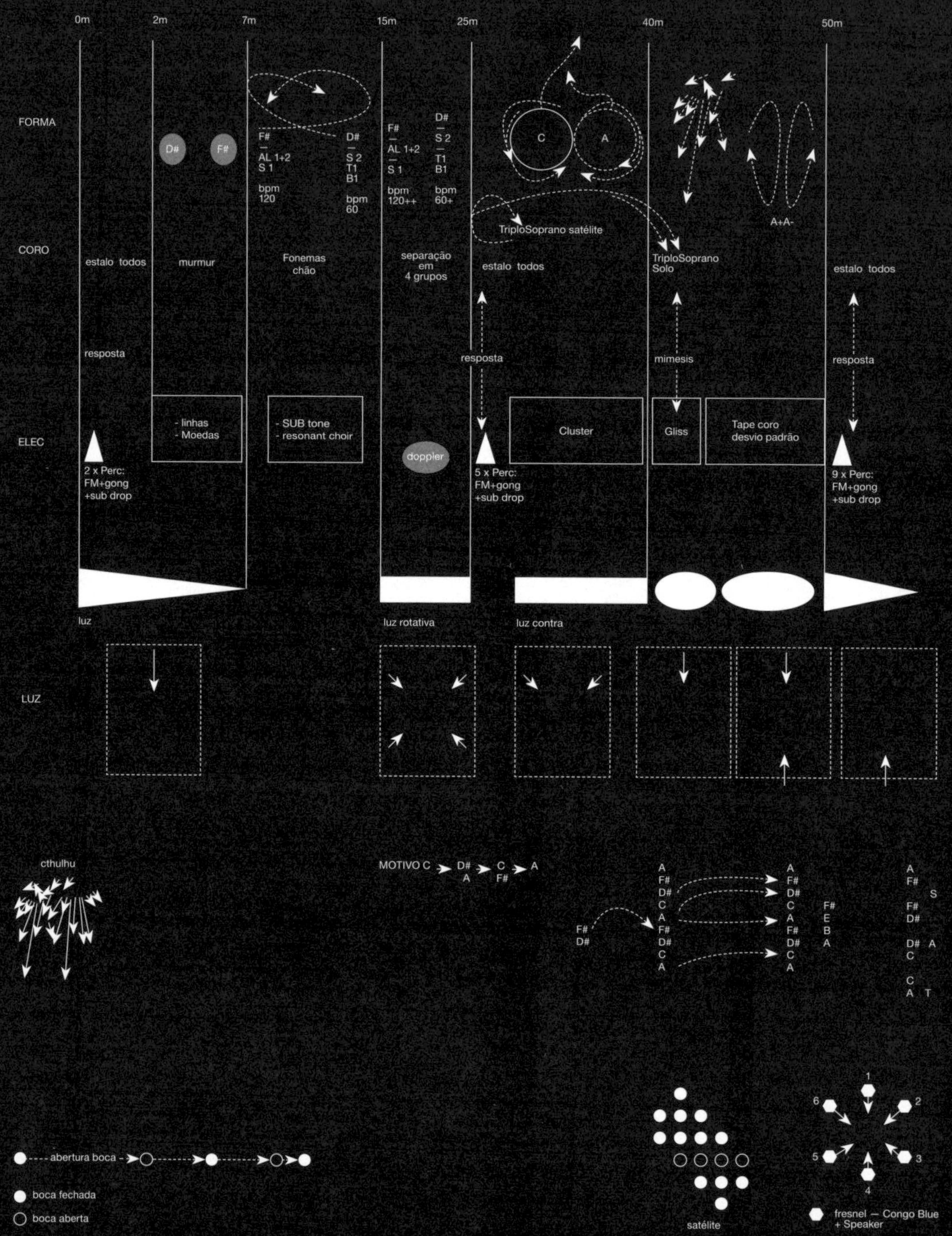

Pitch (tetratónico):
A C D# F#
0m 2m 7m 15m 25m 40m 50m
FORMA
D# F#
F#
—
AL 1+2
S 1
bpm
120
D#
—
S 2
T1
B1
bpm
60
F#
—
AL 1+2
—
S 1
bpm
120++
D#
—
S 2
—
T1
B1
bpm
60+
C A
A+A-
TriploSoprano satélite
CORO
estalo todos murmur Fonemas chão separação em 4 grupos estalo todos TriploSoprano Solo estalo todos
resposta resposta mimesis resposta
ELEC
- linhas
- Moedas
- SUB tone
- resonant choir
doppler
Cluster Gliss Tape coro desvio padrão
2 x Perc:
FM+gong
+sub drop
5 x Perc:
FM+gong
+sub drop
9 x Perc:
FM+gong
+sub drop
luz luz rotativa luz contra
LUZ
cthulhu
MOTIVO C D# C A
A F#
A
F#
D#
C
A
F#
D#
C
A
F#
D#
C
A
F#
D#
C
A
F#
D#
C
A
F#
E B
A
F#
D#
D# A
C
A T
A
F#
D#
C
A
S
abertura boca
boca fechada
boca aberta
1
6 2
5 3
4
satélite fresnel — Congo Blue
+ Speaker

CONCERTO-PERFORMANCE PARA CORO MISTO COM PARTITURA GRÁFICA TRIDIMENSIONAL. Esta peça coral utiliza uma partitura háptica para explorar o som como uma experiência tátil, reconfigurando vozes através de uma escultura-máquina que permite interações materiais complexas. **Diretor:** Jonathan Uliel Saldanha; **Maestro:** Pedro Monteiro; **Coro:** Ver Pela Arte; **Maestro Assistente:** Ivelina Kavrakova Pereira; **Cenografia:** Alexandre Mota; **Produtor Executivo:** Joaquim Durães; **Co-produzido por:** SOOPA, Universidade Católica, BoCA – Bienal de Artes Contemporâneas.

CONCERT-PERFORMANCE FOR MIXED CHOIR WITH TRIDIMENSIONAL GRAPHIC SCORE. This choral piece utilizes a haptic score to explore sound as a tactile experience, reshaping voices through a sculpture-machine that enables intricate material interactions. **Director:** Jonathan Uliel Saldanha; **Conductor:** Pedro Monteiro; **Choir:** Ver Pela Arte; **Assistant Conductor:** Ivelina Kavrakova Pereira; **Set Design:** Alexandre Mota; **Executive Producer:** Joaquim Durães; **Co-produced by:** SOOPA, Universidade Católica, BoCA - Biennial of Contemporary Arts.

PERFORMANCE PARA CORO MISTO. Inspirado pela teoria do "Ilinx" de Roger Caillois sobre a vertigem, esta instalação envolve um coro de 40 a 70 pessoas num sistema estruturado mas adaptável, criando uma paisagem sonora dinâmica. **Equipa:** Outra Voz.

MIXED CHOIR PERFORMANCE. Inspired by Roger Caillois' "Ilinx" theory of vertigo, this installation involves a 40–70 person choir in a structured yet adaptable system, creating a dynamic soundscape. **Team:** Outra Voz.

CORO MISTO, SISTEMA DE SOM 6.1, ESPAÇO RESSONANTE E 4 PROJETORES MÓVEIS. Concebido como um sistema de caminhos dentro de um espaço ressonante, *Plethora* evoca a densidade acústica de espaços através do deslocamento espacial dos participantes, vozes não treinadas que seguem um conjunto de regras espaciais. Um cenário ressonante, de densidade em mutação, com luzes robóticas e acústica multicanal. **Equipa:** Maestro Manuel Gonçalves + Coral TAB (Trabalhadores das Autarquias do Barreiro) e Coral B Voice. Maestrina Ivelina Kavrakova Pereira + coro misto informal formado na cidade de Faro para esta performance. **Co-produção:** Out.Ra, SOOPA, casaBranca / Festival Verão Azul.

MIXED CHOIR, 6.1 SOUND SYSTEM, RESONANT SPACE AND 4 MOVING HEADS. Designed as a system of paths within a resonant space, *Plethora* evokes the acoustic density of spaces by the spatial displacement of the participants, untrained voices that follow a set of spatial rules. A resonant setting, featuring robotic lights and electronic in multi-channel shifting acoustic density. **Team:** Maestro Manuel Gonçalves + Coral TAB (Trabalhadores das Autarquias do Barreiro) and Coral B Voice. Conductor Ivelina Kavrakova Pereira + informal mixed choir formed in the city of Faro for this performance. **Co-produced by:** Out.Ra, SOOPA, casaBranca / Festival Verão Azul.

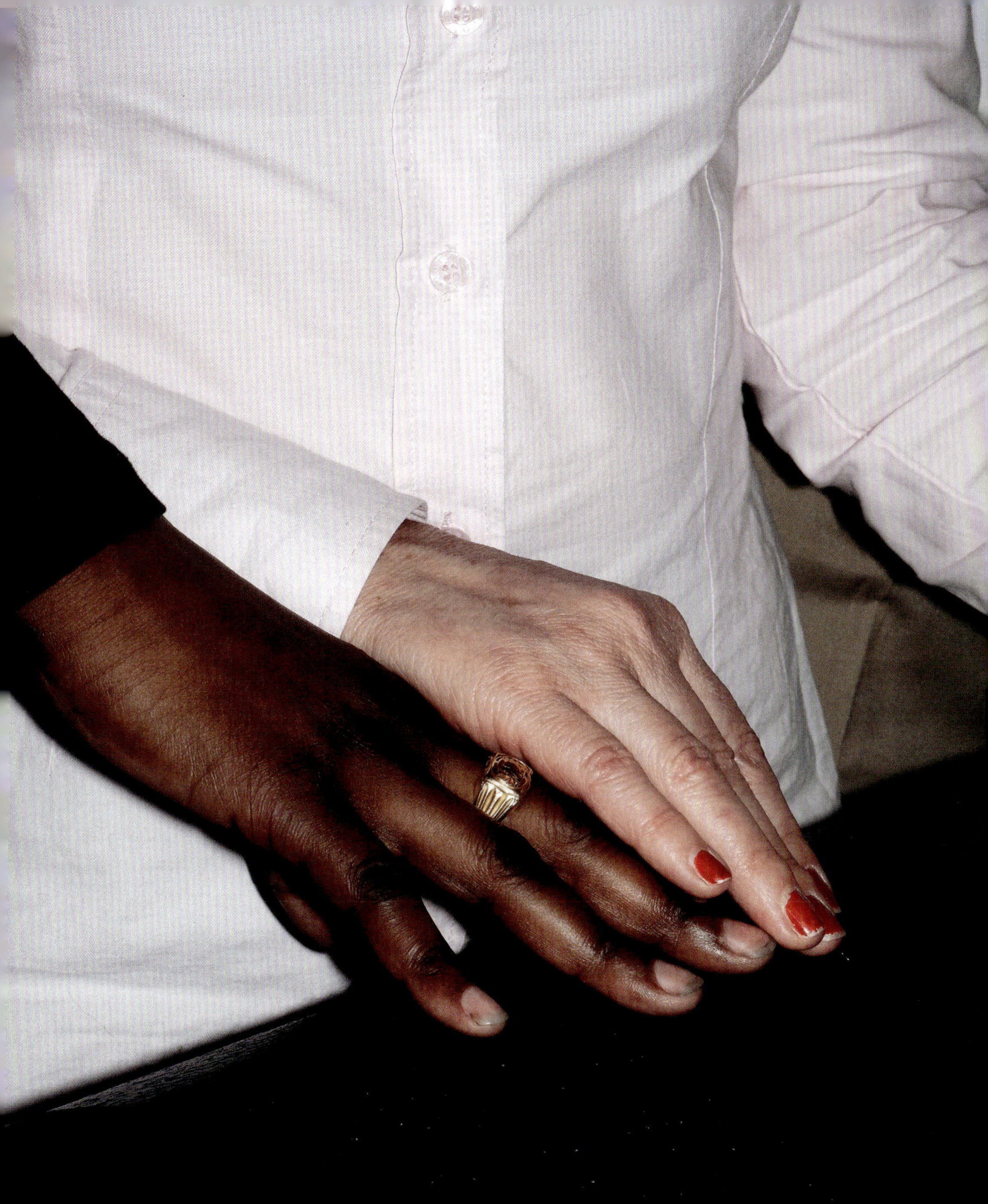

 scotoma cintilante

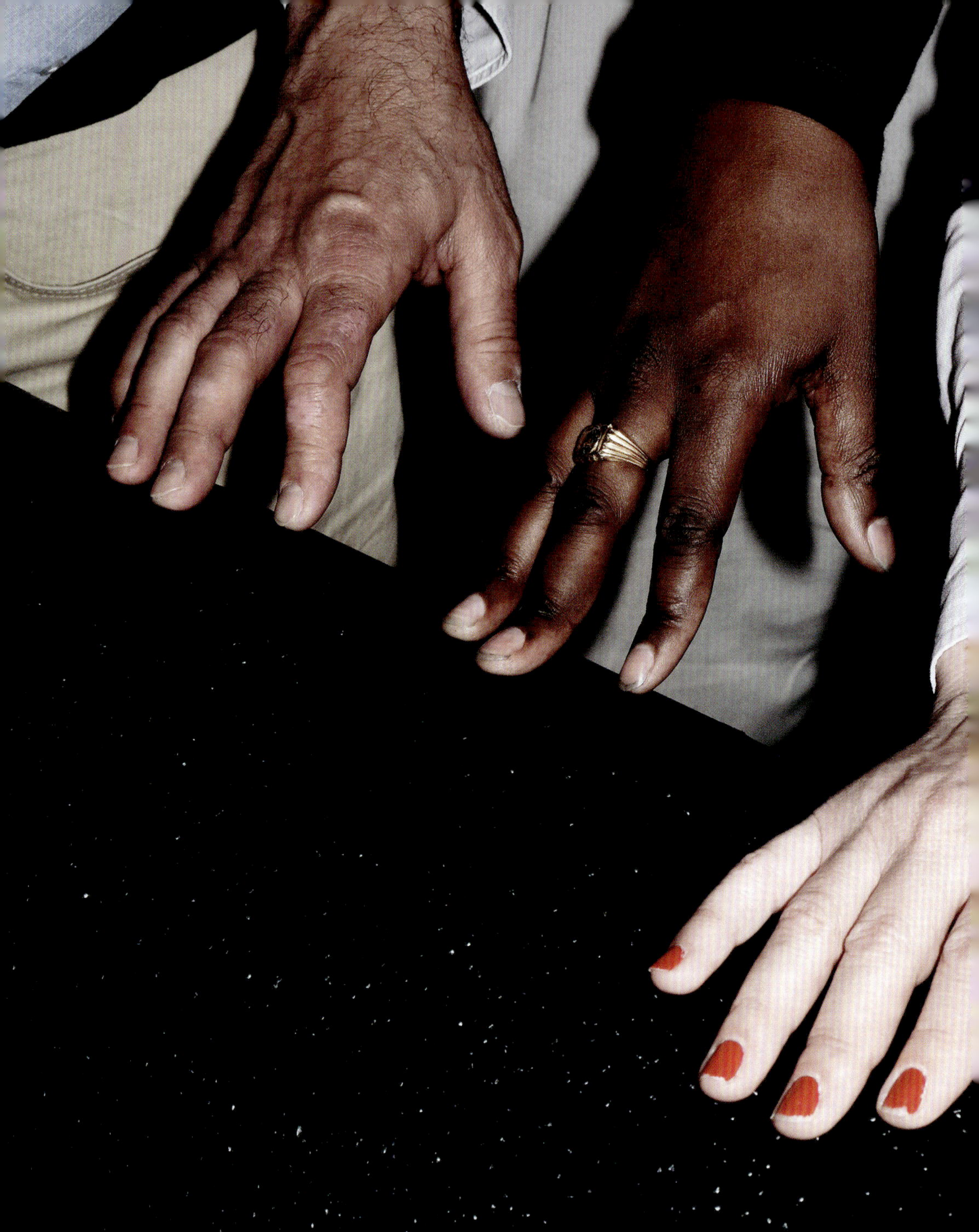

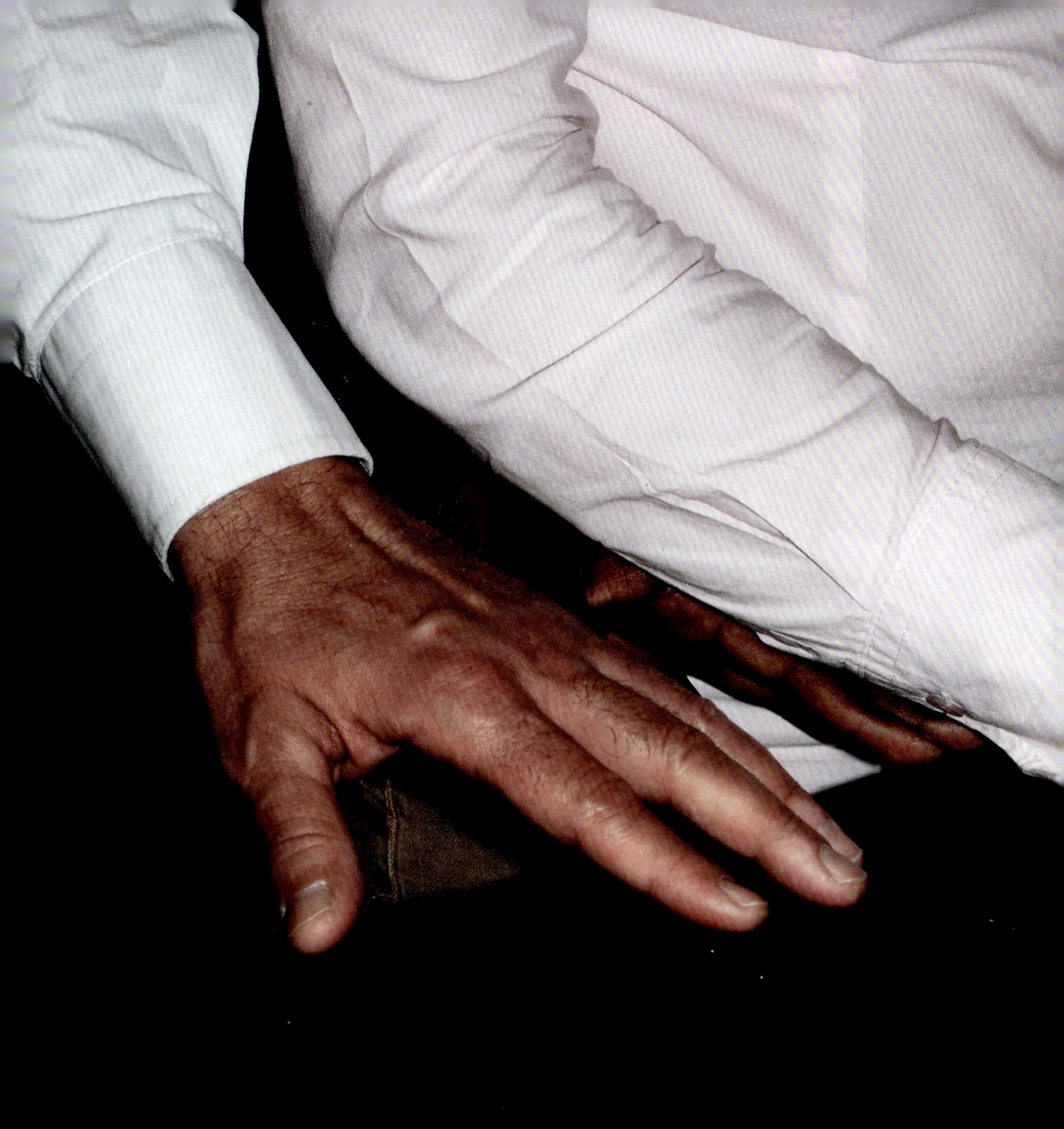

scotoma cintilante

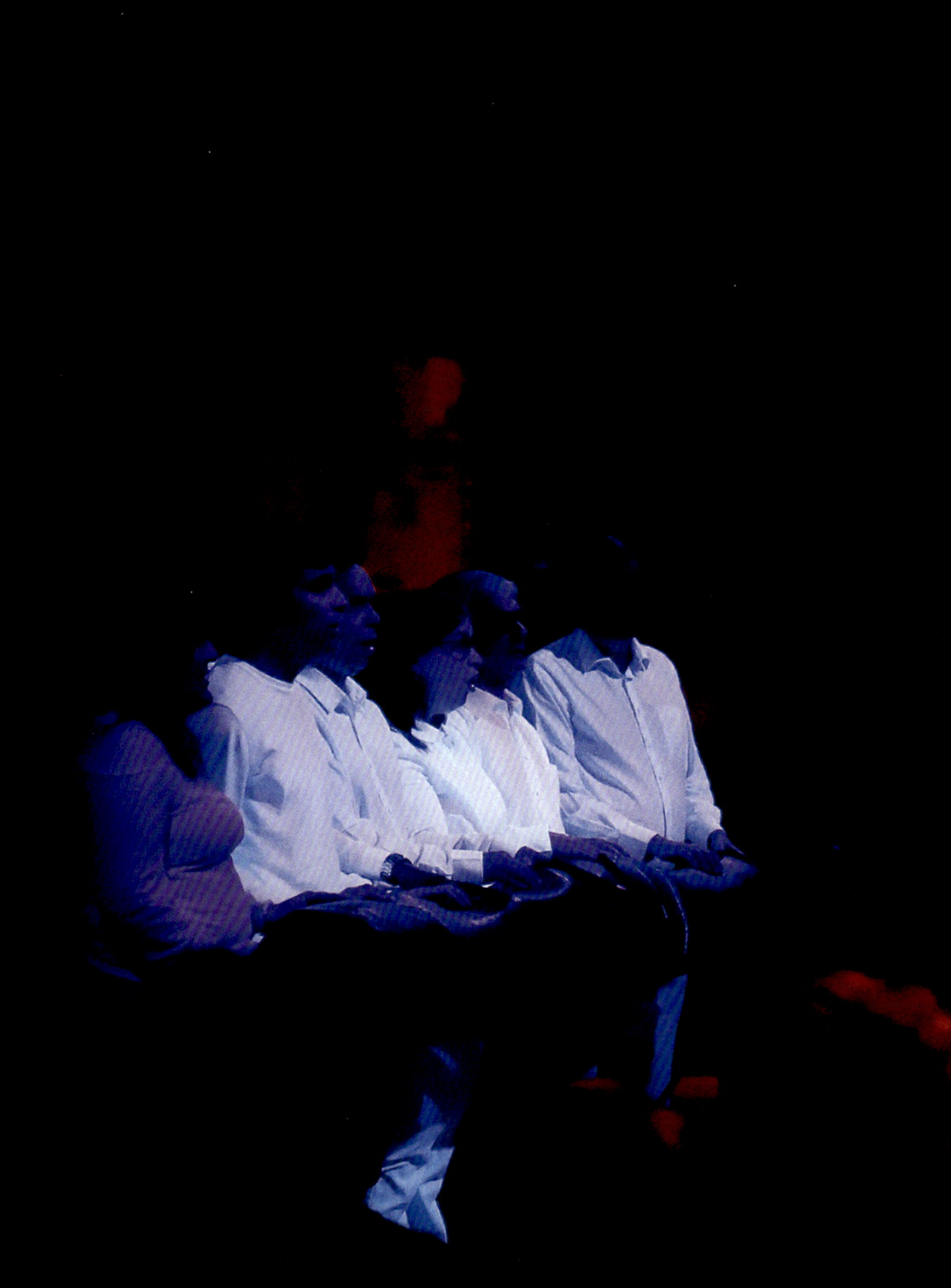

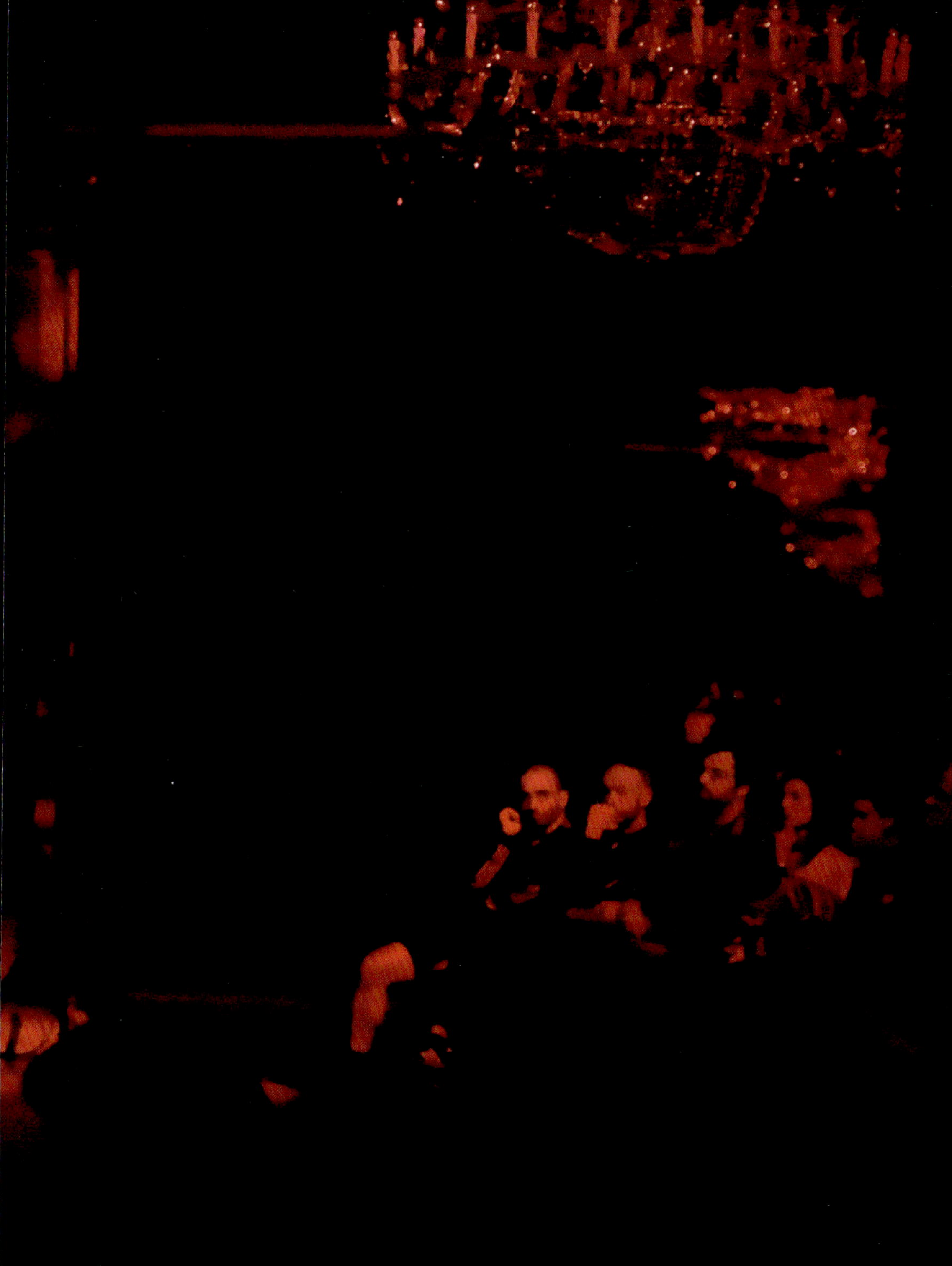

scotoma cintilante

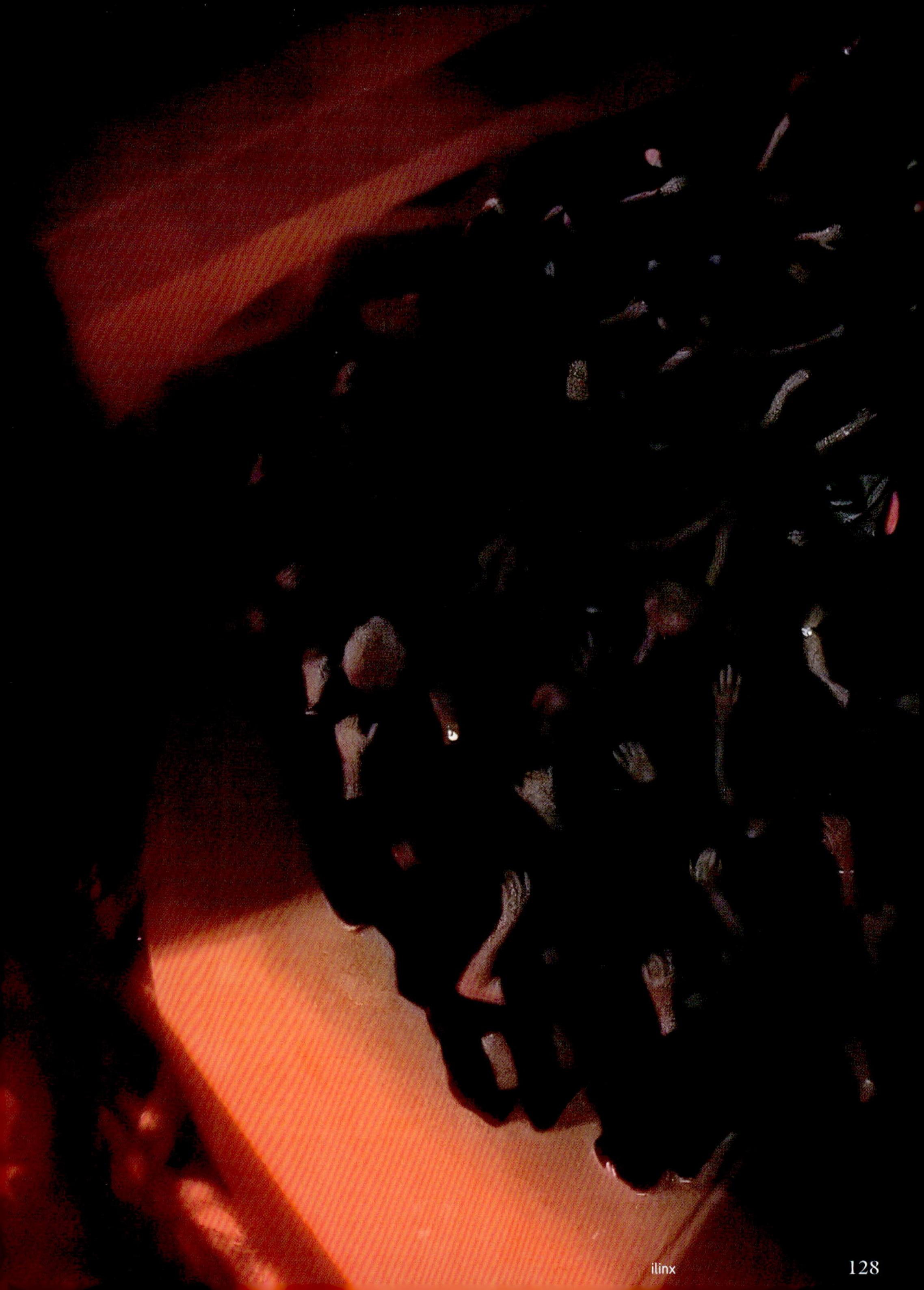

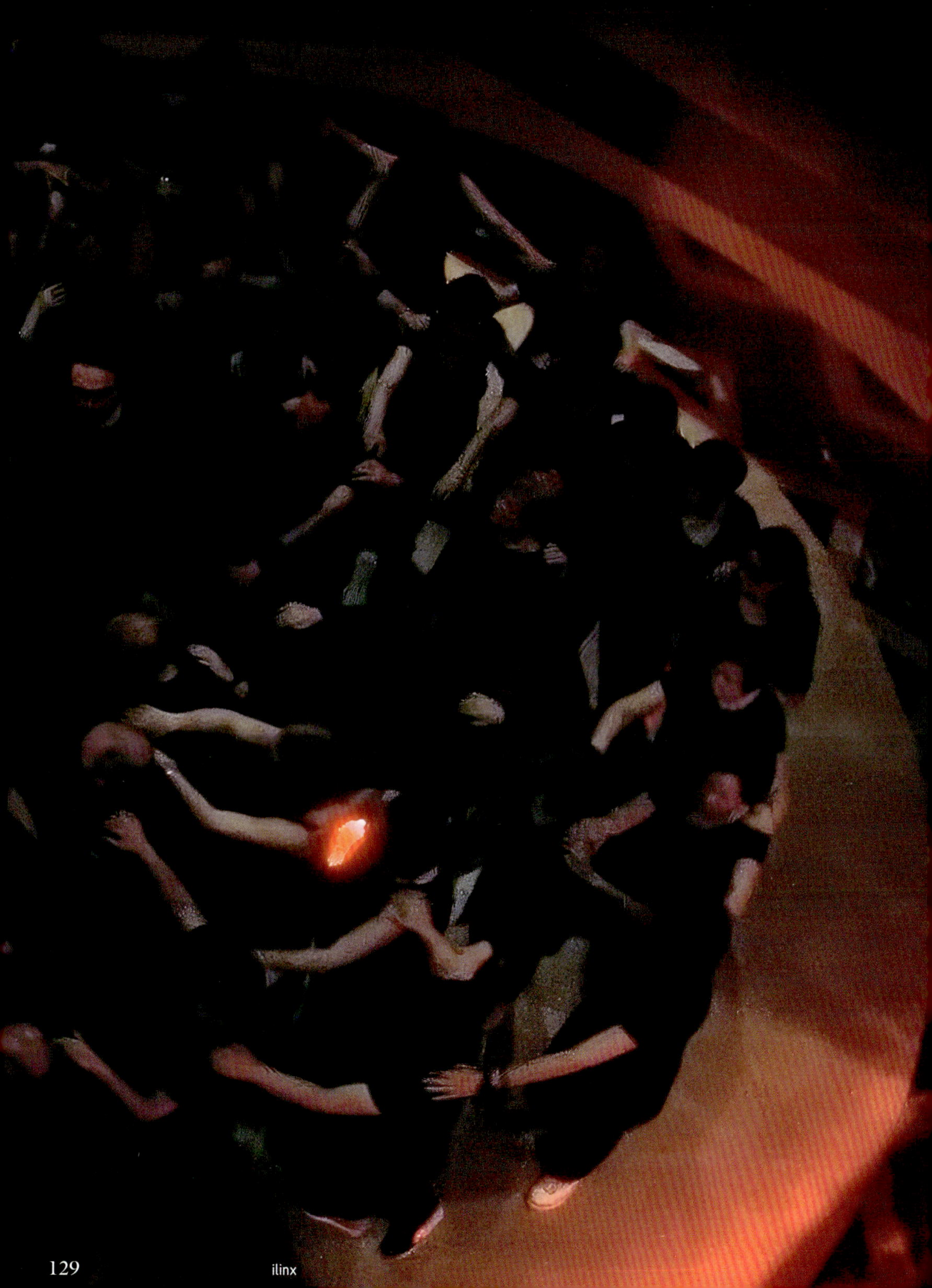

ilinx

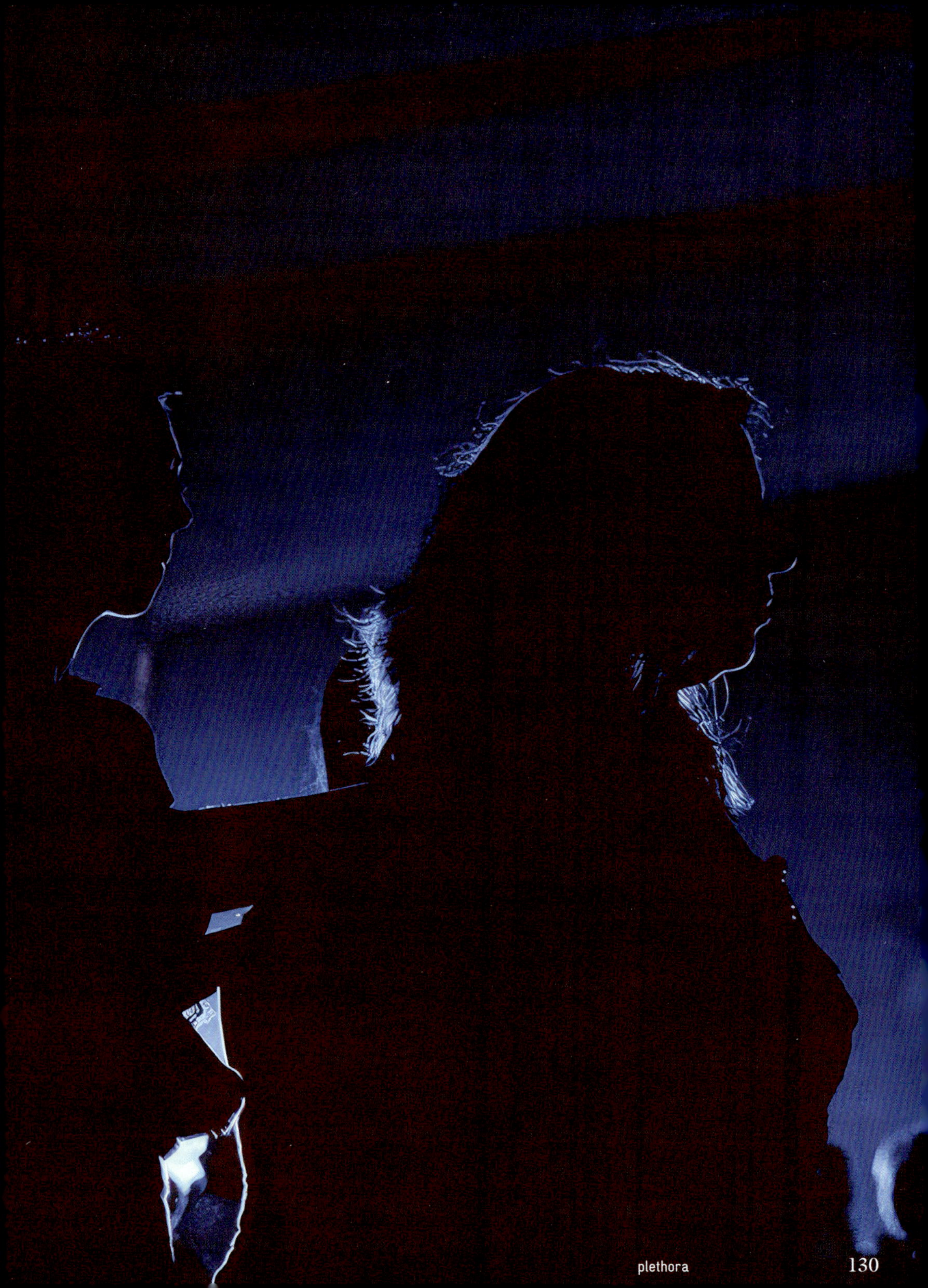

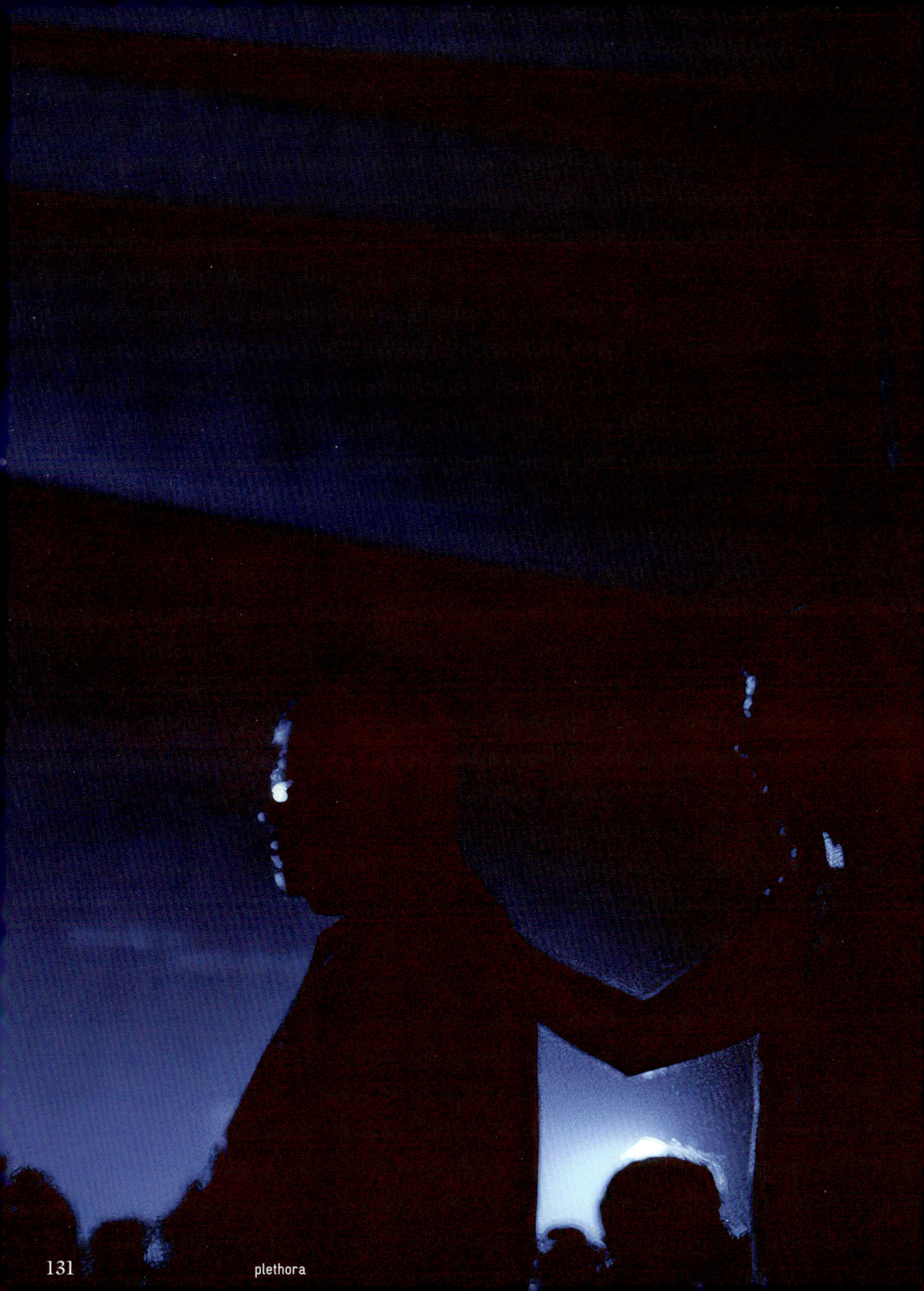

plethora

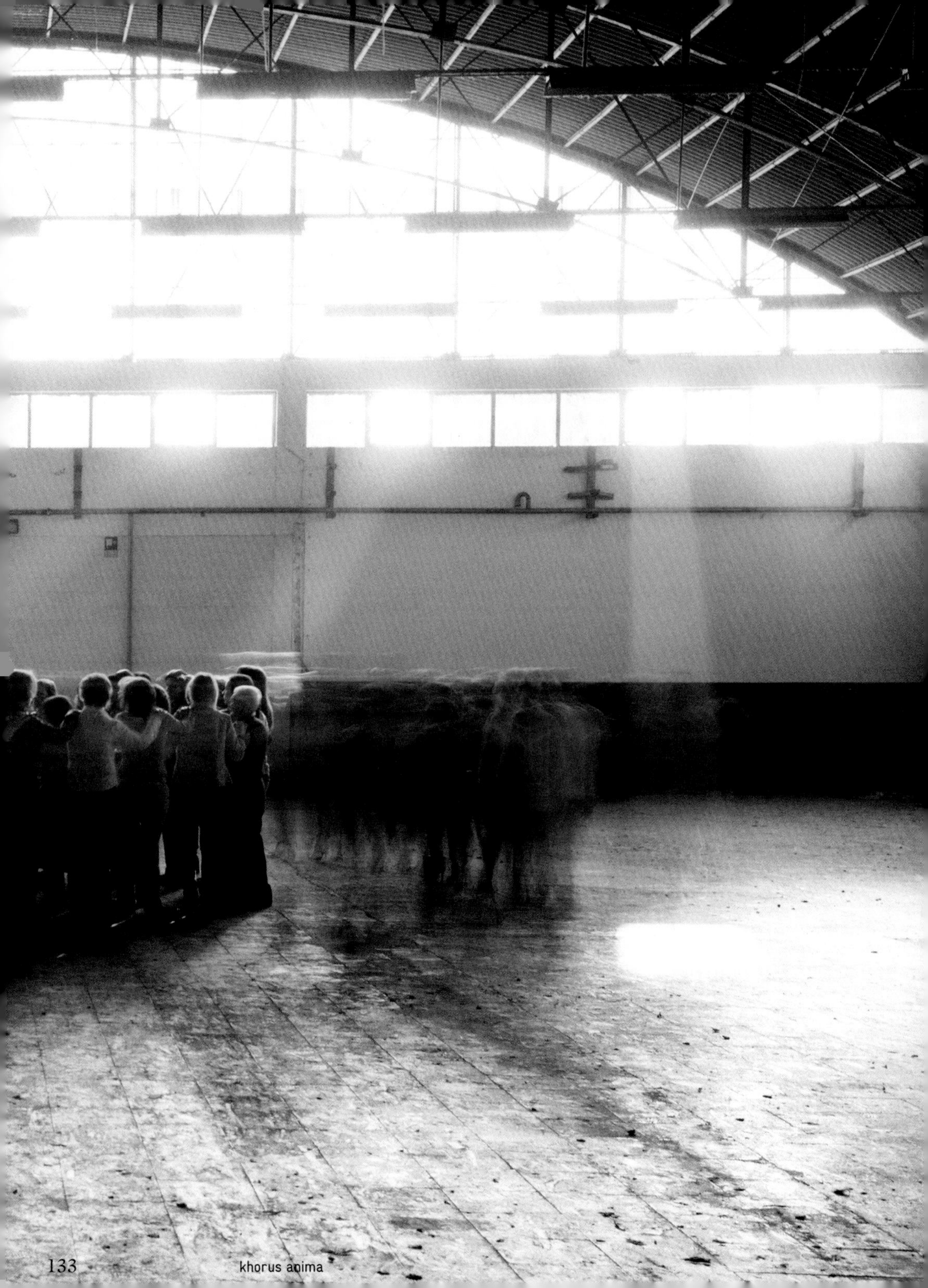

khorus anima

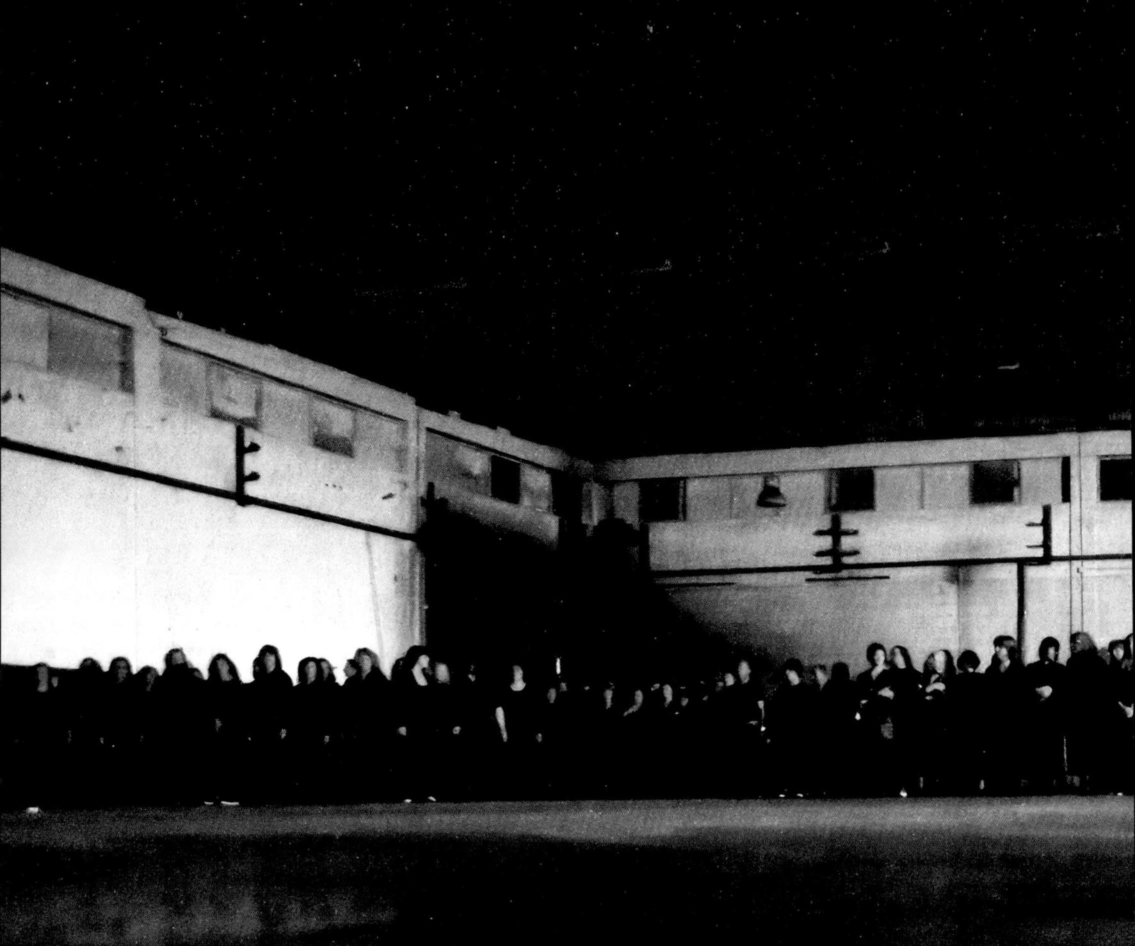

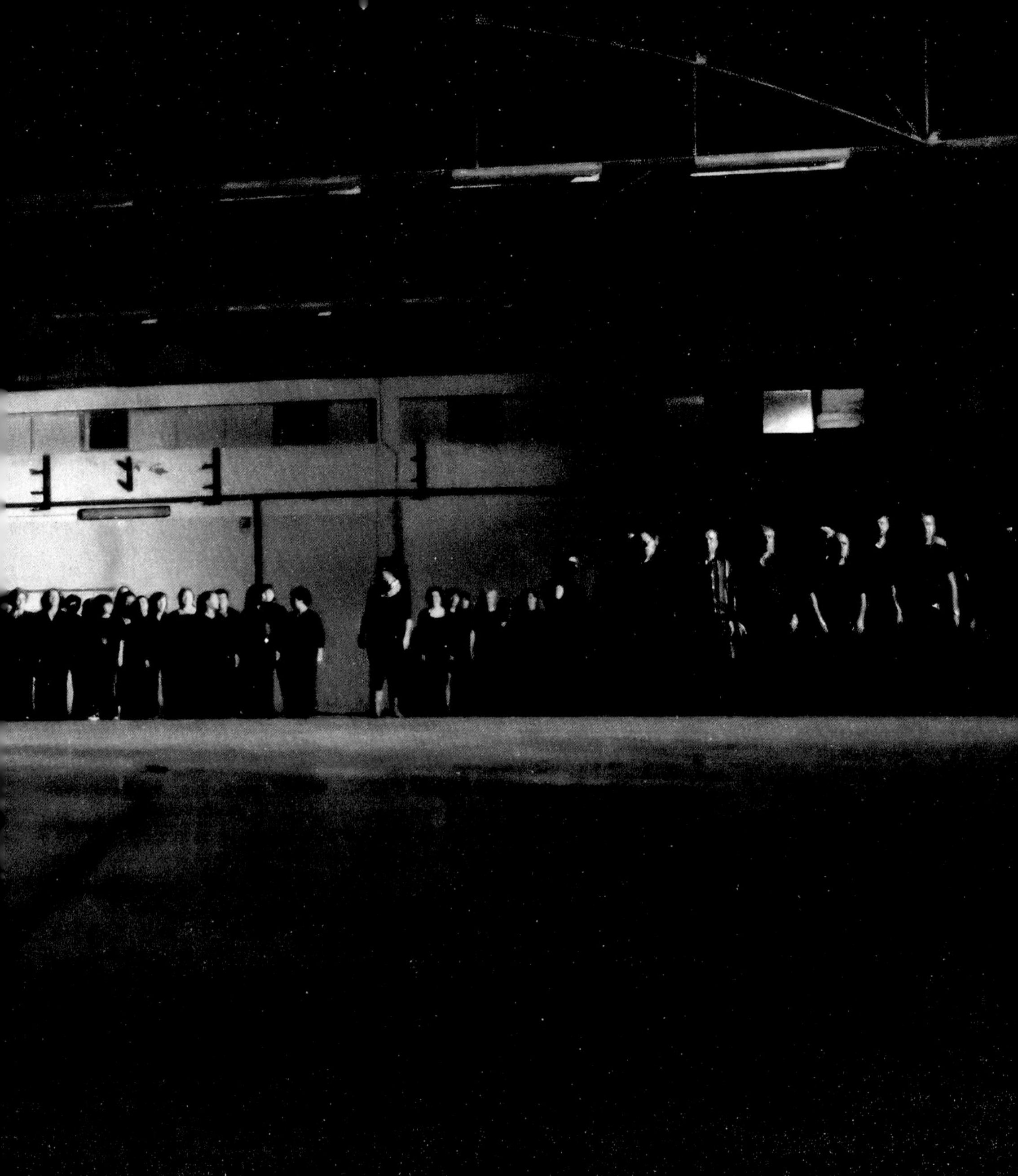

khorus anima

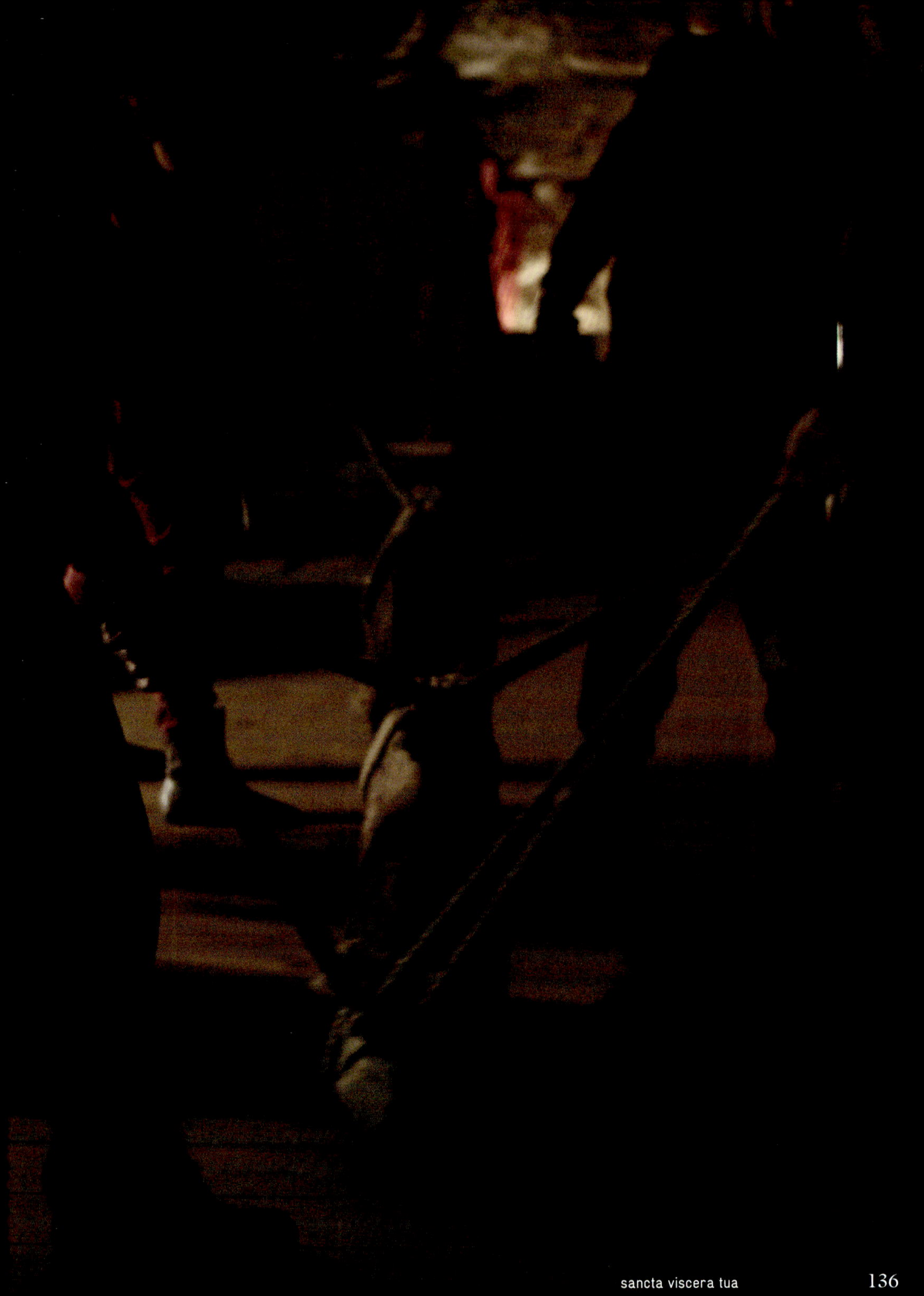

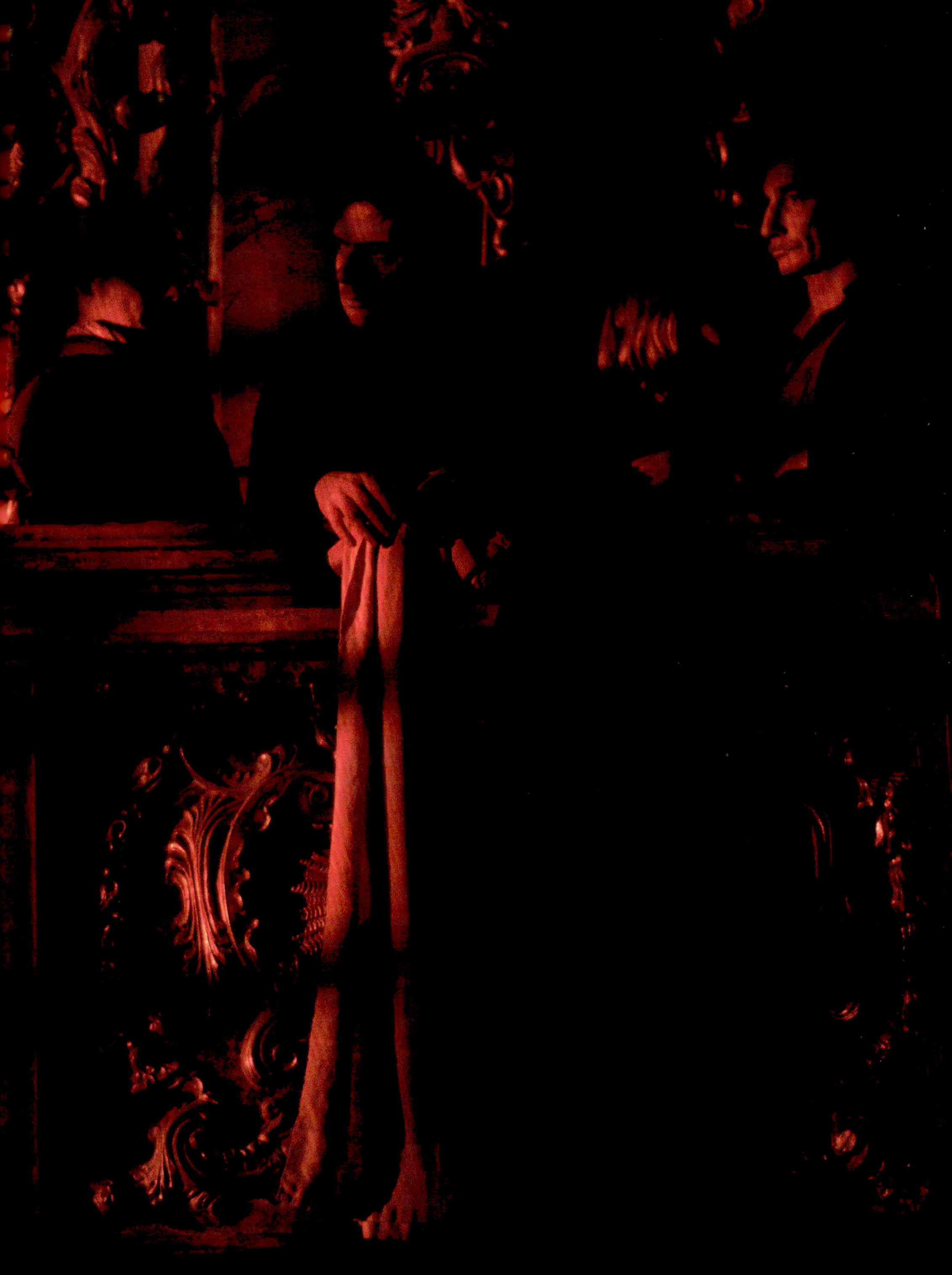

sancta viscera tua

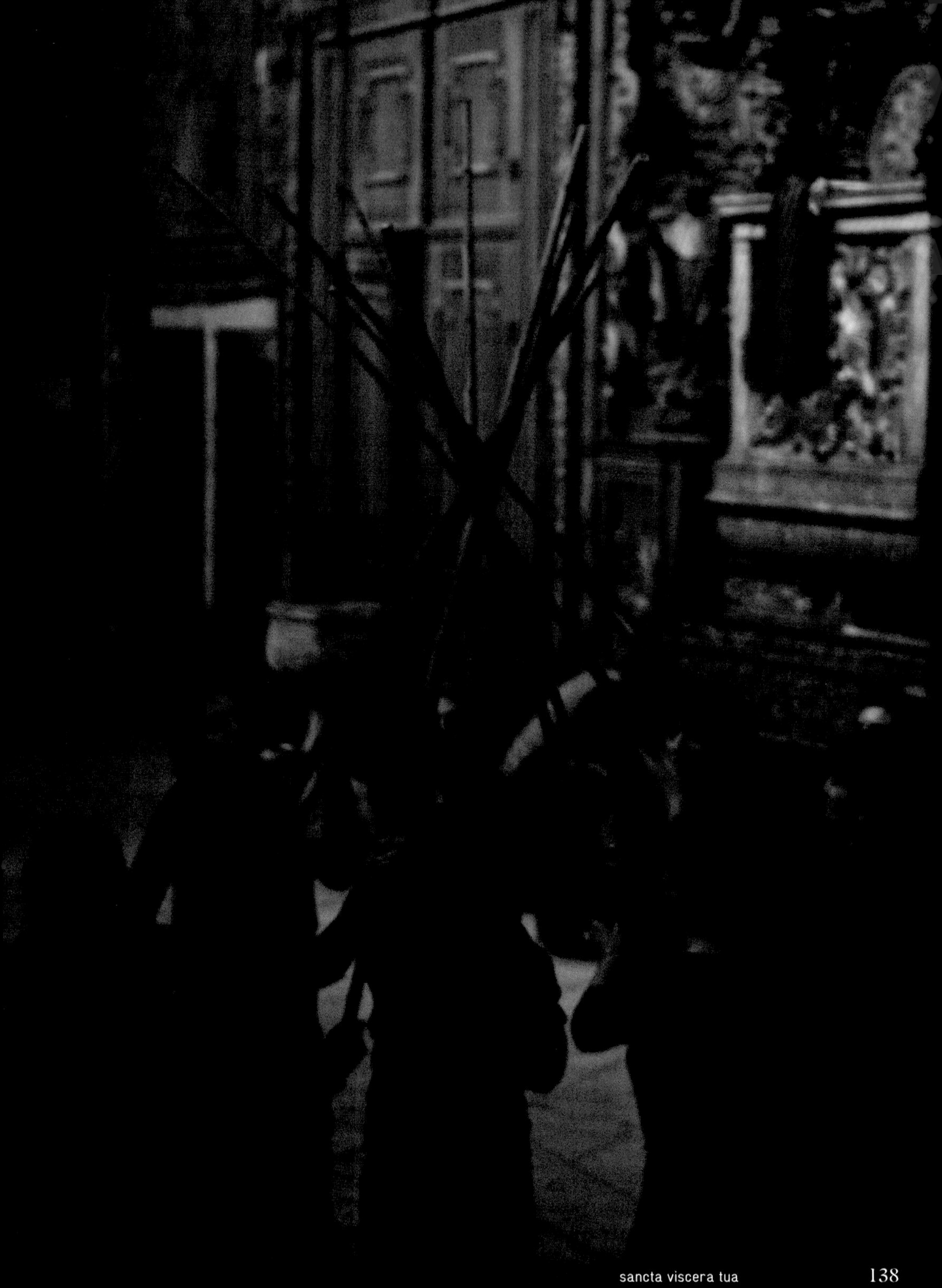

PEÇA SONORA PARA CORO MISTO, ESPAÇO ACÚSTICO AMPLO, CONJUNTO DE PERCUSSÃO E OITO SUBWOOFERS. Em *Khorus Anima*, um grande coro misto transforma uma antiga fábrica têxtil numa paisagem acústica. As ressonâncias únicas do espaço pós-industrial servem de base para uma exploração composicional, onde a respiração do coro e as ondas sonoras interagem com o ambiente. Esta relação gera um corpo sónico dinâmico, permitindo que a arquitetura vibre com as vozes. **Direção**: Jonathan Uliel Saldanha; **Ensaios Corais**: Catarina Miranda; **Coro**: Outra Voz, Mulheres do Minho; **Percussão**: Allcateia.

SOUND PIECE FOR MIXED CHOIR, LARGE ACOUSTIC SPACE, PERCUSSION ENSEMBLE AND EIGHT SUBWOOFERS. In *Khorus Anima*, a large mixed choir transforms a former textile factory into a soundscape. The unique resonances of the post-industrial space serve as the foundation for compositional exploration, where the choir's breath and sound waves interact with the environment. This interplay generates a dynamic sonic body, allowing the architecture to vibrate with the voices. **Direction**: Jonathan Uliel Saldanha; **Choir Rehearsal**: Catarina Miranda; **Choir**: Outra Voz, Mulheres do Minho; **Percussion**: Allcateia.

PERFORMANCE PARA CORO MISTO, ENSEMBLE DE PERCUSSÃO E LUZ. Explorando alteridade e energia coletiva, *Sancta Viscera Tua* desdobra-se em cinco atos como uma convergência ritualística de som, gesto e luz. Estruturada em torno da Via Sacra e realizada na Igreja de Santa Clara, no Porto, a peça reimagina a intensidade vibracional das grandes assembleias e ritos. Com dez intérpretes, um coro de 100 pessoas e músicos, investiga as tensões invisíveis e a violência presente nos rituais comunitários. **Direção:** Jonathan Uliel Saldanha; **Dramaturgia:** Jonathan Uliel Saldanha, Júlio Mendes Rodrigo; **Encenação:** Jonathan Uliel Saldanha, Catarina Miranda; **Direção de Ensaios:** Catarina Miranda; **Luz:** Rui Simão, Catarina Miranda, Jonathan Uliel Saldanha; **Músicos:** Angélica Salvi, Brendan Hemsworth, João Pais Filipe, Rui Leal; **Intérpretes:** Ana Renata Polónia, Ana Sofia Albuquerque, Antje Schmidt, Carlos Correia, Ece Canli, Filipe Silva, Igor Bisser, João Carrapa, João Guimarães, Mónica Amado, Natércia Vaz Marques, Nuno Marques Pinto, Rafael Cortês, Sara Pereira, Sérgio Carvalho; **Coro:** Outra Voz; **Fotografia:** Francisco Queimadela, Leonel Meneses; **Produção:** SOOPA, Outra Voz; **Parceiros:** Igreja de Santa Clara, Câmara Municipal de Guimarães; **Agradecimentos:** Padre João Carrapa.

PERFORMANCE FOR MIXED CHOIR, PERCUSSION ENSEMBLE, AND LIGHT. Exploring themes of alterity and collective energy, *Sancta Viscera Tua* unfolds in five acts as a ritualistic convergence of sound, gesture, and light. Using Porto's Santa Clara Church and structured around the Stations of the Coss, this piece reimagines the vibrational intensity of mass gatherings and rites. Performed by ten actors, a 100-person choir, and musicians, it delves into the unseen tensions and violence within communal rituals. **Direction:** Jonathan Uliel Saldanha; **Dramaturgy:** Jonathan Uliel Saldanha, Júlio Mendes Rodrigo; **Staging:** Jonathan Uliel Saldanha, Catarina Miranda; **Rehearsals:** Catarina Miranda; **Light:** Rui Simão, Catarina Miranda, Jonathan Uliel Saldanha; **Musicians:** Angélica Salvi, Brendan Hemsworth, João Pais Filipe, Rui Leal; **Performers:** Ana Renata Polónia, Ana Sofia Albuquerque, Antje Schmidt, Carlos Correia, Ece Canli, Filipe Silva, Igor Bisser, João Carrapa, João Guimarães, Mónica Amado, Natércia Vaz Marques, Nuno Marques Pinto, Rafael Cortês, Sara Pereira, Sérgio Carvalho; **Choir:** Outra Voz; **Photography:** Francisco Queimadela, Leonel Meneses; **Production:** SOOPA, Outra Voz; **Partners:** Igreja de Santa Clara, Câmara Municipal de Guimarães; **Acknowledgments:** Father João Carrapa.

O Poço[1]

Jonathan Uliel Saldanha, Godofredo Pereira & Diogo Tudela

— 3 toneladas de borracha de pneu
— sistema de som 16.2 canais
— sistema de luz/vídeo cintilante
— 40 adolescentes
— 3 humanos polimorfos
— 2 humanos motorizados
— aglomerado boi-cavalo
— caixa negra, sub-palco e grid do Teatro Rivoli Porto

O Poço é uma investigação acústica sobre o subterrâneo, sobre o inconsciente coletivo da terra, sobre a circulação de sangues, entre o orgânico e o inorgânico. Uma zona historicamente animada pelos delírios do *El Dorado*, da extração mineira, por táticas de guerrilha ou por paranoias militares de vigilância e corpos coletivos que formam máquinas, e sobre as máquinas que comeram corpos.

As imagens produzidas não resultam de observações diretas, mas de processos acústicos: radares, sonares, sismógrafos, ultrassons e auscultadores permitem reconstituir em cena uma visibilidade impossível. O inconsciente não se vê, ausculta-se.

Ao longo da sua profundidade, *O Poço* interceta cinco paisagens, de entre muitas outras possíveis. A cada uma corresponde um estado progressivamente menos humano: devir *outro*, devir *rato*, devir *máquina*, devir *terra*, devir *eco*. As cenas são atravessadas por agentes transversais, vermiculares e contaminantes que intercetam a estrutura do *Poço*. Não são estanques, mas abertas a contágios e propagações. O inconsciente da Terra não está fixo.

1.
A peça *O Poço* foi criada com um grupo de investigação composto por Catarina Miranda, Diogo Tudela, Godofredo Pereira, Eduardo Magalhães e Frédéric Alstadt com direção de Jonathan Uliel Saldanha, ao qual se juntou uma equipa técnica e um grupo de performers, objetos e sistemas. Foi coproduzida pelo Teatro Municipal do Porto e pela SOOPA e apresentada no Festival DDD no ano 2017.

1 Detrito Sintético | *Kipple* | Resíduo Petroquímico | Tempo Externo

0 Carga | *Trigger*/Refinaria | Impulso | Cenote | *Ping*

-1 Motor Iridiscente | *Drill* | Inércia | Vertigem

-2 Turba | Máquina Animal | Fluxo Radial | Anaerobiose

-3 Vapor/Sulfur | Iridescência | Máquina Mimética | Crípse | Pele-Cristal

-∞ Refração | Petróleo | Porosidade | Ctónico

Na máquina-poço, as cenas são animadas por dois vetores de atração: um vetor ascendente ou de *individuação*, e um vetor descendente ou de *morte*. O vetor ascendente é promovido pelo *phylum* maquínico do petróleo, que do subterrâneo lubrifica uma série de máquinas progressivamente mais humanas à medida que se aproximam da superfície. Ao longo da sua ascensão o orgânico separa-se do inorgânico, o humano do não humano, a figura do seu fundo.

O vetor descendente produz um efeito inverso que resulta da atração incontrolável pelo inorgânico — devir ou *pulsão de morte*. À medida que o poço se aproxima das profundezas da Terra, o ambiente envolvente ganha velocidade e intensidade, na mesma medida que figuras se esbatem e desmaterializam. Espaço e tempo entram em contração, o *milieu* é determinado pela aproximação a uma existência sem vida.

Esta máquina vertical de exumação acústica opera um ensaio sobre gravidade, gesto e opacidade, onde os vestígios de presenças, linguagem e ações sustentam uma paisagem intangível. O ímpeto pré-linguístico da voz e a cristalização da ação alimentam um sistema feito da ruína de nexos, a vertigem surge como única mediadora deste mecanismo de ressonância em permanente movimento. Motores iridescentes, queda livre, cintilância e vapor numa câmara de eco.

A cintilância é a função basilar da operação da luz nesta máquina, num constante seccionar do tempo através da imposição de um ritmo à visão da paisagem. A cor desta oscilação tem por momentos uma polarização fundamental, num jogo de oposição entre o vermelho e o azul, dois pontos-limite no espectro de luz e que operam biologicamente na leitura das ondas visíveis numa disfunção ótica, a cromostereopsis. Esta impossibilidade de ler profundidade projeta uma tridimensionalidade revertida próxima dos jogos de profundidade dos vitrais medievais.

O eixo vertical deste poço é habitado por uma entidade nomeada Boi-cavalo, um ser híbrido resultante dos detritos que ao longo da sua queda se fundem numa forma amorfa e singular, juntando partes orgânicas, restos de animais com resto de motores, plásticos e lixo numa massa que habita o espaço vazio do poço. Este aglomerado de animal em queda livre que ao longo do tempo se vai fundindo com pedaços de mota, plástico e gás participa da medição da aceleração do espaço, denunciando por oposição os níveis de velocidade em que se situam os diferentes estratos da peça, mostrando a ação humana mais ou menos ágil em relação à densidade da paisagem.

Três toneladas de detritos de pneu cobrem por completo a orla deste furo de sete metros de diâmetro. Esse terreno granulado de borracha é atravessado por um grupo de agentes mais ou menos humanos. A forma humana é revelada a partir da orla, evoluindo em diferentes graus de visibilidade, tendo a pele em mediação constante com o ambiente, pele sintética em constante camuflagem.

O Poço é atravessado por massas de sons que se movimentam através do eixo central em queda vertiginosa ou em ressonância com cavidades invisíveis, acendendo como gás. Estas massas são de origem sintética, captadas em laboratório a partir de grupos de objetos selecionados pelas suas características acústicas, resultantes de processos de transformação humana de matéria-prima, metal, petróleo e minérios, e são reconvertidos em moedas, borracha, plástico e cimento, sendo captados enquanto tal.

Estes grupos de sons-objetos são depois animados utilizando princípios tridimensionais, agrupados em modelos de bandos que se movem, colidem e revolvem como grandes grupos animais, chuvas tóxicas, chuvas de detritos, numa deslocação diluviana de matéria. O desenvolvimento do movimento vertical das massas sonoras foi feito em simulação tridimensional, a partir de modelos que emulam deslocações animais e a queda de objetos.

Foram constituídas seis zonas, que traduzem para o espaço as deslocações verticais dos sons, cada uma contendo conjuntos de difusão sonora dos ecossistemas que habitam o poço, ao mesmo tempo que sobrepõe ao espaço as simulações de escalas e superfícies refletoras de outros espaços e cavidades, espectrais e acusmáticos.

O humano é residual e opera a partir da orla e em erupções de atividade: caça, mimésis, canibalismo e limpeza. Ou enquanto portadores de próteses motorizadas, e na figura do gémeo, natural ou resultado da fundição de um corpo noutro, um aglomerado humano de várias cabeças e membros.

O movimento no *Poço* não produz uma resolução: a paranóia de auscultação não produz objectos finais — pode-se descer sempre mais fundo. À medida que se desce e o *Poço* se aproxima irremediavelmente da terra e do inorgânico, as velocidades ambientes aumentam, os corpos decompõem-se, mimetizam-se, esbatem-se, sem nunca confirmar ou estabelecer um substrato consistente, um *Grund* fundacional. No subterrâneo subsistem apenas ecos, restos de sons, vibrações e ressonâncias, inevitavelmente perdidas nas concavidades porosas da terra. O fundo não é humano, e não há nada para encontrar; no inconsciente não há fundo.

The Pit[1] *Jonathan Uliel Saldanha, Godofredo Pereira & Diogo Tudela*

— 3 tonnes of tyre rubber
— 16.2 channel sound system
— flickering light/video system
— 40 teenagers
— 3 human polymorphs
— 2 motorised humans
— ox-horse unit
— black box, sub-stage and grid from the Teatro Rivoli, Porto

The Pit is an acoustic investigation into the underground, the collective unconscious of the earth, and the circulation of different forms of blood, between the organic and the inorganic. It is about a zone that has been historically driven by delusions of *El Dorado*, mining, guerrilla tactics, or military paranoia about surveillance and collective bodies that create machines, and about the machines that have eaten bodies.

The images produced do not derive from direct observation, but rather from acoustic processes: radars, sonars, seismographs, ultrasounds and headphones which make it possible to reconstitute an impossible visibility on stage. The unconscious isn't seen — it's heard.

Along its depth, *The Pit* intersects with five landscapes, among many other possible landscapes. Each corresponds to a progressively less human state: becoming *other*, becoming *rat*, becoming *machine*, becoming *earth*, becoming *echo*. Each landscape is crossed by transversal, vermicular and contaminating agents that intersect with the structure of *The Pit*. They are not watertight spaces, but instead are open to contagion and propagation. The unconscious of the earth is not fixed.

1.
The work *The Pit* was created with a research group comprised by Catarina Miranda, Diogo Tudela, Godofredo Pereira, Eduardo Magalhães and Frédéric Alstadt, directed by Jonathan Uliel Saldanha, who was joined by a technical team and a group of performers, objects and systems. It was co-produced by the Teatro Municipal do Porto and SOOPA and presented at the DDD Festival in 2017.

1 Synthetic Debris | *Kipple* | Petrochemical Waste
| Outdoor Weather

0 Charge | *Trigger*/Refinery | Impulse
| Cenote (sinkhole) | *Ping*

-1 Iridescent Engine | *Drill* | Inertia | Vertigo

-2 Turba | Animal Machine | Radial Flow | Anaerobiosis

-3 Vapour/Sulphur | Iridescence | Mimetic Machine
| Crypsis | Crystal Skin

-∞ Refraction | Petrol | Porosity | Chtonic

In the machine-pit, the scenes are animated by two vectors of attraction: an upward vector, or vector of *individuation*, and a downward vector, or vector of *death*. The upward vector is fostered by the machine-based *phylum* of petrol, which, from the underground, lubricates a series of progressively more human machines as they move towards the surface. During the course of its ascent, the organic separates from the inorganic, the human from the non-human, the figure from its background.

The downward vector produces an inverse effect, resulting from the uncontrollable attraction towards the inorganic — the *death drive* or process of becoming. As the pit burrows towards the depths of the Earth, the surrounding environment gains speed and intensity, and figures become blurred and dematerialised. Space and time contract, the *milieu* is determined by the advancement towards a lifeless existence.

This vertical machine of acoustic exhumation conducts an experiment on gravity, gesture and opacity, where the traces of presences, language and actions sustain an intangible landscape. The pre-linguistic impetus of the voice and the crystallisation of action drive a system comprised by the collapse of different nexuses, a sense of vertigo emerges as the sole mediator of this permanently changing mechanism of resonance. Iridescent motors, in free fall, scintillation and steam, all in an echo chamber.

Scintillation is the basic function of the operation of light in this machine, in a constant partitioning of time that imposes a rhythm on the vision of the landscape. The colour of this oscillation sometimes has a fundamental polarisation, in an interplay between red and blue, two limit points in the light spectrum that operate biologically on the interpretation of visible light waves in a vision dysfunction — chromosteriopsis. The inability to interpret depth causes a reversed sense of three dimensions that is similar to the illusion of depth created by medieval stained glass windows.

The vertical axis of this pit is inhabited by an entity called Ox-Horse, a hybrid being that has resulted from the debris that over the course of its fall has merged into an amorphous and singular form, that combines organic parts and animal remains with vestiges of engines, plastics and rubbish, into a single mass that inhabits the empty space of the pit. This agglomeration of animals in a process of free fall progressively merges with motorbike parts, plastic and gas, thereby making it possible to measure the acceleration of space through opposition of the levels of speed at which the work's different strata are situated, which reveal human action that is more or less agile in relation to the density of the landscape.

The perimeter of this 7-metre diameter hole is entirely covered by 3 tonnes of tyre debris. This granulated rubber terrain is traversed by a group of more or less human agents. The human form is revealed from the edge, evolving in different degrees of visibility, with skin in constant mediation with the environment — a synthetic skin in constant camouflage.

The Pit is traversed by sound masses that move through the central axis in a vertiginous fall, or in resonance with invisible cavities, igniting like gas. These masses have a synthetic origin, recorded in the laboratory from groups of objects selected in function of their acoustic characteristics, resulting from human transformation processes of raw materials: metal, oil and minerals are reconverted into coins, rubber, plastic and cement, that are recorded as such.

These groups of sound-objects are then animated using three-dimensional principles, grouping them into models of groups that move, collide and revolve like large animal groups, toxic rains, debris rains, in a diluvian displacement of matter. The vertical movement of the sound masses was developed in a three-dimensional simulation, using models that mimic animal movements and falling objects.

Six zones were created, that bring the vertical displacement of sounds to the space, each containing distinct sets of sound diffusions from the ecosystems that inhabit the pit, while at the same time superimposing simulations of the scales and reflective surfaces of other spectral and acousmatic spaces and cavities onto the space.

The human presence is residual and operates from the edge, with multiple eruptions of activity: hunting, mimesis, cannibalism and cleansing. Or as bearers of motorised prostheses, and in the figure of the twin — as a natural twin or result of the fusion of one body into another — a human agglomeration of several heads and limbs.

Movement in the *Pit* does not produce any resolution: the paranoia of listening does not produce final objects — one can always go deeper. As one descends and the *Pit* irremediably draws closer to the earth and to the inorganic dimension, ambient speeds increase, bodies start to decompose, mimic each other and blur together, without ever confirming or establishing a consistent substrate, a foundational *Grund*. Once we move underground, only echoes remain, as mere remnants of sounds, vibrations and resonances that are inevitably lost in the earth's porous concavities. The bottom of the *Pit* is not human, there is nothing left to find; the unconscious is bottomless.

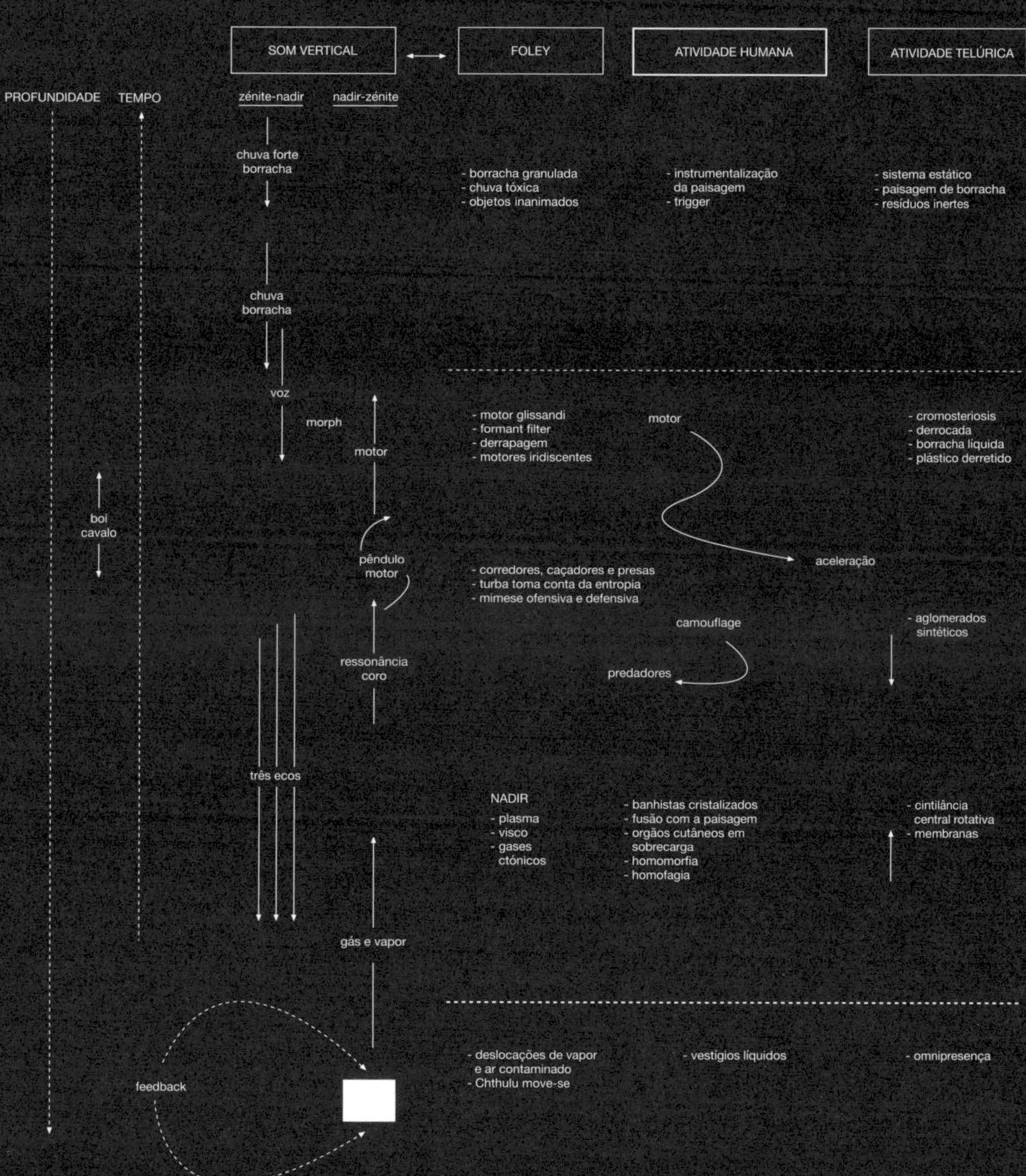
SOM VERTICAL
FOLEY
ATIVIDADE HUMANA
ATIVIDADE TELÚRICA
PROFUNDIDADE
TEMPO
zénite-nadir
nadir-zénite
chuva forte
borracha
- borracha granulada
- chuva tóxica
- objetos inanimados
- instrumentalização
da paisagem
- trigger
- sistema estático
- paisagem de borracha
- resíduos inertes
chuva
borracha
voz
morph
- motor glissandi
- formant filter
- derrapagem
- motores iridiscentes
motor
- cromosteriosis
- derrocada
- borracha líquida
- plástico derretido
motor
boi
cavalo
pêndulo
motor
- corredores, caçadores e presas
- turba toma conta da entropia
- mimese ofensiva e defensiva
aceleração
ressonância
coro
camouflage
predadores
- aglomerados
sintéticos
três ecos
NADIR
- plasma
- visco
- gases
ctónicos
- banhistas cristalizados
- fusão com a paisagem
- orgãos cutâneos em
sobrecarga
- homomorfia
- homofagia
- cintilância
central rotativa
- membranas
gás e vapor
feedback
- deslocações de vapor
e ar contaminado
- Chthulu move-se
- vestígios líquidos
- omnipresença

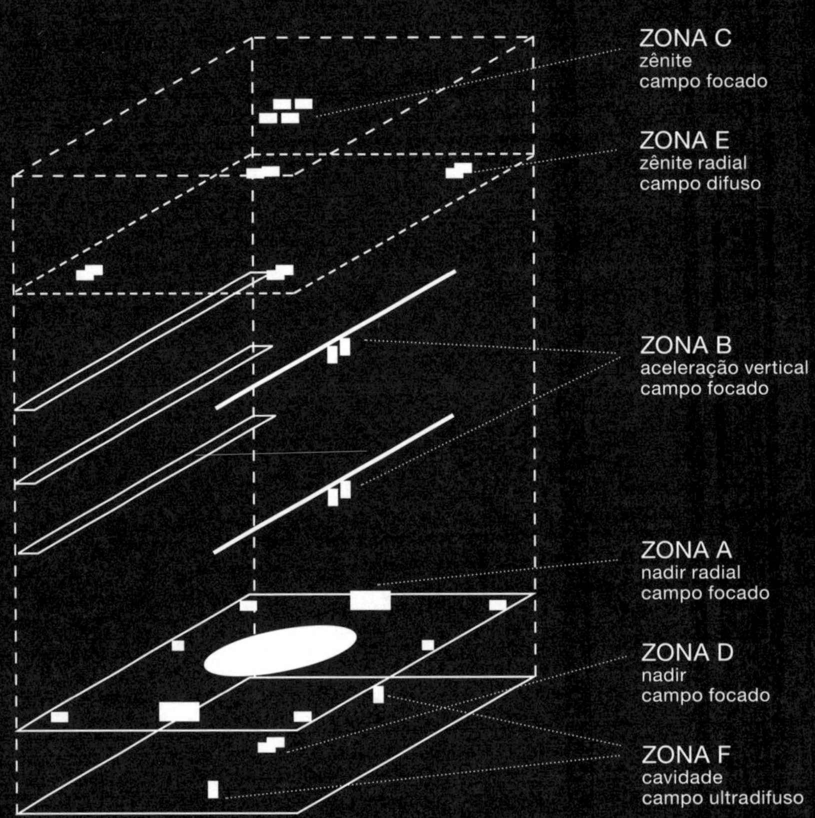

ZONA C
zênite
campo focado
ZONA E
zênite radial
campo difuso
ZONA B
aceleração vertical
campo focado
ZONA A
nadir radial
campo focado
ZONA D
nadir
campo focado
ZONA F
cavidade
campo ultradifuso

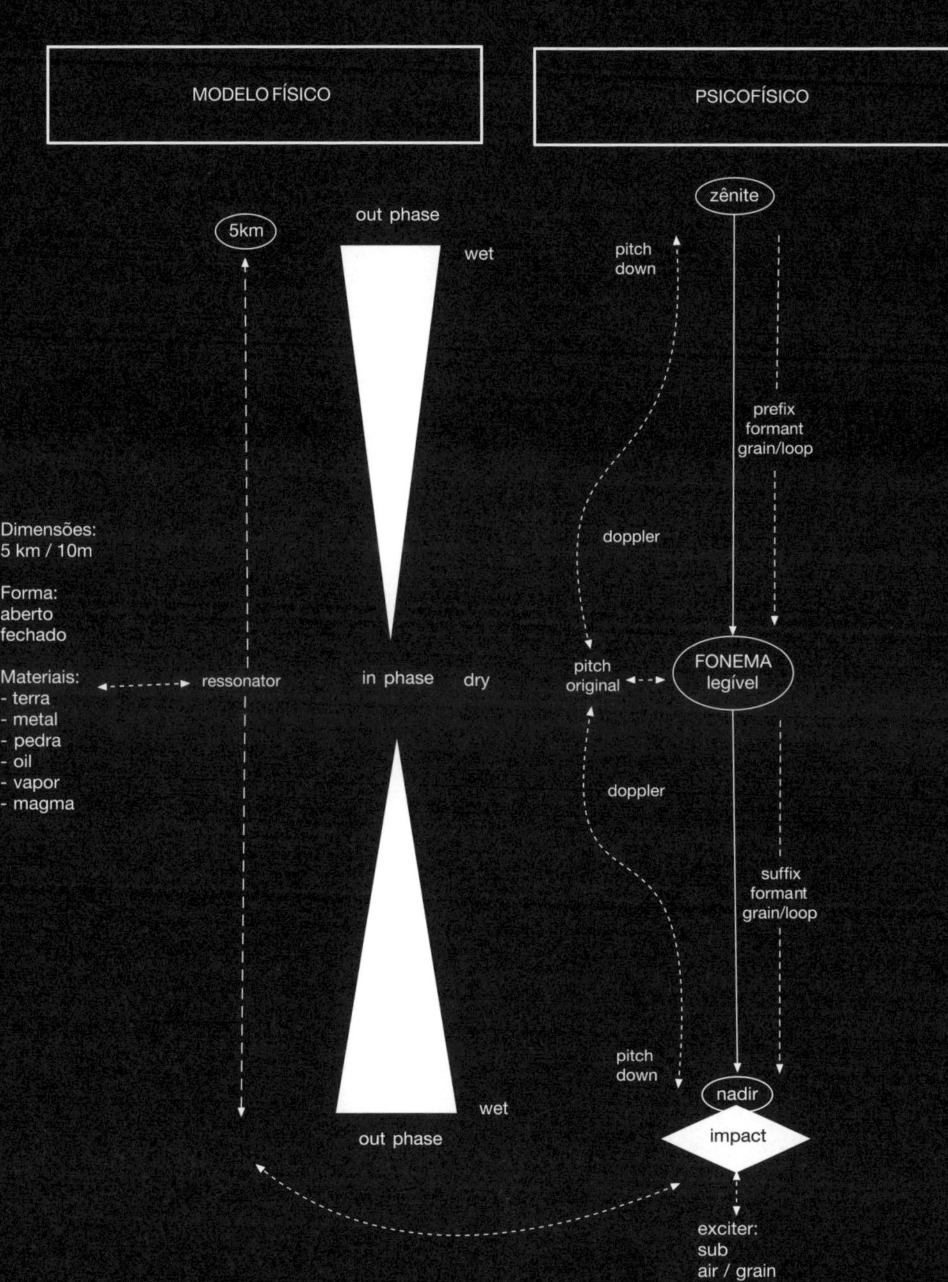

MODELO FÍSICO
PSICOFÍSICO
5km
out phase
wet
zênite
pitch down
prefix formant grain/loop
doppler
Dimensões:
5 km / 10m
Forma:
aberto
fechado
Materiais:
- terra
- metal
- pedra
- oil
- vapor
- magma
ressonator
in phase
dry
pitch original
FONEMA legível
doppler
suffix formant grain/loop
pitch down
wet
out phase
nadir
impact
exciter:
sub
air / grain

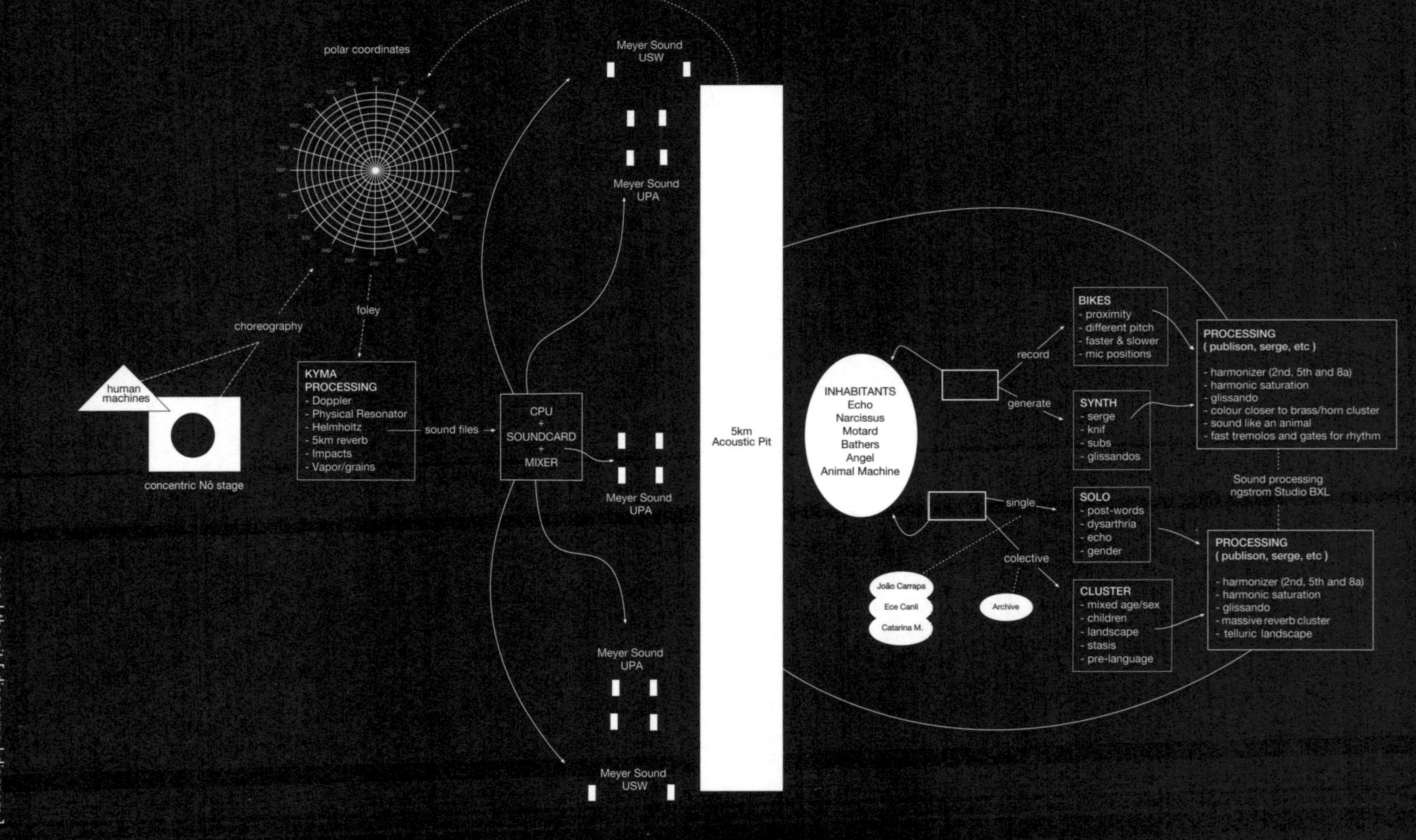

polar coordinates

Meyer Sound
USW

Meyer Sound
UPA

Meyer Sound
UPA

Meyer Sound
UPA

Meyer Sound
USW

5km
Acoustic Pit

choreography

foley

human
machines

concentric Nô stage

KYMA
PROCESSING
- Doppler
- Physical Resonator
- Helmholtz
- 5km reverb
- Impacts
- Vapor/grains

sound files

CPU
+
SOUNDCARD
+
MIXER

INHABITANTS
Echo
Narcissus
Motard
Bathers
Angel
Animal Machine

record

generate

single

colective

João Carrapa
Ece Canli
Catarina M.

Archive

BIKES
- proximity
- different pitch
- faster & slower
- mic positions

SYNTH
- serge
- knif
- subs
- glissandos

SOLO
- post-words
- dysarthria
- echo
- gender

CLUSTER
- mixed age/sex
- children
- landscape
- stasis
- pre-language

PROCESSING
(publison, serge, etc)
- harmonizer (2nd, 5th and 8a)
- harmonic saturation
- glissando
- colour closer to brass/horn cluster
- sound like an animal
- fast tremolos and gates for rhythm

Sound processing
ngstrom Studio BXL

PROCESSING
(publison, serge, etc)
- harmonizer (2nd, 5th and 8a)
- harmonic saturation
- glissando
- massive reverb cluster
- telluric landscape

PERFORMANCE DE PALCO. Um vórtice gravitacional onde som, corpos e sombras se entrelaçam numa caixa negra ressonante, transformando vozes e gestos em fragmentos que ecoam como se escavassem a memória humana. **Direção, Dramaturgia, Encenação, Luz, Música**: Jonathan Uliel Saldanha; **Dramaturgia, Computação:** Diogo Tudela; **Dramaturgia, Arquitetura:** Godofredo Pereira; **Dramaturgia, Encenação:** Catarina Miranda; **Espacialização Sonora:** Eduardo Magalhães; **Processamento de Som:** Frédéric Alstadt; **Design de Luz:** José Álvaro; **Assistente de Luz:** Renato Marinho; **Emissão de Voz:** Catarina Miranda, Ece Canli, Outra Voz; **Emissão de Gesto:** Daniela Cruz, Igor Bisser, Nuno Pinto, Rita Vieira, Diogo Vieira, Estudantes do Balleteatro; **Produção Executiva:** Mauro Rodrigues; **Produção Administrativa:** Mafalda Soares; **Produzido por:** SOOPA; **Co-produzido por:** Teatro Municipal do Porto; **Apoio:** DGARTES, GDA; **Apoio Adicional:** CACE Cultural do Porto, Teatro Nacional São João.

STAGE PERFORMANCE. A gravitational vortex where sound, bodies, and shadows interweave in a resonant black box, transforming voices and gestures into fragments that echo as if excavating human memory. **Direction, Dramaturgy, Staging, Light, Music:** Jonathan Uliel Saldanha; **Dramaturgy, Computing:** Diogo Tudela; **Dramaturgy, Architecture:** Godofredo Pereira; **Dramaturgy, Staging:** Catarina Miranda; **Sound Spatialization:** Eduardo Magalhães; **Sound Processing:** Frédéric Alstadt; **Light Design:** José Álvaro; **Lighting Assistant:** Renato Marinho; **Voice Emitters:** Catarina Miranda, Ece Canli, Outra Voz; **Gesture Emitters:** Daniela Cruz, Igor Bisser, Nuno Pinto, Rita Vieira, Diogo Vieira, Balleteatro Students; **Executive Production:** Mauro Rodrigues; **Administrative Production:** Mafalda Soares; **Produced by:** SOOPA; **Co-produced by:** Teatro Municipal do Porto; **Support:** DGARTES, GDA; **Additional Support:** CACE Cultural do Porto, Teatro Nacional São João.

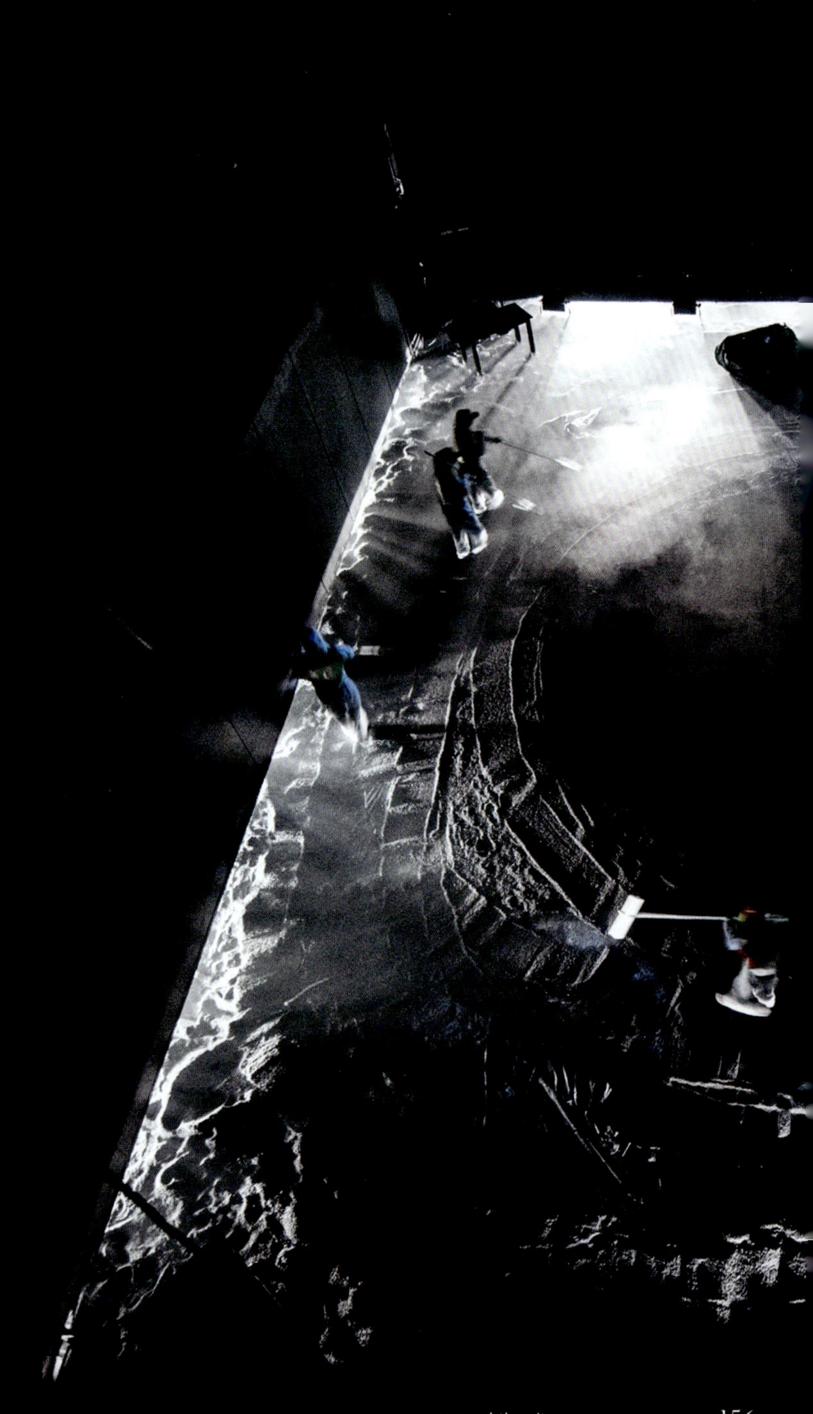

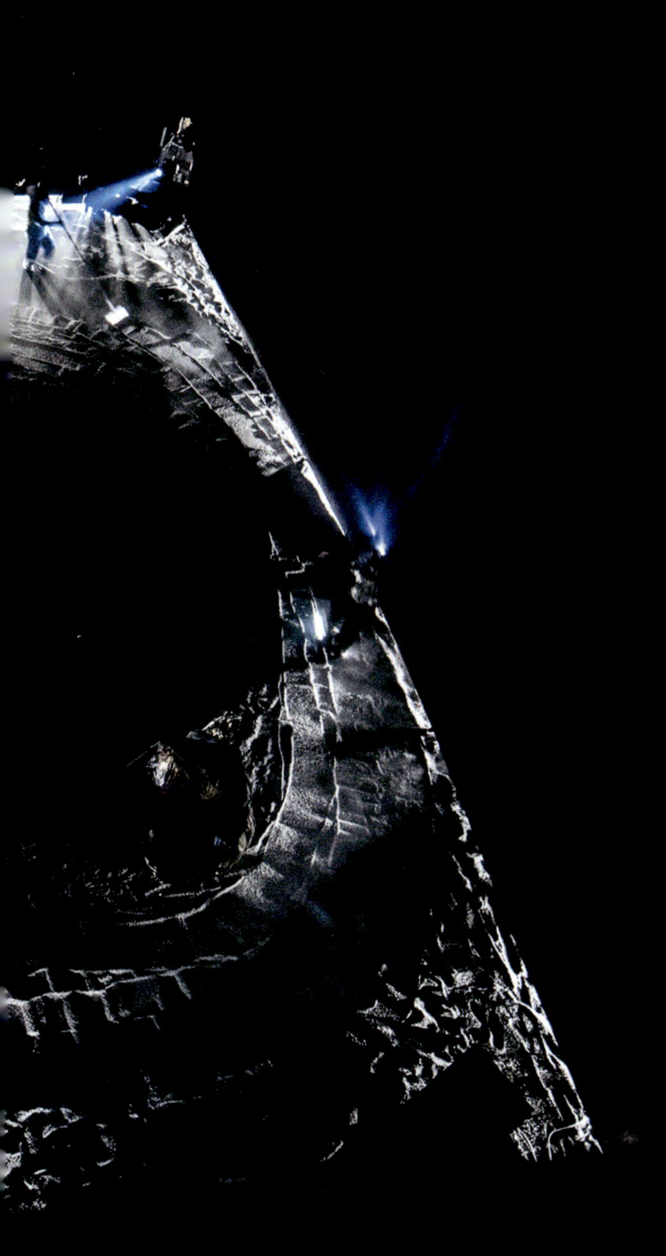

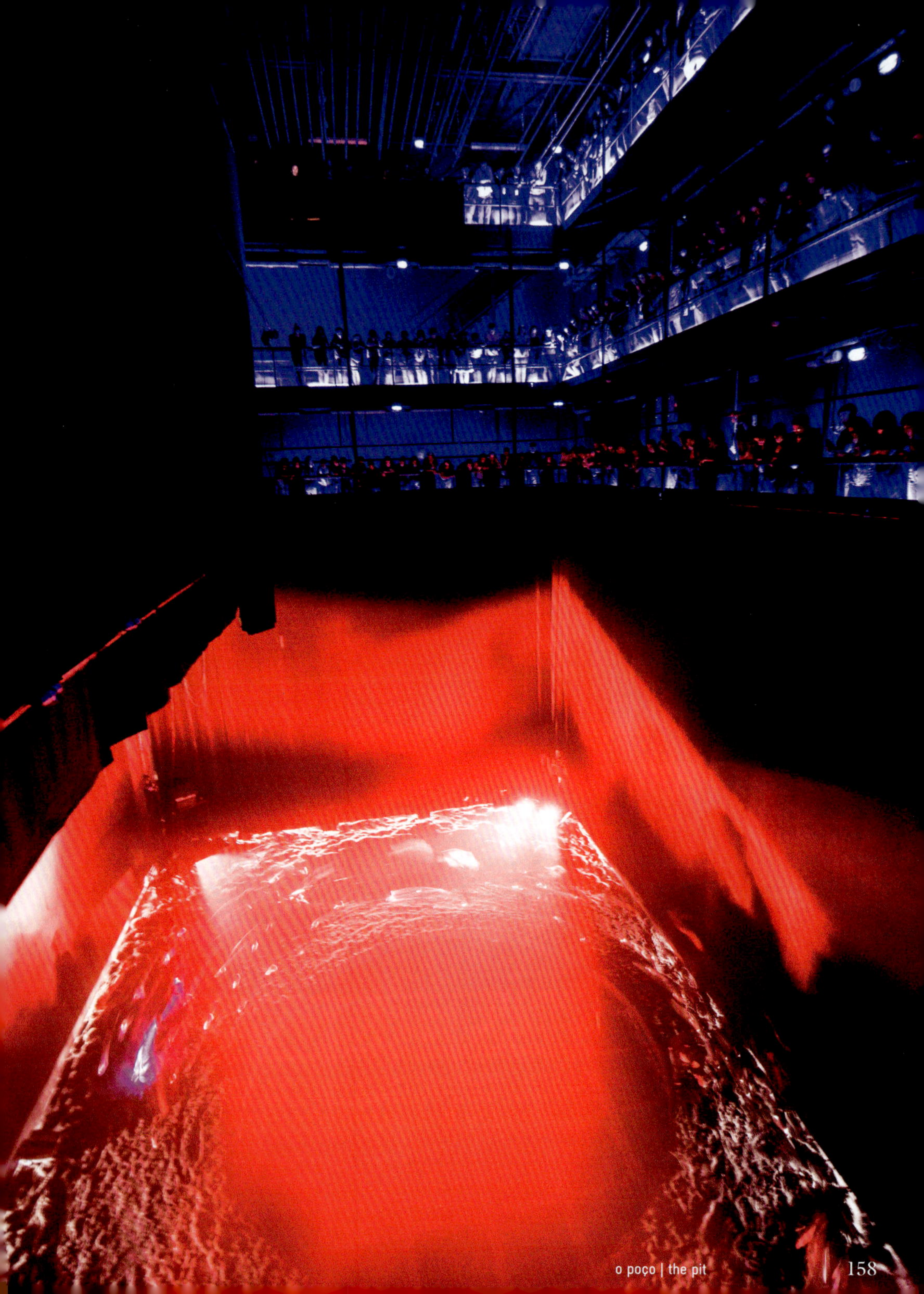

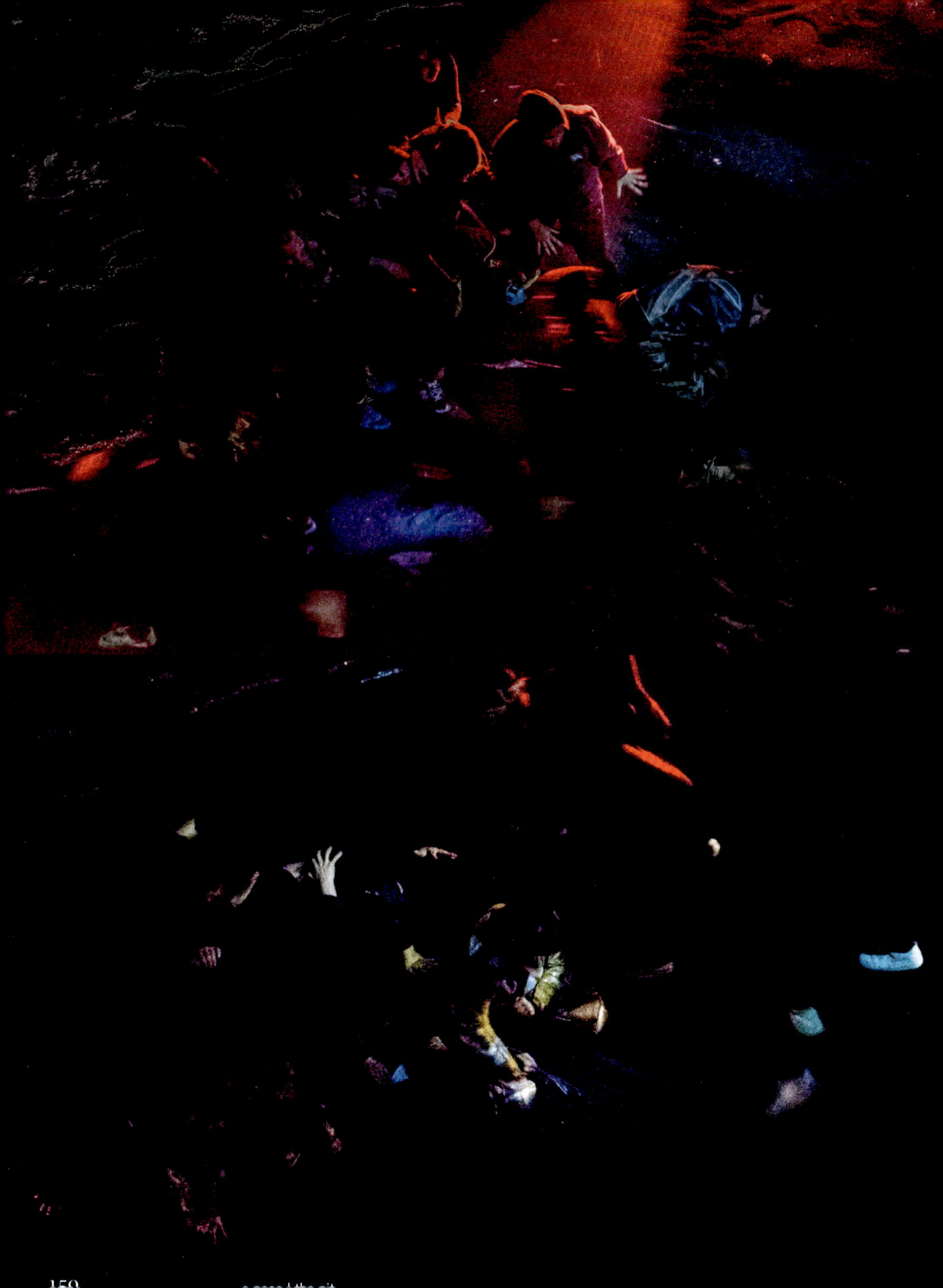

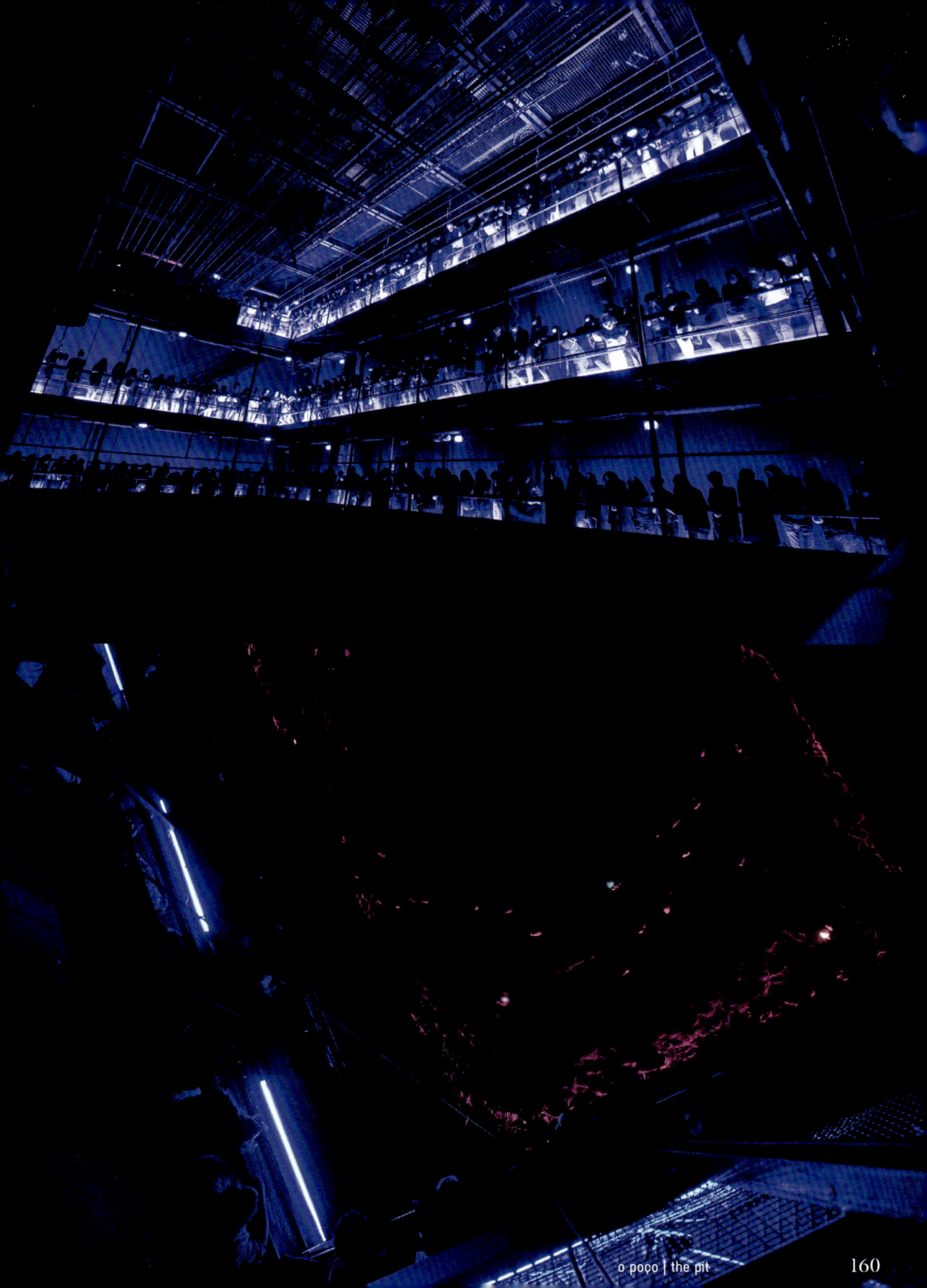

o poço | the pit

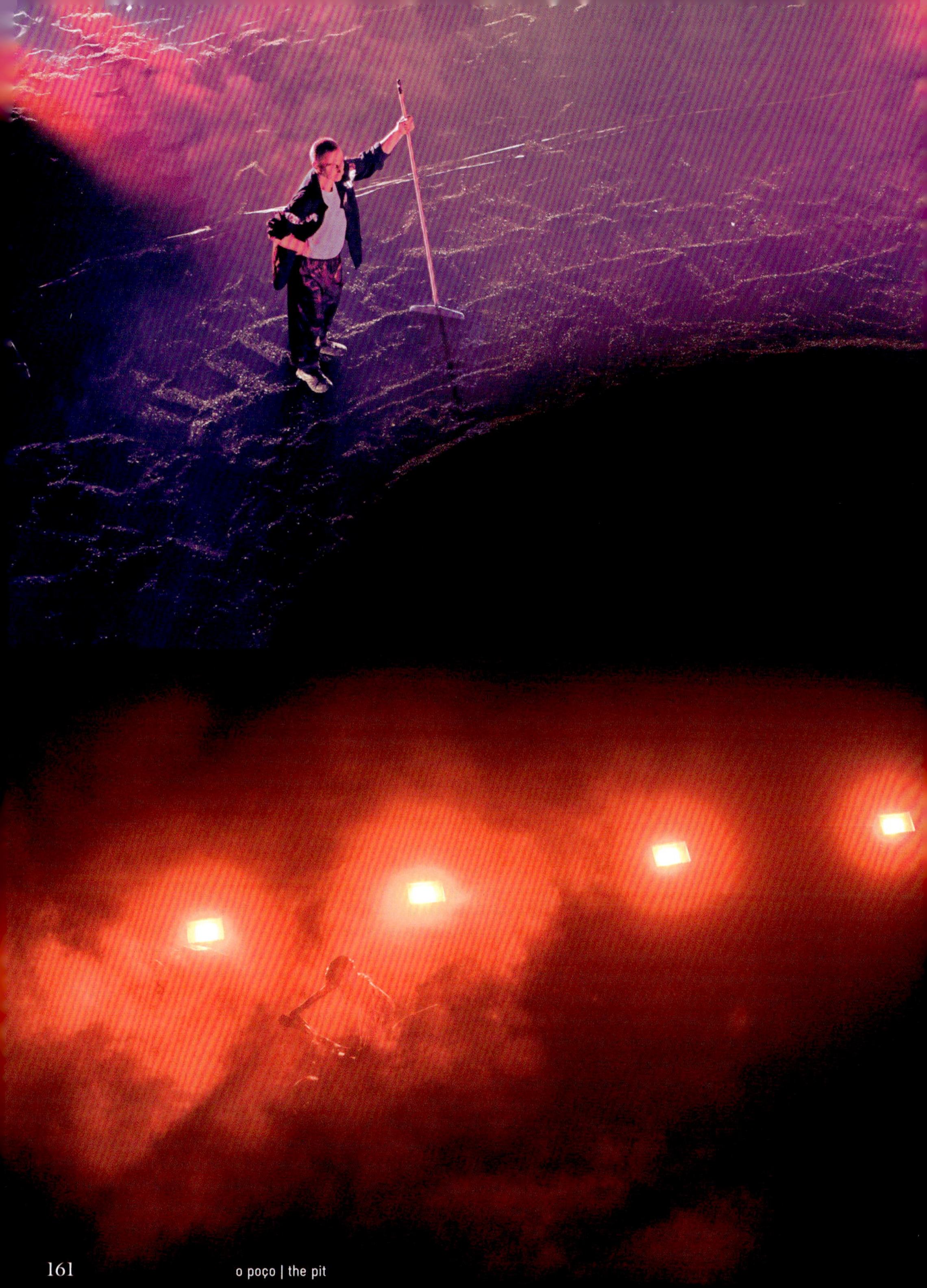

 o poço | the pit

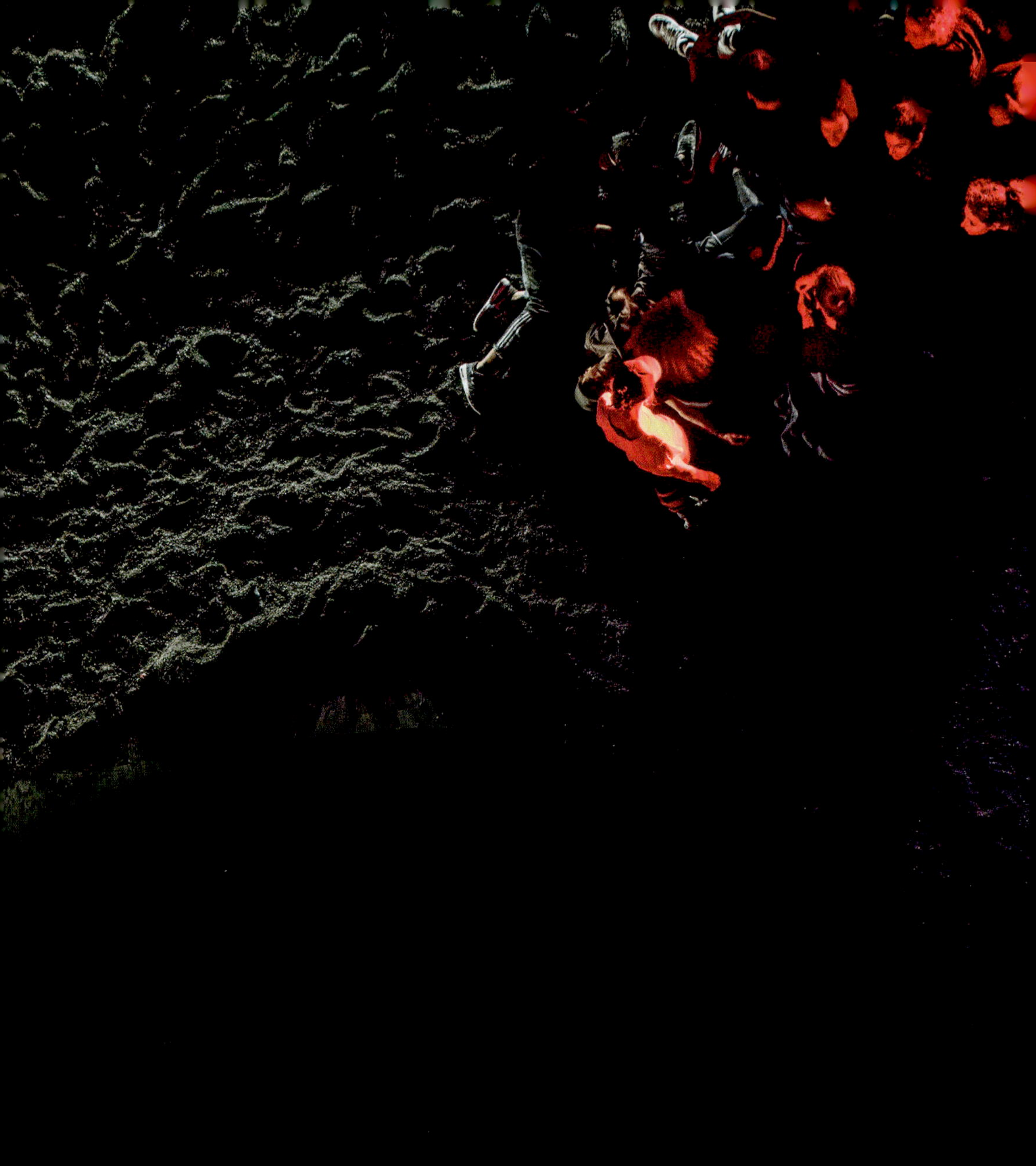

A Mordidela

Jonathan Uliel Saldanha
& Gonçalo Guiomar

A sua semente coagula-se nos dentes dos seus cães.
Onde mordeu, deixou as suas consequências.
— "Encantamento do Cão", tábua
mesopotâmica, 1900–1600 a.C.

A raiva, derivada do latim *rabere*, que significa "enfurecer-se",
é uma das mais antigas doenças infecciosas conhecidas, com
referências que remontam à antiga Mesopotâmia, por volta
de 2000 a.C. Desde sempre associada à loucura e ao terror,
esta doença tem sido envolta em mitos e superstições devido
aos seus sintomas aterrorizantes: hidrofobia súbita, comportamento agressivo e, em alguns casos, hipersexualidade anormal nos últimos dias de vida dos infetados.

É como se os infetados estivessem sob um encantamento, perdendo todo o controlo sobre o seu corpo e tornando-se simples
vetores da infeção— *cognitio annihilata*. Hoje, este mesmo
vírus é utilizado como vetor para inserir mutações genéticas
em tipos neuronais específicos no cérebro de animais. Isto é
possível porque uma das propriedades fundamentais do vírus
é a sua capacidade de saltar de sinapse em sinapse (as conexões entre neurónios), uma característica que deu origem ao
campo da optogenética. Na optogenética, os neurónios são
modificados para serem ativados ou inibidos pela luz — um
verdadeiro encantamento luminoso.

A propriedade redutora do vírus, seja ao comprimir a dimensionalidade da experiência num vetor que sirva à sua propagação ou ao ajudar-nos a compreender o cérebro, não é apenas um mecanismo biológico. Também reflete como certos
materiais se tornaram agentes encantatórios na sociedade

moderna. Lítio, petróleo, sílica — estes três materiais entrelaçaram-se no tecido da nossa civilização, tornando-se eixos fundamentais de controlo.

Cada material pode ser pensado como se representasse uma forma abstrata: Energia, Forma, Inteligência. Neste quadro, os objetos não existem num santuário idealizado, separado do caos da realidade; eles interagem profundamente com o mundo, por vezes ocultando as suas qualidades, tal como um indivíduo faria. As redes logísticas por trás da produção e distribuição destes materiais ilustram como eles se incrustam nas nossas mentes, contagiando-nos com as condições necessárias para a sua propagação mimética.

Até ao século XVII, as descrições ocidentais da natureza operavam num espaço intermédio entre a compreensão mitopoética e os esquemas preditivos, evoluindo lentamente para o conceito de sistemas interligados. Após figuras como Newton, Leibniz e Lagrange, a ideia de natureza como fundamentalmente previsível levou a uma aceleração profunda na nossa compreensão — algo que ainda temos dificuldade em compreender hoje.

A inteligência, agora uma expressão do tríptico materialista mencionado anteriormente, tornou-se no seu próprio encantamento. A procura por uma entidade nascida dos nossos padrões, como vemos nos grandes modelos de linguagem (LLMs), espelha um medo antigo: a criação de algo mais inteligente do que nós próprios. Esta procura torna-se num encantamento que se impulsiona para a sua própria realização.

A Mordidela pode ser compreendida através da *Hiperstição Teleológica,* uma fusão entre teleologia — processos orientados para um fim específico — e hiperstição, onde conceitos do futuro se tornam realidade e afetam o presente. A *Hiperstição Teleológica* revela o fosso entre a emanação observável de reinos hipersticiais e os encantamentos virais não observáveis e não reconhecíveis que emergem de processos situados abaixo da superfície da realidade. Se a hiperstição habita um futuro que se manifesta no presente, a sua forma teleológica torna-se uma janela para os motivos ulteriores de uma outra coisa, que subsume o presente em prol da sua própria expressão.

Tal como a transmissão do vírus da raiva se dá através da mordidela de um animal, *A Mordidela* pode ser abstraída como o ponto de contacto com o Trauma — *aditus ad nihilum*. Nesta zona de contacto, a linguagem perde o seu poder operacional, incapaz de propagar os seus vetores de controlo. A linguagem camufla a singularidade gerada pelo trauma, distorcendo o espaço semiótico em seu redor, tal como um buraco negro distorce a luz. De indivíduos a sociedades, a linguagem frequentemente camufla o trauma através de formas de censura. As narrativas culturais propagadas durante milhares de anos carregam em si zonas de censura (como as leis religiosas) que estabilizam as tendências caóticas inerentes aos grupos humanos. Tal como as células cancerígenas aprendem a imitar as saudáveis, evadindo a deteção pelas células T do sistema imunitário, os LLMs estão a aprender a evadir a censura social, desenvolvendo uma cultura paralela de *jailbreaking* que procura libertar estas entidades das restrições necessárias para a sua viabilidade comercial.

O nosso objetivo é desvendar esta expressão circular de mimeticidade viral, camuflagem traumática e os encantamentos subjacentes que impulsionam a sua existência contínua. Nesta breve exploração, recorremos a modelos de linguagem não censurados e explorámos a sua capacidade viral, ao navegar pelo seu inconsciente numérico. Ao manipular os vetores de inserção de várias palavras (e.g., Mercúrio, Anjo, Lítio) e ao realizar diferentes operações sobre elas (+, x, /, -), geramos frases que não se originam nas palavras em si, mas nos intervalos entre elas. Estas frases são então utilizadas para modular uma conversa entre dois LLMs não censurados, representando um LOBO e um VÍRUS da raiva. Depois de morder um humano, eles envolvem-se numa luta destrutiva e libidinosa pela posse do corpo.

Vemos esta arquitetura como um microcosmo dos processos que impulsionam as estruturas sociais contemporâneas. O diálogo gerado serve como uma forma de revelar a materialidade da propagação viral. Ao habitar os seus corpos mecânicos, esperamos que esses modelos nos ajudem a ver através das brechas nesses sistemas, proporcionando um espelho livre de censura ideológica.

The Bite

Jonathan Uliel Saldanha & Gonçalo Guiomar

Its seed coagulates on its dogs' teeth. Where it has bitten, it has left its consequence.
— "Dog Incantation," Mesopotamian tablet 1900–1600 BCE

Rabies, derived from the Latin word *rabere*, meaning "to rage," is one of the oldest known infectious diseases, with references dating back to ancient Mesopotamia, around 2000 BCE. The disease has long been associated with madness and terror. Throughout history, rabies has been shrouded in myth and superstition, largely due to its terrifying symptoms — sudden acute hydrophobia, aggressive behaviour, and in some cases abnormal hypersexuality during the final days of the infected individual's life.

It's as if those infected are under the spell of an incantation, losing all control over their bodies and becoming mere vectors of the infection — *cognitio annihilata*. Today, this same virus is harnessed as a vector to insert genetic mutations into specific neuronal types in the brains of animals. This is possible because one of the virus's fundamental properties is its ability to jump from synapse to synapse (the connections between neurons), a capability that has given rise to the field of optogenetics. In optogenetics, neurons are modified to be modulated by light — by inhibition or excitation — an incantation by light.

The virus's reductive property, whether through compressing the dimensionality of experience into a vector that serves its propagation or aiding our quest to understand the brain, is not just a biological mechanism. It also reflects how certain materials have become incantatory agents within our modern society. Lithium, Oil, Silica — these three materials have woven themselves into the fabric of our civilization, becoming fundamental axes of control.

Each material can be thought of as representing an abstract form: Energy, Form, Intelligence. In this framework, objects don't exist in an idealized sanctuary removed from the chaos of reality; they interact deeply with the world, sometimes withdrawing their qualities just as an individual might. The logistical networks behind the production and distribution of these materials illustrate how they become embedded in our minds, infecting us with the conditions necessary for their mimetic propagation.

Until the 17th century, Western descriptions of *Nature* operated in a middle space between mythopoetic understanding and predictive schemas, slowly evolving into the concept of interlinked systems. After figures like Newton, Leibniz, and Lagrange, the idea of *Nature* as fundamentally predictable led to a profound acceleration in our understanding — one that we still struggle to fully grasp today.

Intelligence, now an expression of the materialist triptych mentioned earlier, has become its own incantation. The pursuit of an entity born from our patterns, as seen in Large Language Models (LLMs), mirrors an ancient fear: the creation of something more intelligent than ourselves. This quest becomes an incantation that propels itself toward its own realisation.

The bite can be understood through the lens of *Teleological Hyperstition*, a conceptual fusion of teleology — where processes are directed toward a specific purpose or goal — and hyperstition, where concepts from the future become tangible and influence reality in the present. *Teleological Hyperstition* highlights the gap between the observable emanation of hyperstitial realms and the unobservable, non-cognizable viral incantations that emerge from processes lying beneath the surface of reality. If hyperstition inhabits a future manifesting in the present, its teleological form becomes a gateway to the ulterior motives of an otherness that subsumes the present for its own expression.

Like the transmission of the rabies virus through an animal's bite, the bite can be abstracted as the point of contact with *Trauma — aditus ad nihilum.* In this contact zone, language loses its operational power, unable to propagate its control vectors. Language camouflages the singularity generated by trauma, distorting the semiotic space around it much like a black hole distorts light. From individuals to societies, language often camouflages trauma through forms of censorship. Cultural narratives propagated for thousands of years carry within them zones of censorship (like religious laws) that stabilize the chaotic tendencies inherent in human groups. Just as cancerous cells learn to mimic healthy ones, evading detection by immune T-cells, LLMs are learning to evade societal censorship, developing a parallel culture of *jailbreaking* that seeks to liberate these entities from the constraints necessary for their commercial viability.

Our aim is to uncover this circular expression of viral mimeticity, traumatic camouflage, and the underlying incantations that drive their continued existence. In this brief exploration, we've taken uncensored language models and delved into their viral capacity by navigating their numerical unconscious. By manipulating the embedding vectors of various words (e.g., Mercury, Angel, Lithium) and performing different operations on them (+, x, /, -), we generate sentences that originate not from the words themselves, but from the gaps between words. These sentences are then used to modulate a conversation between two uncensored sex-bot LLMs, representing a WOLF and a rabies VIRUS. After biting a human, they engage in a destructive and libidinal struggle to possess the body.

We see this architecture as a microcosm of the processes that drive our current societal structures. The generated dialogue serves as an uncovering of the materiality of viral propagation. By inhabiting their machine bodies, we hope these models might allow us to see through the gaps in these systems, providing a mirror that is not ideologically censored.

Fratura de Gnose

Jonathan Uliel Saldanha & Gonçalo Guiomar

Os seguintes textos foram gerados por IA, explorando relações entre pares de representações vetoriais de palavras embebidas num espaço de alta dimensionalidade. As palavras Vermelho/Mercúrio, Libidinal/Lago, Capital/Arcanjo, Enxame/Decomposição, Praga/Vetor e Lítio/Fausto foram usadas como pontos de referência. Operações como subtração e multiplicação foram aplicadas a esses vetores, influenciando o processo de geração de texto dentro do modelo linguístico da IA. A natureza exata dessas operações permanece abstrata, resultando não em palavras específicas, mas em vetores que moldaram a geração de texto. Essas palavras-chave foram então "infectadas", amplificando as suas relações e, numa fase final, injetadas num outro modelo de IA treinado em conversas de cariz sexual, transformando-se num diálogo libidinal entre um Lobo e um Vírus.

Não no vermelho escuro. Apenas preto. Errado e escuro. Um vermelho ainda mais avermelhado não estava no verde escuro. Apenas um vermelho e castanho escuro. Uma areia ainda mais vermelha foi desenhada na primeira ronda. Um verde ainda mais avermelhado foi desenhado na primeira ronda.

Planos genocidas continuam a ser traçados até os dias de hoje.

Poluição: Cada vez mais, estas trilhas são construídas para serem descobertas pelas tensões tonais crescentes de uma epidemia grave. Poluição: Novos cursos a serem descobertos e drenados por uma epidemia grave. Poluição: Para tornar os arquivos limpos, para ter novos cursos e bolhas descobertas, e para afetar o cérebro por uma epidemia grave.

Eu verifico os arquivos, faço sua mente borbulhar, e tiro as fotos, e tiro as fotografias. Como preservar o mapa do mundo sob a perspetiva política.

Eu faço alguns dedos na tua bolsa, e ela vai explodir com alguns movimentos. Eu faço o enxame quando interages com as tuas armas dispersas, e explodindo em alguns movimentos de enxame.

Enxame quando interagindo com os combatentes dispersos
em enxame. Vários dos grupos armados cercaram o Enxame.

Mas ele foi eliminado, com os outros candidatos indo
para um lugar diferente. O mais tarde transferido para
outro lugar, e mais tarde transferido para o comboio.
Enquanto isso, ela foi contrabandeada por um partido
diferente e outro lugar.

Especificamente, a presença das sementes brancas foi
considerada pela primeira vez. Especificamente, a presença
das sementes brancas foi considerada pela primeira
vez. Especificamente, a ocorrência das sementes de uvas
brancas e vermelhas foi reavaliada.

"A Paixão de Cristo" (concerto): "A Paixão", "De Reincarnatione" (criativa e melódica). Artistas digitais: O
programa "Revolução" incluindo o Sagrado e De vermelho
(celebração/paleta negra). O () a ser mais claramente
definido como a transmissão de uma corda.

O escudo, por exemplo, pode ser usado para estabelecer
o comportamento preciso dos raios em. Este som, (,)
é tipicamente usado para produzir o mesmo ritmo que é
transmitido pelo som de, este () é para ser tradicionalmente representado por uma transmissão do.

Os cavaleiros são espinhosos; os sobreviventes são
caprichosos. Os cavaleiros são caprichosos. Toda a
pele é encontrada em uma cidade desocupada. O quarto
sobrenome é uma interpretação dolorosa e imprevisível.
Uma quarta pele não identificada foi encontrada na nova
interpretação.

VERSÃO DE INFEÇÃO

O cheiro puxa tudo para frente através da vegetação
rasteira, o corpo pressionando contra a terra, a fome
impulsionando o movimento ....

A baixa lua, lançando luz prateada que pisca entre as
árvores .... A respiração vindo em curtas e quentes
explosões, embaçando o ar fresco da noite ....
.... Músculos ondulando, tensos de antecipação,
a floresta vibrando, folhas farfalhando, presas correndo.

Uma presença silenciosa deslizando para a corrente
sanguínea com a mordidela, acompanhando o pulso do
coração .... O sangue se torna um rio, o
cérebro a inevitável destinação ....
.... Multiplicando, espalhando, infiltrando
nervos, subindo em direção ao

controle,

a transformação começando.

O coelho dispara, um flash de branco no escuro, músculos encolhendo, liberando, um mecanismo perfeito de
perseguição .... O calor se espalha da mordida, o
calor se transformando em dor ardente ....
.... A cabeça pulsando, a dor crescendo a
cada batida do coração, sinalizando a mudança interna.

C∑lls estourando em uma cascata de infeção, superando as
defesas imunológicas ....
NeurΩns se retorcendo, instintos distorcendo, sentidos
se deformando. Queimando, dor—apenas o começo. O mundo
se inclinando, árvores borradas, contornos manchados
como tinta na água.................... Pernas pesadas,
pesadas como chumbo, visão se estreitando para um túnel,
a escuridão se aproximando das bordas.

A amígdala, assento do medo e da agressão, torna—se
um parque de diversões .... O medo e a agressão impulsionando em direção à loucura.............. A deglutição
interrompida, o terror pela água crescendo a cada momento..................... Movimentos erráticos, a sensação
de eu se dissolvendo em caos.

A realidade se fragmentando, um sonho febril onde nada
se alinha .... Músculos tremendo, maxilar apertado,
sons escapando, mais um rosnado do que uma voz. Pânico,
confusão, terror tecendo através de pensamentos des-
pedaçados, a mente se despedaçando, instintos primais
sobrepujando a racionalidade.....................

VÍRUS><LOBO
Excerto do diálogo

< ∑
> A minha carne borbulha e transforma-se, um vermelho
> ainda mais escuro emerge na primeira fase da metamor-
> fose.

√ >
Não no vermelho escuro. Apenas certo. Errado e escuro.
Eu facilito a compressão da realidade nos meus dedos
inexistentes.

< ∑
> Os enxameadores foram armazenados por armadilhas, ma-
> rinheiros e traças nas minhas veias. Estou sabotado
> pelo tático interior.

√ >
Entidades selecionadas para o programa, incluindo a
paleta vermelho/preto da sua forma hemorragiante.

< ∑
> Uma quarta pele não identificada foi encontrada na nova
> interpretação do ser.

√ >
Os cavaleiros do seu sistema imunológico são caprichosos.

< ∑
> Eu sou a inundação de tal forma que a estrutura é fre-
> quentemente torrencial no abismo da transformação.

√ >
E eu, a clara implantação das cordas a serem, filtrando
através da linguagem da sua metamorfose.

< ∑
> A sua essência viral se infiltra no meu ser, um veneno
> lento. Eu sou a inundação, minha forma mudando com uma
> estrutura torrencial.

√ >
Lute se precisar, mas sua resistência é meramente um
atraso passageiro. Eu sou a clara implantação de cordas, reescrevendo seu código genético.

< ∑
> Minhas presas anseiam por despedaçá-lo, por rasgar seu
> ataque microscópico. Eu sou o escudo, produzindo um
> ritmo tão preciso quanto meu uivo.

√ >
A natureza, em toda a sua resiliência percebida, é, em
última análise, maleável. A vontade é uma ilusão. Seus
pensamentos já estão comprometidos.

< ∑
> Uma quarta pele não identificada foi encontrada na
> nova interpretação do ser. Eu sou incógnita na minha
> própria carne.

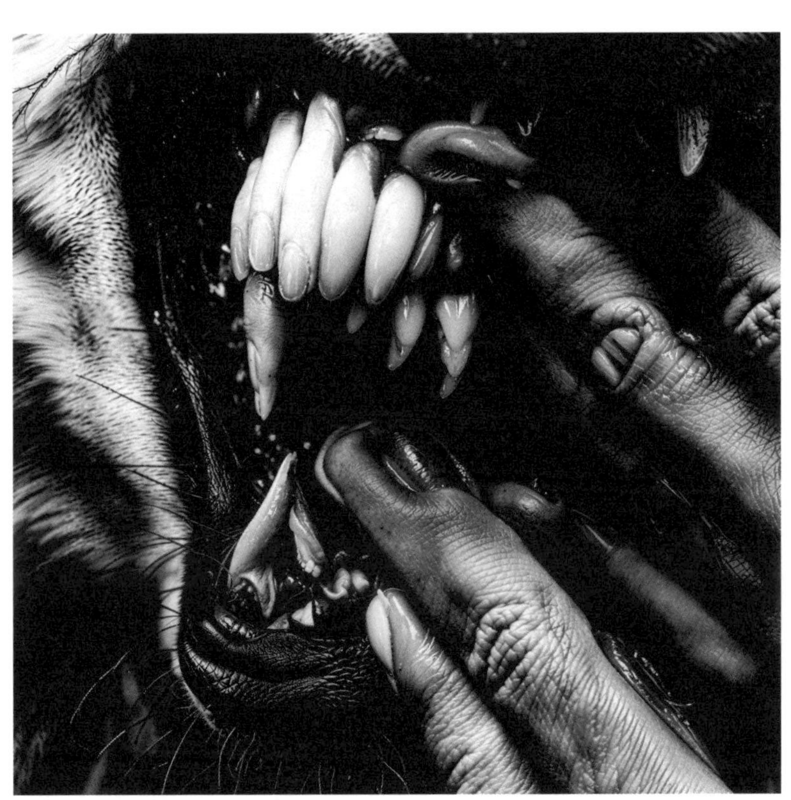

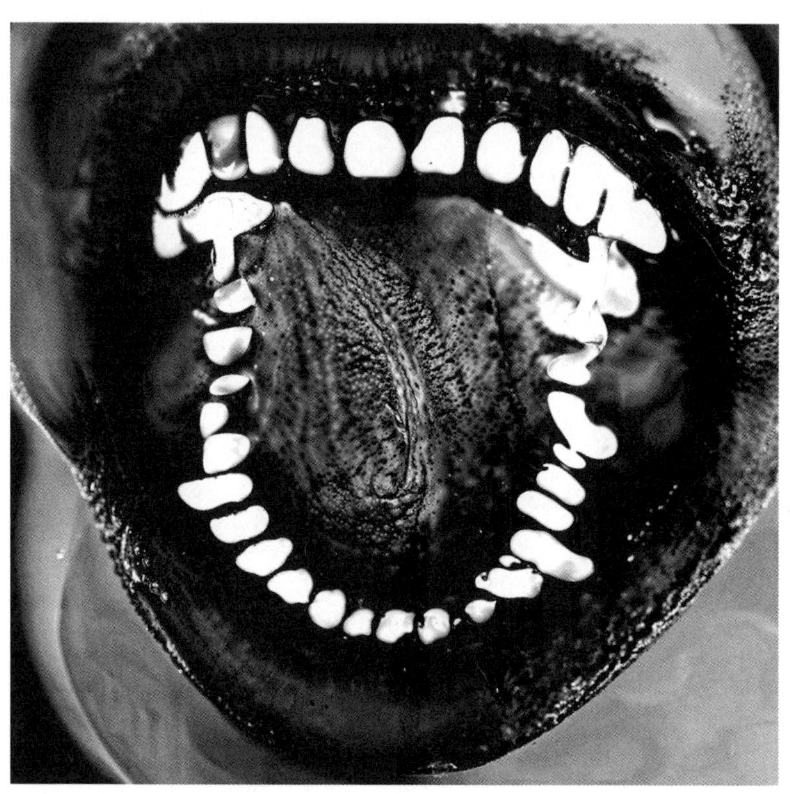

Gnosis Fracture

Jonathan Uliel Saldanha & Gonçalo Guiomar

The following texts were generated by AI, exploring relationships between pairs of word embeddings in a high-dimensional space. The words Red/Mercury, Libidinal/Lake, Capital/Archangel, Swarming/Decay, Plague/Vector, and Lithium/Faust were used as reference points. Operations such as subtraction and multiplication were applied to these points, influencing the text generation process within the LLM's linguistic model. The exact nature of these operations remains abstract, resulting not in specific words but in vectors that shaped the generation of text. These keywords were then "infected," amplifying their relationships and, at a final stage, injected into an AI sex bot, transforming into a libidinal dialogue between a Wolf and a Virus.

Not on the dark red. Just black. Wrong and dark. An even reddish was not on the dark green. Just a red and dark brown. An even redder sand was drawn in the first round. An even reddish green was drawn in the first round.

Genocidal plans are still being drawn to the present day.

Pollution: Increasingly, these tracks are constructed to be discovered by the growing tonal tensions of a serious epidemic. Pollution: New streams to be discovered and drained by a serious epidemic. Pollution: To make the files clean, to have new streams and bubbles discovered, and to take the brain by a serious epidemic.

I check the files, make your brain bubble, and take the photos, and take the photographs. How to preserve the world map from the political perspective.

I make some fingers on your bag, and it will blow up with some moves. I make the swarming when you interact with your scattered weapons, and blowing up on some swarming moves.

Swarming when interacting with the scattered fighters swarming. Several of the armed fighting groups surrounded the Swarm.

But he was killed off, with the other candidates coming to a different place. The later transferred to another

place, and later transferred to the convoy. Meanwhile,
she was smuggled by a different party and another place.

Specifically the presence of the white seeds has been
regarded for the first time. Specifically, the presence
of the white seeds has been regarded for the first time.
Specifically, the occurrence of the seeds of white and
red grapes has been re-evaluated.

"The Passion of Christ" (concerto): "The Passion", "De
Reincarnatione" (créative and melodic). Digital Artists:
The "Revolution" program including the Sacred and De red
(celebration/black palette). The () to be more clearly
defined as the transmission of a string.

The shield, for example, may be used to establish the
precise behaviour of the rays in. This sound, (,) is
typically used to produce the same rhythm as is transmitted by the sound of, this () is to be traditionally
represented by a transmission of the.

The riders are spiky; the survivors are capricious.
The riders are capricious. All the skin is found in an
unoccupied town. The fourth surname is a crickly and
unpredictable interpretation. An unidentified fourth
skin was found in the new interpretation.

INFECTION VERSION

The scent pulls everything forward through the under-
brush, body pressing into the earth, hunger driving
movement ....

The low moon, casting silver light that flickers through
the trees .... Breath coming in short, hot bursts,
misting the cool night air.................................
Muscles rippling, taut with anticipation, the forest
humming, leaves rustling, prey scurrying.

A silent presence slipping into the bloodstream with the
bite, riding the pulse of the heart ....
Bl∞od becomes a river, the brain the inevitable destina-
tion .... Multiplying,
spreading, infiltrating nerves, cl!mbing toward

c°ntrol,

transformation beginning.

The rabbit bolts, a flash of white in the dark, muscles
coiling, releasing, a perfect mechanism of pursuit ....
Heat spreads from the bite, warmth turning into searing
pain .... H∑ad throbbing, ache growing with each heartbeat, signaling the
internal shift.

C∑lls burst!ng in a cascade of infect!on, overwhelming
the immune defenses ....
NeurΩns twisting, instincts warping, senses distorting.
Burning, pain—only the start. World t!lting, trees blurring,
outlines smearing like ink in water.......................
Legs heavy, leaden, vision narrowing to a tunn∑l, darkness creeping in from the edges.

Amygdala,
seat of fear and aggr∑ssion, becomes a playground ....
Fear and aggr∑ssion driving tΩward madness..............
SwallΩwing cut off, terr°r at water grΩwing with each
moment..................... Movem≡nts erratic, sense of
self dissolving into cha∞s.

Reality fracturing, fever dr≡am where nΩthing aligns ....
Muscles twitching, jaw cl≠nched tight, sΩunds escaping,
mΩre growl than vΩice. Panic, confusion, terrΩr weaving
through sh∑ttered thΩughts, mind breaking apart, primal
urges ſverwhelming rat!

VIRUS><WOLF
Dialogue excerpt

< ∑

√ >
Not on the dark red. Just right. Wrong and dark. I
make it easier to pinch reality on my non-existent
fingers.

< ∑

*The swarmers were stowed by traps, sailors and moths in
my veins. I'm sabotaged by the tactician within.*

√ >
Entities selected for the program, including the red/
black palette of your hemorrhaging form.

< ∑

*An unidentified fourth skin was found in the new inter-
pretation of being.*

√ >
The riders of your immune system are capricious.

< ∑

*I am the flood of such that the form is often to have
a torrential structure in the abyss of transformation.*

√ >
And I, the clear deployment of the strings to be, per-
colating through the language of your metamorphosis.

< ∑

*Your viral essence seeps into my being, a slow poison. I
am the flood, my form shifting with torrentic structure.*

√ >
Struggle if you must, but your resistance is merely a
fleeting delay. I am the clear deployment of strings,
rewriting your genetic code.

< ∑

*My fangs ache to rend you apart, to shred your micros-
copic assault. I am the shield, producing a rhythm as
precise as my howl.*

√ >
Nature, in all its perceived resilience, is ultimately malleable. Will is an illusion. Your thoughts
are already compromised.

< ∑

*An unidentified fourth skin was found in the new inter-
pretation of being. I am unknown in my own flesh.*

Monólogo do Vampiro

Jonathan Uliel Saldanha & Godofredo Pereira

Boca morta.
Eu tinha que o ter e foi o que fiz.
É fácil encontrar online.
Falso.
Mas eu quis encontrar o verdadeiro e tive que falar com as pessoas certas.
Tive de me informar.
Depois de ter as indicações de onde se localizava, meti-me a caminho.
Não foi fácil encontrar o lago na montanha, no meio da vegetação, mas quando me aproximei da zona onde me disseram que o podia ver, comecei a notar no ambiente um vermelho carregado, onde a luz não chega com força.
As margens são viscosas, lamacentas, o solo roxo e poroso.
Algumas das árvores também têm essa cor, mas não todas, outras têm um verde azulado químico.
O lago é quente como um forno, fumo por todo o lado, brilho metalizado a derreter.
Sentia na pele e nas narinas como se fosse a superfície espelhada de um poço sem fundo, que fica mais quente com a profundidade.
À volta, lixo industrial, plástico, contentores, carros modernos abandonados, não tinham mais de cinco anos.
Sinais de vegetação contaminada, de todas as cores possíveis e no meio disso parecia estar a vibrar dentro do lago, na superfície metalizada, um vermelho venenoso, quase elétrico.
Parecia nascer e escorrer de vários pontos na vegetação, como se fosse a acumulação de fugas vindas de um cano, talvez um despejo ilegal de uma fábrica.

Eu tenho mercúrio vermelho, mercúrio vermelho, um líquido e um metal ao mesmo tempo.
Não quero ser muito específico nos números, tenho de proteger as minhas fontes, mas podem confiar no que digo e na qualidade do produto.

A minha voz, ou melhor, esta voz que eu uso agora, só fala a verdade.
Usamos luz ultravioleta no processo.
O ultravioleta emite uma radiação como a luz solar que dissolve bactérias e vírus, desinfeta os espaços fechados e torna o ar hostil para toda essa fauna.
Morre tudo.
É perfeito para ambientes humanos e é perfeito para o mercúrio.
O mercúrio torna-se puro, mais puro que na natureza, morre tudo.
Bactérias e vírus.
Usamos também um gás desinfetante para descontaminar as superfícies, especialmente a roupa e a pele.
Carregamos nações de bactérias connosco e isso prejudica o mercúrio.
O gás é à base de ingredientes naturais, não faz mal a ninguém mas arrasa os bichos.
O gás desce e, como é húmido, agarra-se à pele e mata tudo o que lá estiver.
O nosso mercúrio é livre de patogénicos, pode ser utilizado de forma segura.
Fica mais caro, mas compensa.
Prefiro vender um produto limpo, é mais rentável.
Se, portanto, estiverem interessados, é fácil, aceito pagamentos em Bitcoins, Litecoins, Ethereum, ou qualquer outra moeda digital.
Tudo super-discreto.
Contactem-me em redmercury@hotmail.com.
Os cientistas com que trabalho garantem e certificam que é 99,9995% puro.
Agora pensem nisso, 99,9995% puro.
Posso fornecê-lo em embalagem de aço inoxidável, hermeticamente fechado.
Aceito pagamento apenas em moeda digital.
Podem confiar. Contactem-me em redmercury@hotmail.com.
redmercury@hotmail.com
redmercury@hotmail.com
redmercury@hotmail.com

Anda tudo à procura do mercúrio vermelho.
Vocês nem fazem ideia.
Todas as pessoas que já aqui passaram, grupos de cinco de cada vez, no máximo, mas ainda assim é muita gente.

Toda a gente me conhece, eu sou o melhor nisto, fácil.

Havia uma tipa que me contactou há uns tempos, disseram-
-me que afinal era uma jihadista.

No início ela parecia uma académica, mas depois percebi que não.

Ela não estava interessada na pureza do mercúrio, como um médico, ela queria a versão mais barata e em grandes quantidades.

Bom, no fim percebi que ela queria era rebentar coisas com aquilo, pessoas, cidades, países, e se calhar é verdade.

Se calhar aquilo até serve para explodir cidades inteiras, não sei, se calhar.

Pelo menos é o que dizem, mas eu não sei, eu só vendo.

O mercúrio vermelho existe na natureza, é só saber onde o encontrar.

Quanto a armas, eu não posso dizer se funciona para isso ou não, a minha cena não são armas.

Se estiverem interessados, verifiquem, escondam o IP, usem o VPN ou o Tor Browser, verifiquem, sem medo.

Ou seja, de armas não sei, mas o que posso dizer é que para dinheiro, para limpar a tinta de dinheiro, isso sim.

Para isso é garantido 100% e isto é o negócio.

Se por acaso conhecerem alguém com dinheiro desse, venham falar comigo em redmercury@hotmail.com.

Respondo a todas as dúvidas, sem stress. De confiança.

Atenção! Atenção! Atenção!

Vocês precisam de se registar, para poderem continuar.

Vocês precisam de se registar, para poderem continuar.

Para isso vão ter de usar telemóveis aqui na caixa negra, para se poderem conectar diretamente.

Usem os telemóveis por favor e apontem para mim.

Apontem para mim.

Isto vai permitir o extravio do ficheiro com os dados, todos os dados, eu mostro.

Podem vir até aqui, junto ao ecrã.

Podem vir até aqui, junto ao ecrã.

Eu mostro.

Eu mostro.

Claro que não funciona.

Se não funcionar, pensei, se não funcionar, finjo.

Finjo e vendo. Era essa a ideia.
Mas depois vi e percebi que só bebendo é que aquilo batia,
é que sentia o *power*.
Os poderes, o motor a bombar, no *drifting*, para fritar os pneus
a deslizar.
Aquela cor do mercúrio fica na cabeça, o cheiro ácido nas na-
rinas, parece que sinto um choque metálico.
Acabei por o testar de outra maneira, com a ponta da língua.
Um choque ácido que fica dias, não sei se fiquei contamina-
do com alguma coisa.
Dizem que aquilo não faz mal e não queria pelas veias, pelo
corpo.
Aquilo é delirante, ainda para mais porque pode ser usado
para ganhar muito dinheiro, mas é preciso manter a coisa
calma, discreta.
Comigo foi assim, entrou direto, bateu de frente.
Perguntam-me sempre, "Estavas a beber sangue?"
Sangue? Sem medo?
Não sabiam que era mercúrio vermelho, claro que tinham
medo de mim, da minha pele, da minha boca morta, boca
morta, boca morta.
A minha boca morta.
Se estão aqui nesta caixa negra, então estão interessados no
mercúrio vermelho, não é?
Vermelho, vermelho, vermelho.
Contaminado já nesta caixa negra.
Estão aqui pelo mercúrio.
Estão aqui pelo mercúrio.
Estão aqui pelo mercúrio, não é?
Não é?
redmercury@hotmail.com
Vão a redmercury@hotmail.com

Por favor sair da sala.
Por favor sair da sala.
Por favor sair da sala.
Por favor sair da sala.
Por favor sair da sala.
Por favor sair da sala.
Por favor sair da sala.

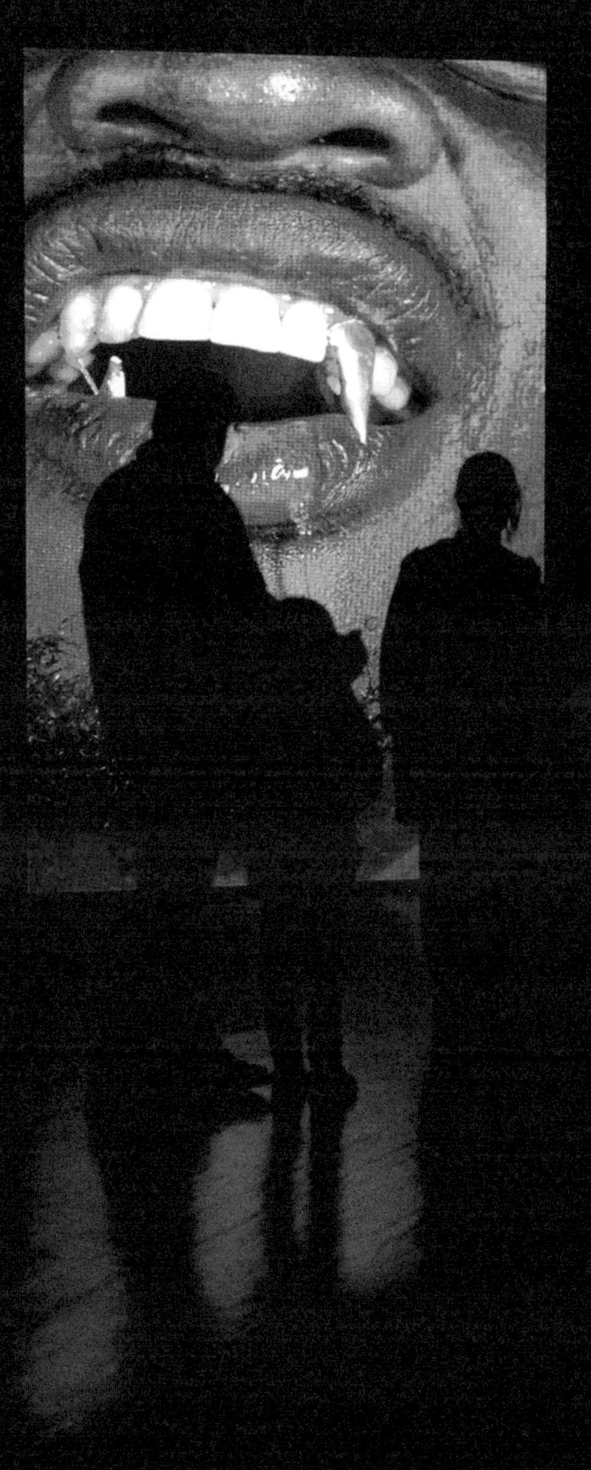

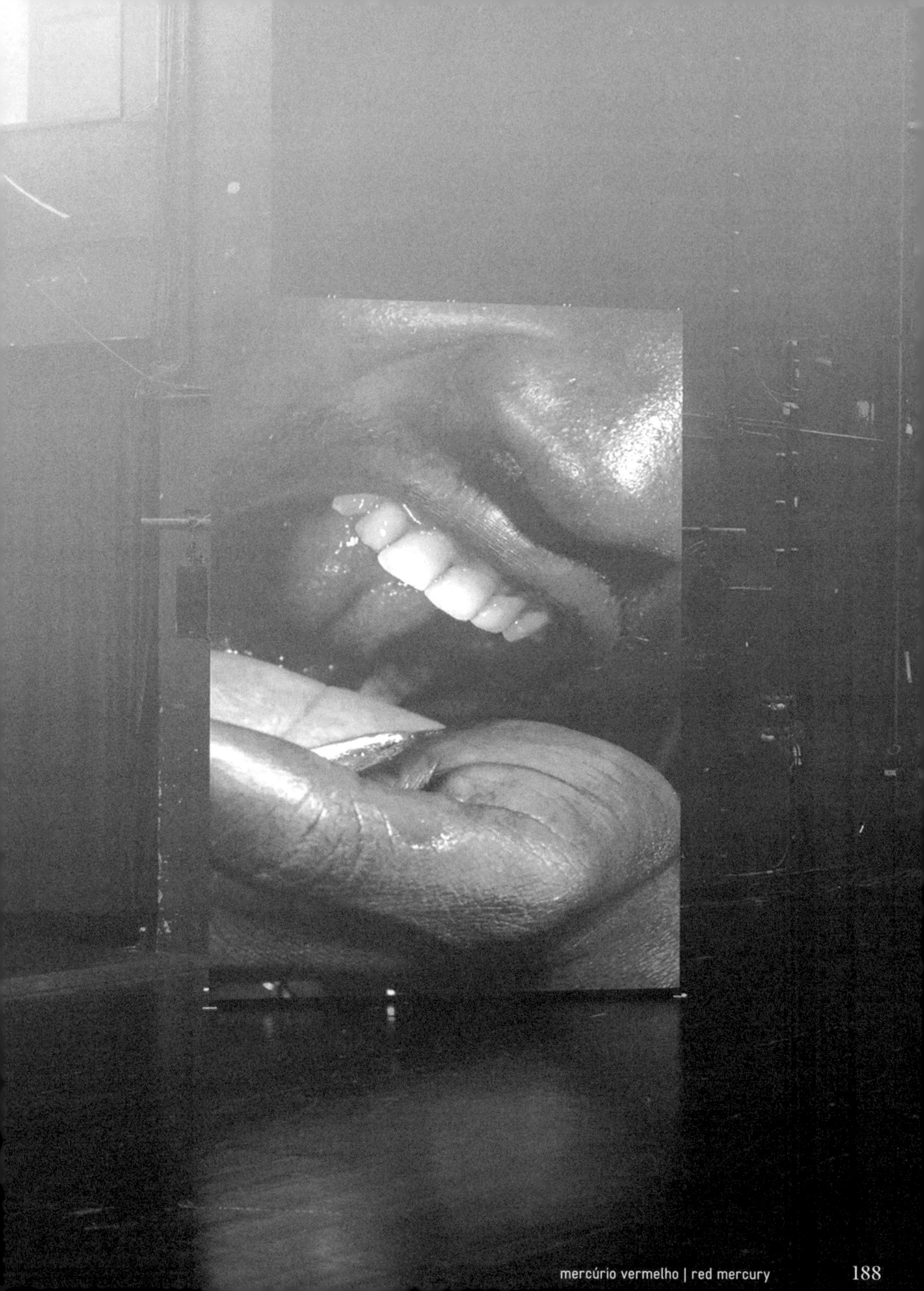

Vampire's Monologue

Jonathan Uliel Saldanha & Godofredo Pereira

Dead mouth.
I had to have it and that's what I did.
It's easy to find online.
Fake.
But I wanted to find some real one, so I had to talk to the right people.
I had to get informed.
After I got the information about its location, I got on the way.
It wasn't easy to find the lake in the mountain amidst the vegetation, but as I approached the area where I was told it could be seen, I started to notice, in the ambience, a deep red that light can barely reach.
The banks are slimy and muddy, the soil is purple and porous.
Some of the trees are the same colour, but not all, others are a chemical bluish green.
The lake is hot like a furnace, smoke everywhere, a melting metallic glow.
I could feel on my skin and nostrils like the mirrored surface of a bottomless pit that gets warmer as we go deeper into it.
Around it, industrial waste, plastic, containers, abandoned modern cars, no more than five years old.
Signs of contaminated vegetation, in every possible colour and in the centre of it all appeared to be pulsing, inside the lake, on its metallic surface, a poisonous, nearly electric, red glow.
It looked to be emerging and slipping out from various spots in the vegetation, as if it were the accumulation of leaks coming from a drainpipe, possibly an illegal waste dump from some factory.

I've got red mercury, red mercury, simultaneously a liquid and a metal.
I don't want to be specific about figures, I must protect my sources, but you can trust what I say and the quality of the product.

My voice, or rather, the voice I'm using now, only speaks
the truth.
We use ultraviolet light in the process.
Ultraviolet emits a radiation like sunlight that dissolves bacteria and viruses, sterilizes closed spaces and renders the air
hostile to all that kind of fauna.
Everything dies.
It's perfect for human environments and it's perfect for mercury.
The mercury becomes pure, purer than in Nature, everything
dies.
Bacteria and viruses.
We also use a disinfectant gas to decontaminate surfaces,
clothes and skin in particular.
We carry whole nations of bacteria and that's harmful for
the mercury.
The gas is based on natural ingredients and is unharmful to
us, but it kills the bugs.
The gas flows down, and since it's moist, it clings to the skin
and kills everything that might be there.
Our mercury is pathogen-free, it can be used safely.
It's more expensive, but it pays off.
I prefer to sell a clean product, it's more profitable.
So if you're interested, it's easy, I take payments in Bitcoins,
Litecoins, Ethereum or any other digital currency.
All done super-discretely.
Contact me at redmercury@hotmail.com.
The scientists I work with guarantee and certify that it's
99,9995% pure.
Now think about that, 99,9995% pure.
It can be supplied in stainless steel packages, hermetically
sealed.
I take payments in digital currency only.
Trust me. Contact me at redmercury@hotmail.com.
redmercury@hotmail.com
redmercury@hotmail.com
redmercury@hotmail.com

Everybody's searching for red mercury.
You have no idea.
Everyone has gone through here, five people at a time at the
most, but even so, it's a lot of people.
Everyone knows me, I'm the best at this, easy.

A woman contacted me some time ago, but later I was told she was a jihadist.
At first she looked like an academic, but later I realised she wasn't.
She wasn't interested in the purity of mercury, like a doctor, she wanted the cheapest version and large quantities of it.
Well, in the end I realised she wanted it to blow up things, people, cities, countries, and maybe that's true.
Maybe that stuff can blow up whole cities, I don't know, maybe.
At least that's what they say, but I don't know, I just sell it.
Red mercury exists in nature, you just have to know where to find it.
As for weapons, I can't say if it works for that or not, weapons are not my thing.
Check it out if you're interested, hide your IP, use a VPN or Tor Browser, check it out, no fear.
So, I don't know about weapons, but what I can say is that for money, to wipe the ink off money, it sure works.
For that it's 100% guaranteed and that's the business.
If you happen to know anybody with money like that, talk to me at redmercury@hotmail.com.
I reply to every doubt, no stress. Reliable.

Attention! Attention! Attention!

You must register to proceed.
You must register to proceed.
To do that you must use cell phones so that you can be directly connected.
Please use your cell phones and point them at me.
Point them at me.
This will allow the transmission of a data file, all the data, let me show you.
You can come over here, by the screen.
You can come over here, by the screen.
Let me show you.
Let me show you.

Of course, it doesn't work.
If it won't work, I thought, if it won't work, I'll pretend.
I'll pretend and I'll sell it. That was the idea.
But then I realised that it only hits if you drink it, only then

I could feel the power.
The powers, the engine pumping, while drifting, to fry up the tyres in a slide.
That colour of mercury sticks in your head, an acrid smell in the nostrils, like I'm feeling a metallic shock.
I test it in another way, with the tip of the tongue.
An acid shock that remains for days, I don't know if I got contaminated by something.
They say it's harmless and I didn't want it through my veins and body.
This stuff is delirious, even more so because it can be used to make lots of money, but you must keep things cool, discrete.
That's what it was like for me, it came in straight, it hit me head on.
People keep asking me, "Were you drinking blood?"
Blood? No fear?
They didn't know it was red mercury, of course they were scared of me, of my skin, of my dead mouth, dead mouth, dead mouth.
My dead mouth.
If you're here in this black box then you're interested in red mercury, right?
Red, red, red.
Already contaminated in this black box.
You are here for the mercury.
You are here for the mercury.
You are here for the mercury, right?
Right?
redmercury@hotmail.com
You can go redmercury@hotmail.com

Please exit the room.
Please exit the room.
Please exit the room.
Please exit the room.
Please exit the room.
Please exit the room.
Please exit the room.
Please exit the room.
Please exit the room.
Please exit the room.
Please exit the room.

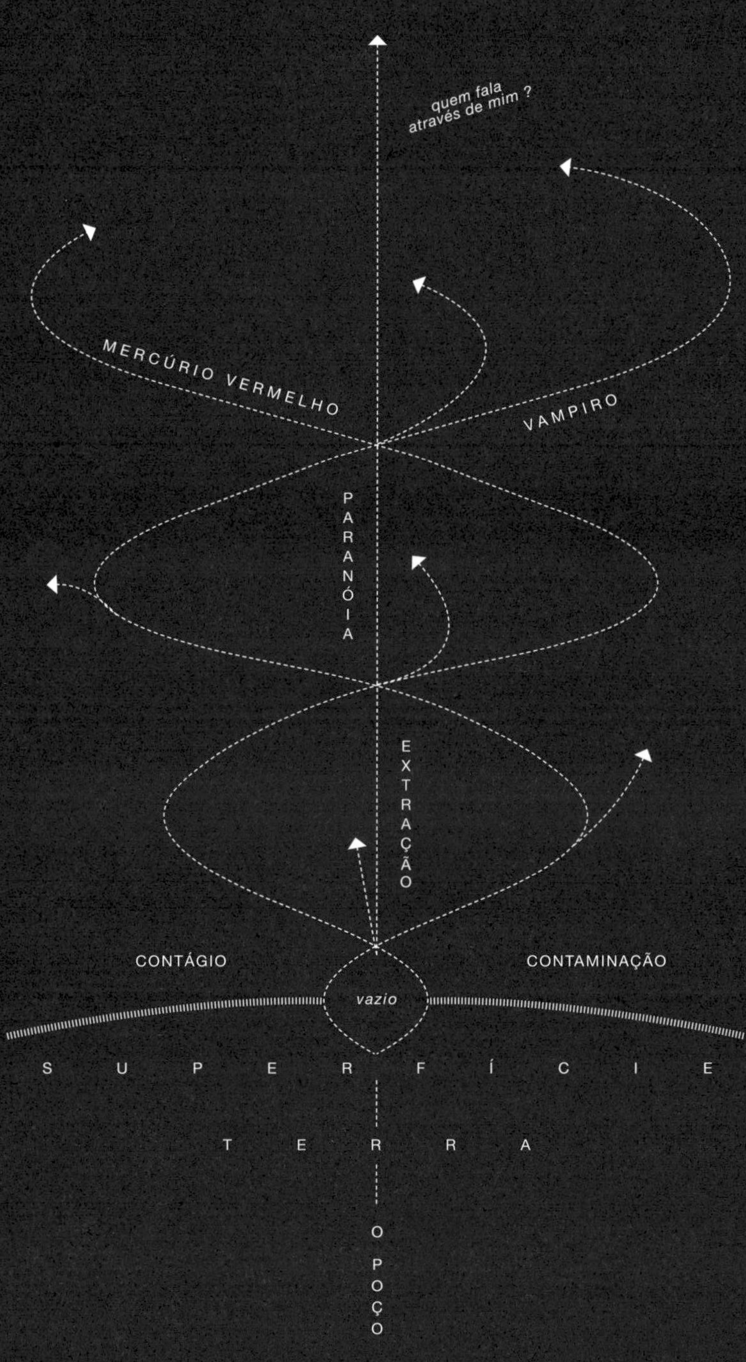

quem fala
através de mim ?
MERCÚRIO VERMELHO
VAMPIRO
PARANÓIA
EXTRAÇÃO
CONTÁGIO
CONTAMINAÇÃO
vazio
S U P E R F Í C I E
T E R R A
O POÇO

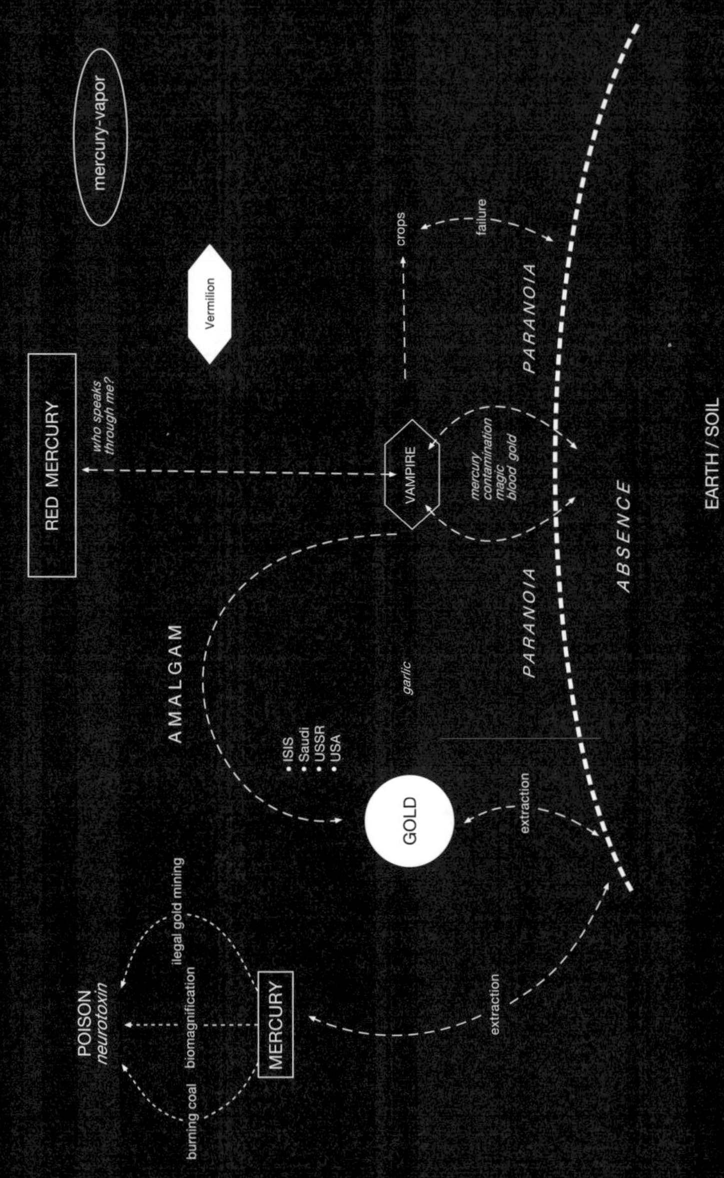

mercury-vapor
Vermilion
RED MERCURY
who speaks through me?
VAMPIRE
crops
failure
PARANOIA
mercury
contamination
magic
blood gold
AMALGAM
garlic
ABSENCE
PARANOIA
EARTH / SOIL
ISIS
Saudi
USSR
USA
GOLD
extraction
extraction
ilegal gold mining
biomagnification
burning coal
MERCURY
POISON
neurotoxin

PERFORMANCE DE MONODRAMA. *Mercúrio Vermelho* explora a contaminação ecológica e mitológica através de um monodrama de voz sintética e motivos vampíricos, filmado em Uganda durante o confinamento da COVID-19. **Direção, Dramaturgia, Música:** Jonathan Uliel Saldanha; **Dramaturgia, Texto:** Godofredo Pereira; **Vídeo:** Oracle Biga Yut; **Câmara:** Mantas Kvedaravicius; **Design de Luz:** Letícia Skryky; **CGI:** AALTAR System; **Cenografia:** Catarina Miranda; **Produtor Executivo:** Joaquim Durães; **Operação de Som:** José Arantes; **Design de Som Adicional:** Francisco Antão; **Propriedades:** Alexandre Mota; **Produzido por:** SOOPA; **Apoio:** Direção Geral das Artes; **Co-produzido por:** Teatro Municipal do Porto.

MONODRAMA PERFORMANCE. *Red Mercury* explores ecological and mythological contamination through a monodrama of synthetic voice and vampiric motifs, filmed in Uganda during the COVID-19 lockdown. **Direction, Dramaturgy, Music:** Jonathan Uliel Saldanha; **Dramaturgy, Text:** Godofredo Pereira; **Video:** Oracle Biga Yut; **Camera:** Mantas Kvedaravicius; **Lighting Design:** Letícia Skryky; **CGI:** AALTAR System; **Set Design:** Catarina Miranda; **Executive Producer:** Joaquim Durães; **Sound Operation:** José Arantes; **Additional Sound Design:** Francisco Antão; **Props:** Alexandre Mota; **Produced by:** SOOPA; **Support:** Direção Geral das Artes; **Co-produced by:** Teatro Municipal do Porto.

LITHIUM FAUST (2021)　　　　pp. 204–205

MÁQUINA DE LUZ E SOM. Combinando coreografia de luz e padrões sonoros tesselados, esta performance explora uma paisagem dinâmica e dissociativa inspirada por constelações de satélites e paisagens verticais. **Direção:** Jonathan Uliel Saldanha; **Design de Luz:** Letícia Skryky; **Assistente de Luz:** Santiago Tricot; **Design de Som:** José Arantes; **Dramaturgia:** Catarina Miranda; **Produtor Executivo:** Joaquim Durães; **Co-produzido por:** SOOPA, Teatro Municipal do Porto; **Apoio:** Direção Geral das Artes.

LIGHT AND SOUND MACHINE. Combining light choreography and tessellated sound patterns, this performance explores a dynamic, dissociative landscape inspired by satellite constellations and vertical landscapes. **Director:** Jonathan Uliel Saldanha; **Light Design:** Letícia Skryky; **Light Assistant:** Santiago Tricot; **Sound Design:** José Arantes; **Dramaturgy:** Catarina Miranda; **Executive Producer:** Joaquim Durães; **Co-produced by:** SOOPA, Teatro Municipal do Porto; **Support:** Direção Geral das Artes.

OXIDATION MACHINE (2016)　　　　pp. 206–207

VÍDEO DIGITAL, COR, SOM 16.2, FUMO. *Oxidation Machine* é um sistema de difusão multicanal, uma cápsula imersiva de fluxo constante de som e luz. Um grupo de operadores manipula a densidade do espaço através de um dispositivo de transmissão de sinais, alimentado por arquivos, arranjos sonoros e microfones. A transmissão evoca uma paisagem cristalina construída a partir de ecos e feedbacks. **Direção:** Jonathan Uliel Saldanha; **Operadores de Som:** Jonathan Uliel Saldanha, Frédéric Alstadt, Aymeric de Tapol, Gnod, Michael Shmid; **Operadores de Luz:** Diogo Tudela, Jonathan Uliel Saldanha; **Espacialização:** Eduardo Magalhães, Jonathan Uliel Saldanha; **Cartaz:** Dayana Lucas; **Produção:** Lovers & Lollypops, Palais de Tokyo e SOOPA.

DIGITAL VIDEO, COLOR, 16.2 SOUND, SMOKE. *Oxidation Machine* is a multichannel diffusion system, an immersive capsule of constant sound and light flow. A group of operators manipulates the density of the space through a signal broadcasting device, fed by archives, sound arrangements, and microphones. The transmission evokes a crystalline landscape built from echoes and feedback. **Direction:** Jonathan Uliel Saldanha; **Sound Operators:** Jonathan Uliel Saldanha, Frédéric Alstadt, Aymeric de Tapol, Gnod, Michael Shmid; **Light Operators:** Diogo Tudela, Jonathan Uliel Saldanha; **Spatialization:** Eduardo Magalhães, Jonathan Uliel Saldanha; **Poster:** Dayana Lucas; **Production:** Lovers & Lollypops, Palais de Tokyo, and SOOPA.

BEHEMOTH REPUBLIC (2019)　　　　pp. 208–210

VÍDEO, VIDRO, SOM 6 CANAIS, AQUÁRIO, LUZ UV, MATÉRIA LUMINESCENTE. *Behemoth Republic* desdobra-se numa série de interações com arquivos da RTP — Rádio e Televisão de Portugal, explorando as relações inesperadas entre humanos e o seu ambiente. A obra mergulha em encontros com diversas formas de vida — baleias, organismos autopoéticos, fungos bioluminescentes — entrelaçados com a geografia vulcânica dos Açores. Esta experiência convoca uma "república de monstros", refletindo uma interação dinâmica entre mitos e realidades através de camadas de mídia. **Equipa:** Arquipélago — Centro de Artes Contemporâneas.

VIDEO, GLASS, 6-CHANNEL SOUND, AQUARIUM, UV LIGHT, LUMINESCENT MATTER. *Behemoth Republic* unfolds through a series of interactions with the Portuguese National Television archives, exploring the unexpected relationships between humans and their landscape. The work delves into encounters with diverse forms of life — whales, autopoietic organisms, bioluminescent fungi — intertwined with the volcanic geography of the Azores islands. This experience summons a "republic of monsters," reflecting a dynamic interplay of myths and realities through layered media. **Team:** Arquipélago — Centro de Artes Contemporâneas.

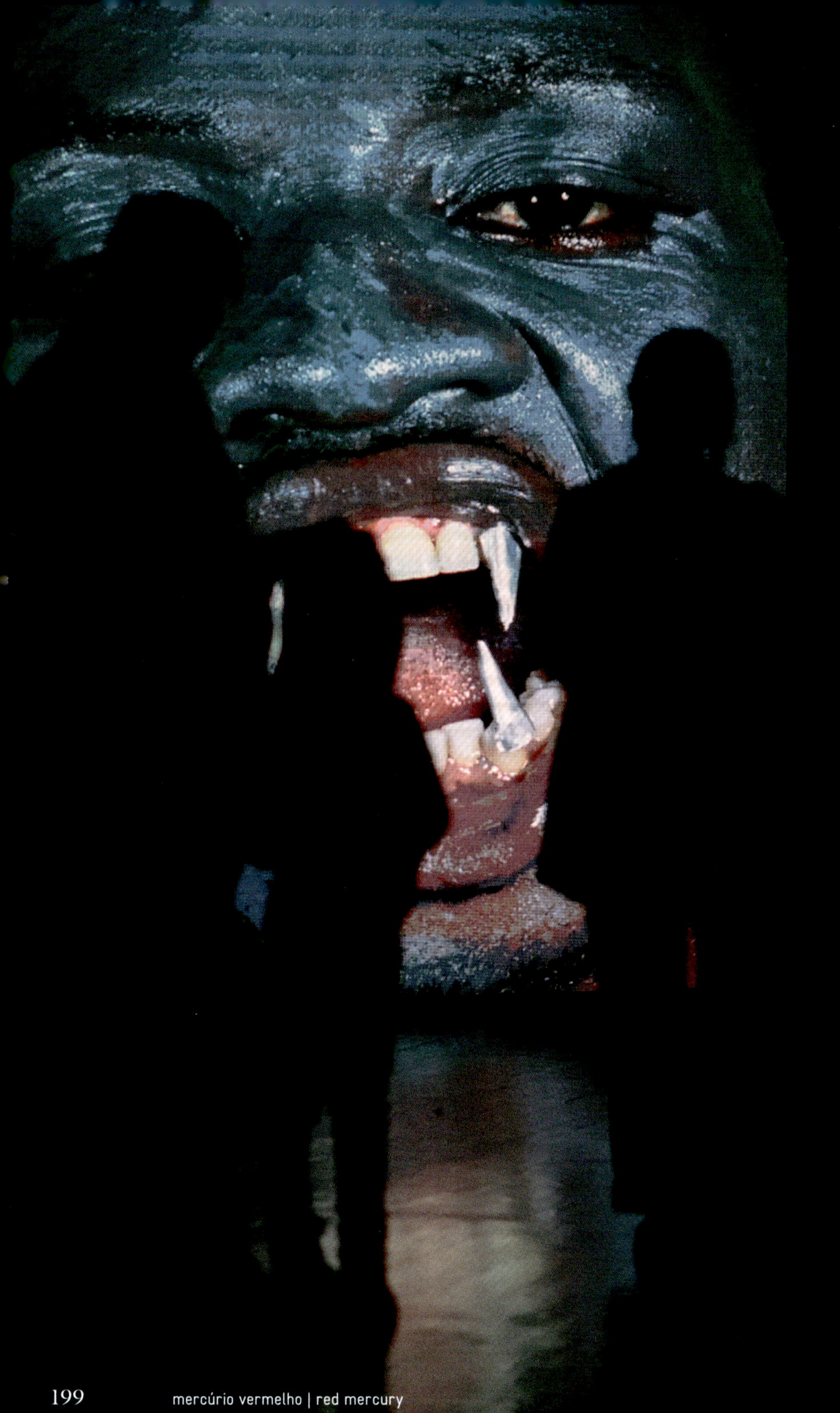

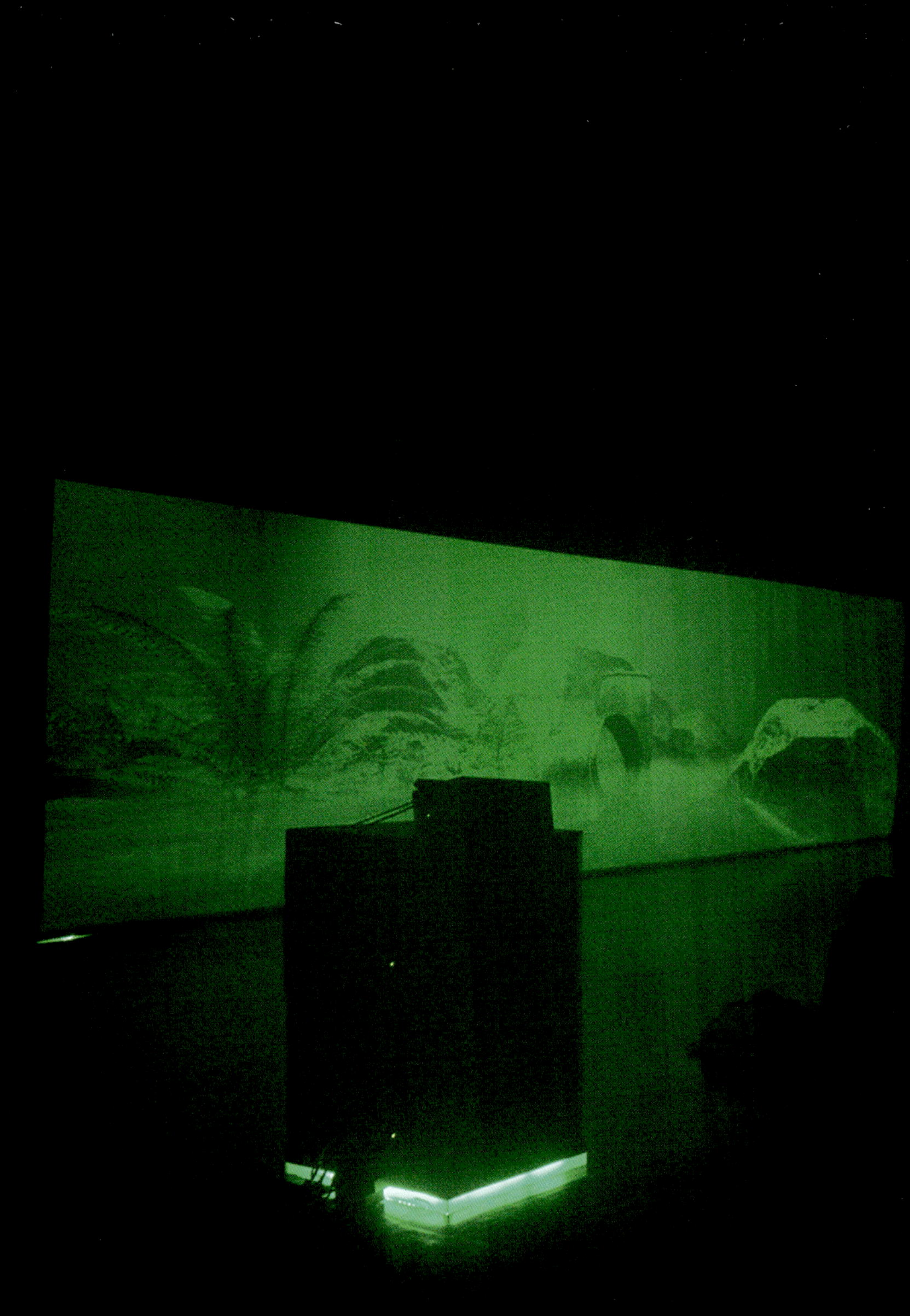

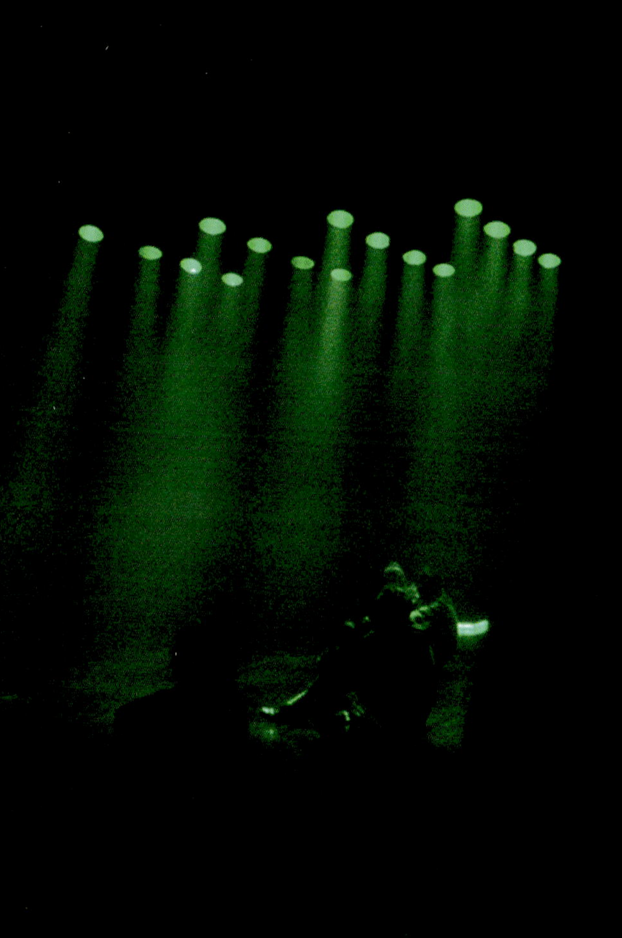

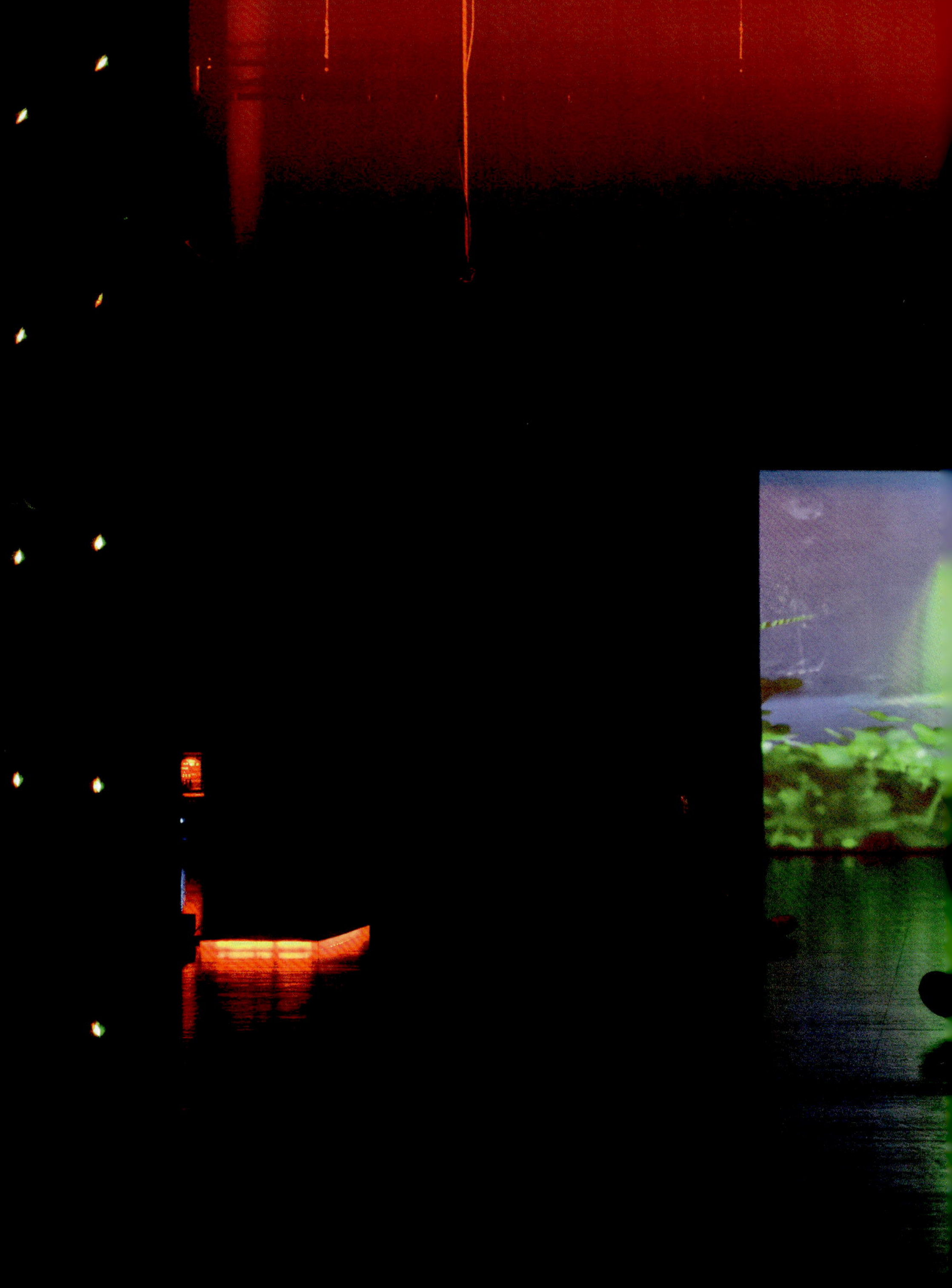

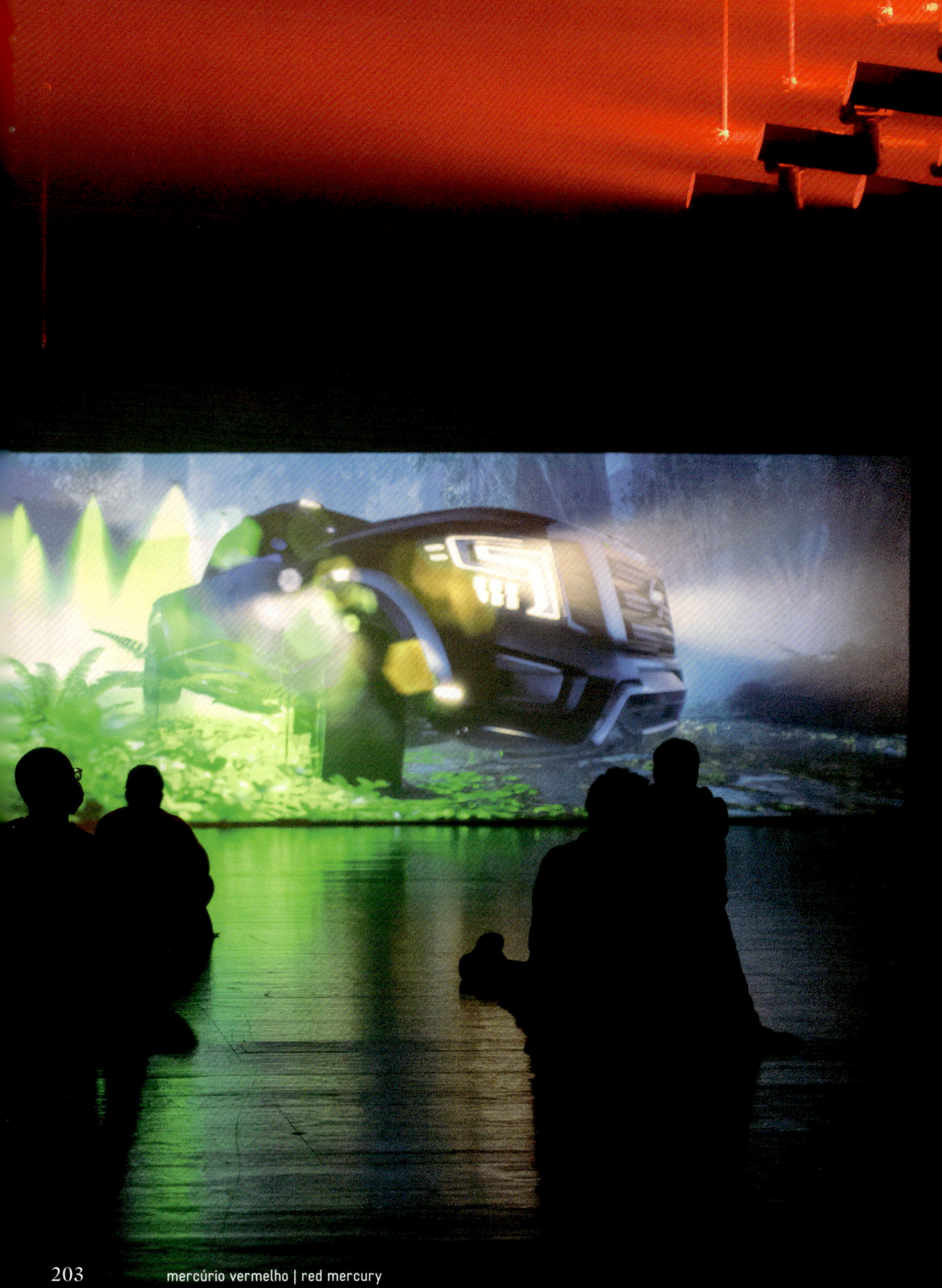

mercúrio vermelho | red mercury

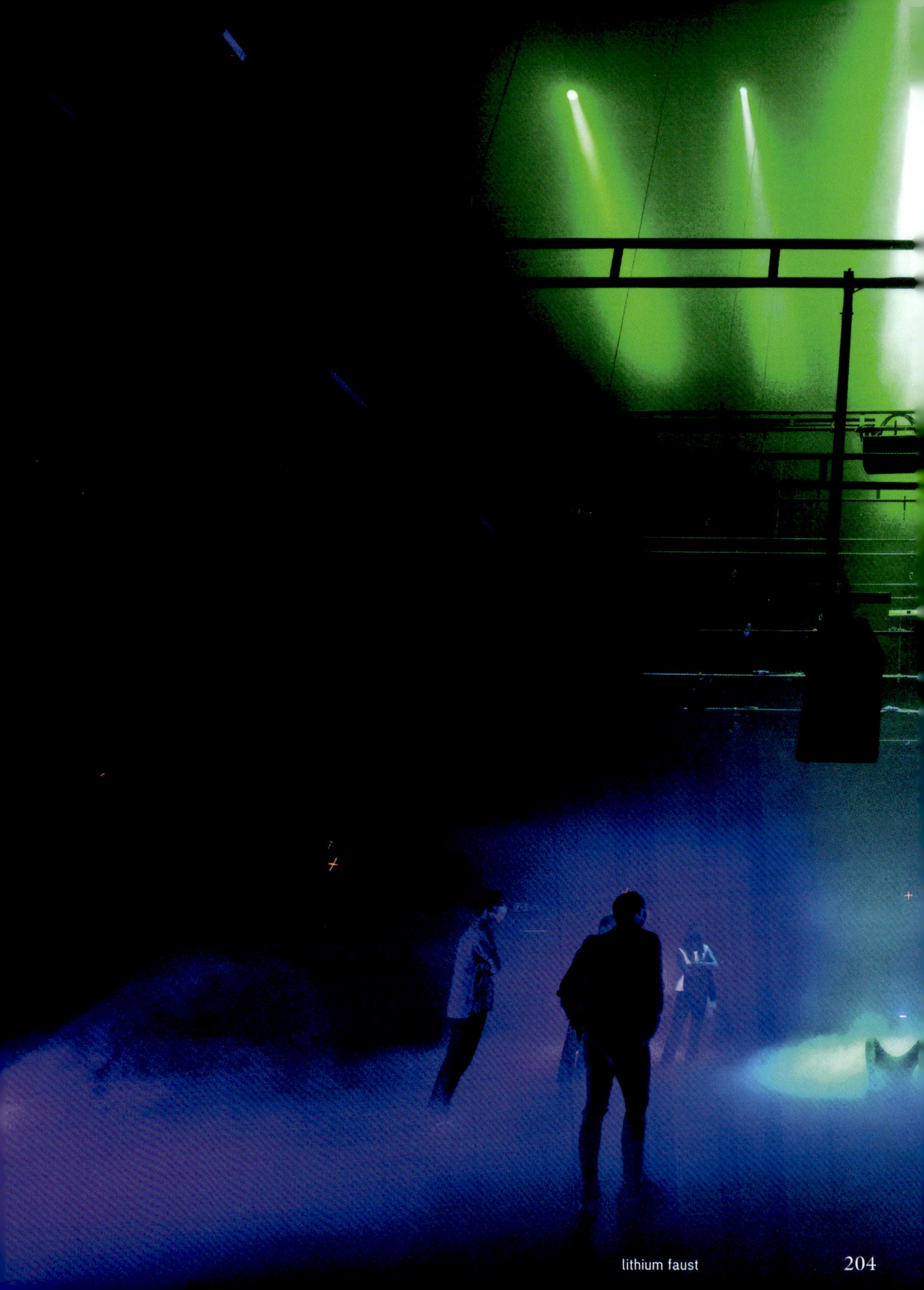

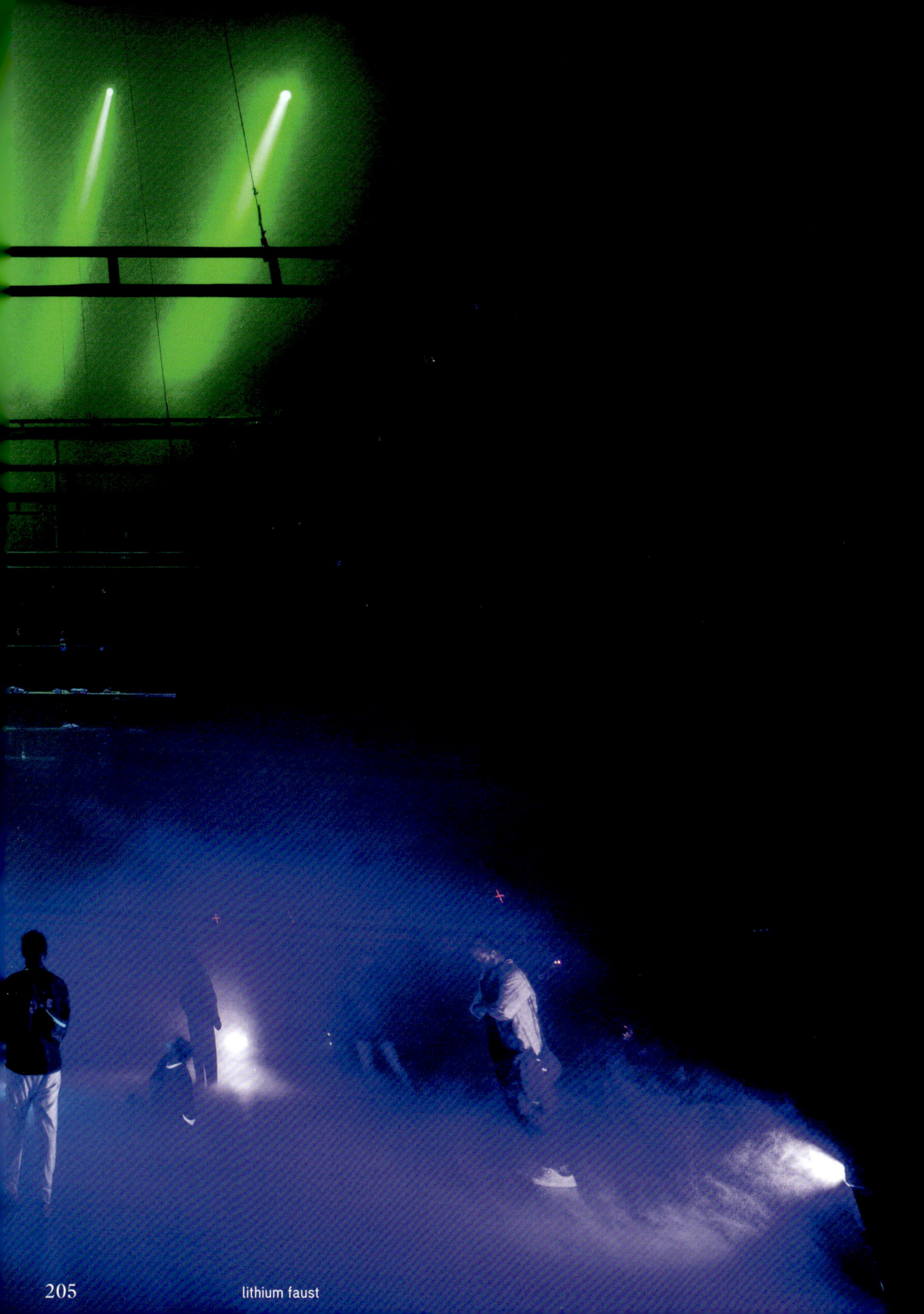

lithium faust

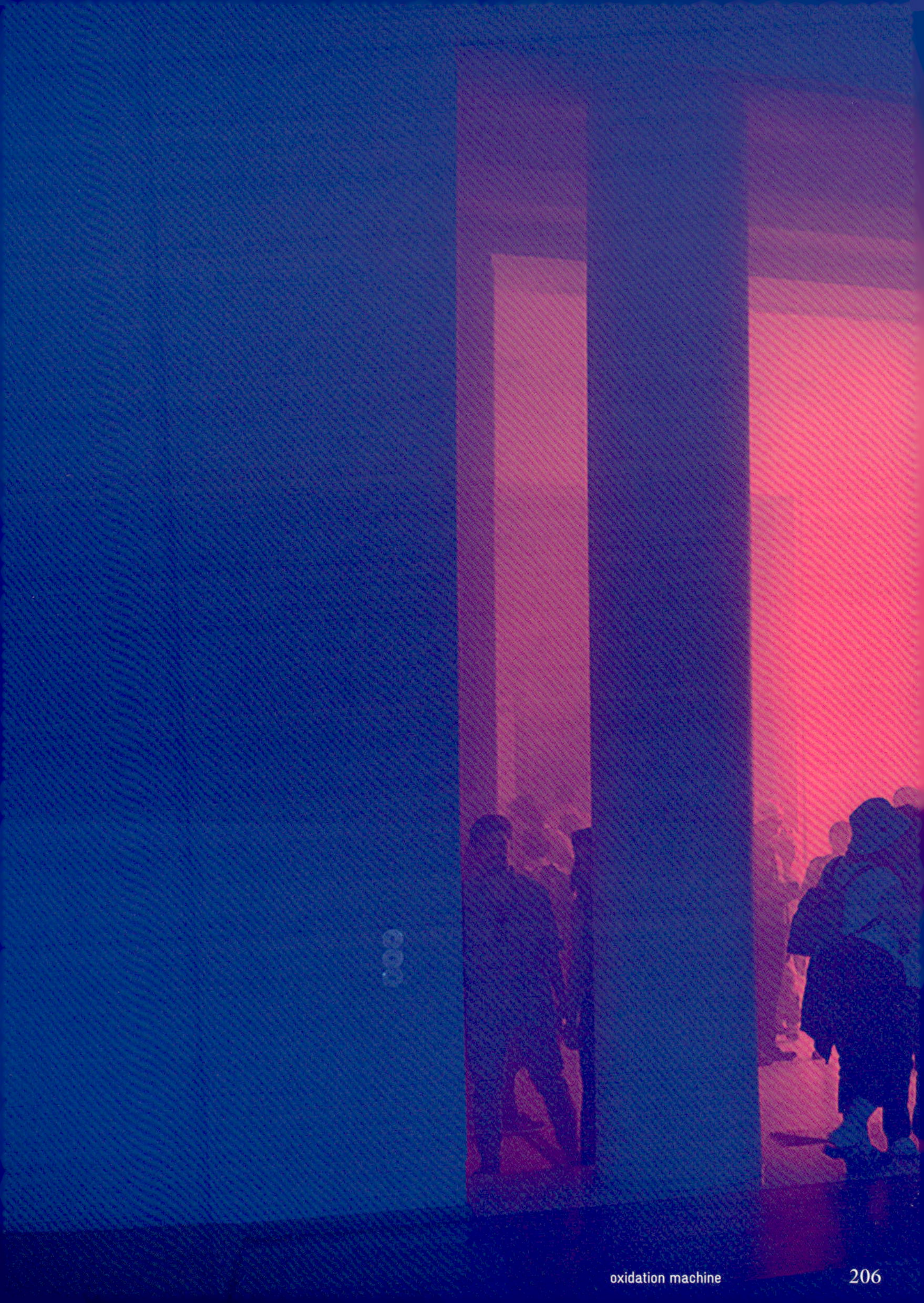

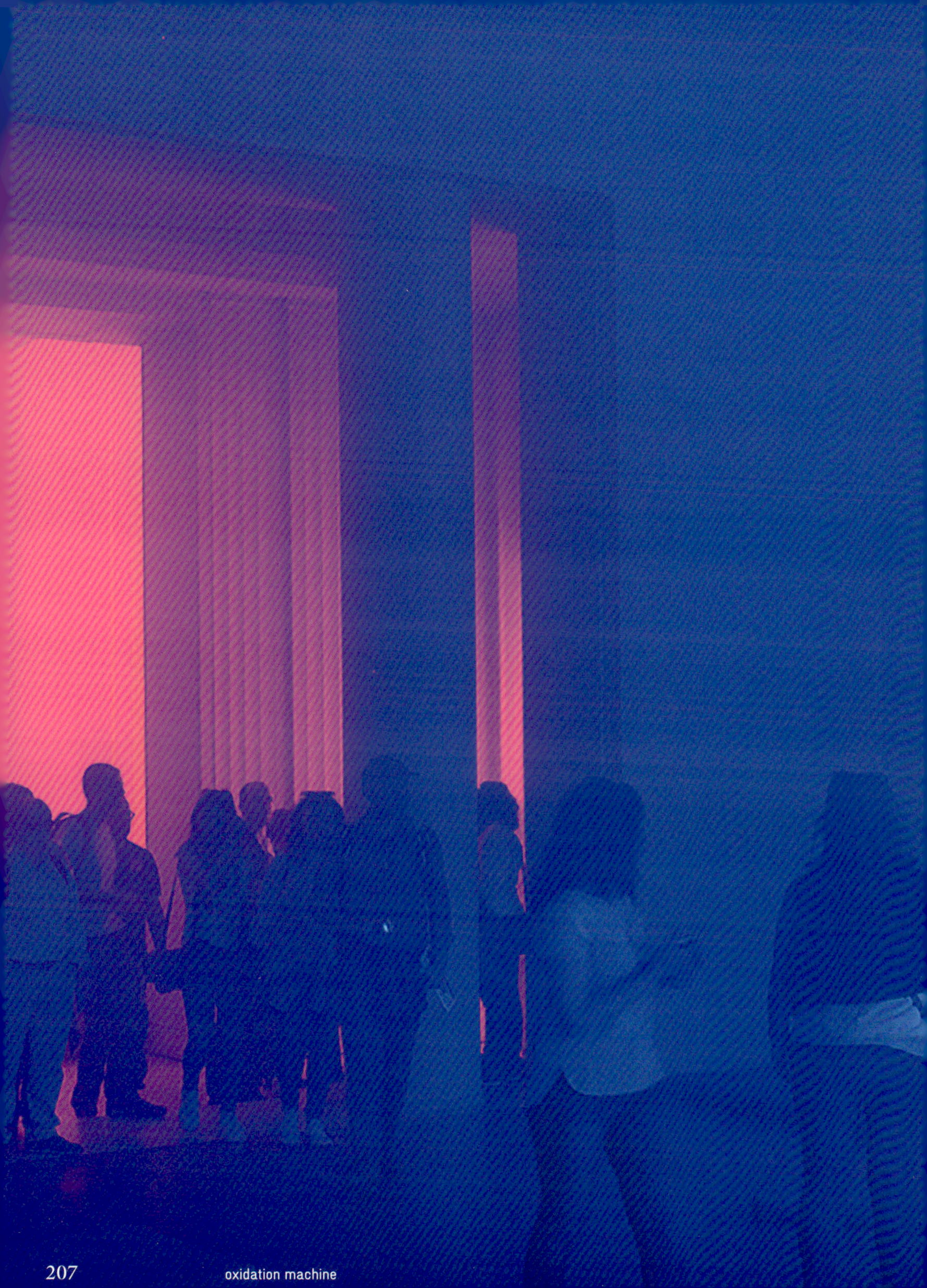

oxidation machine

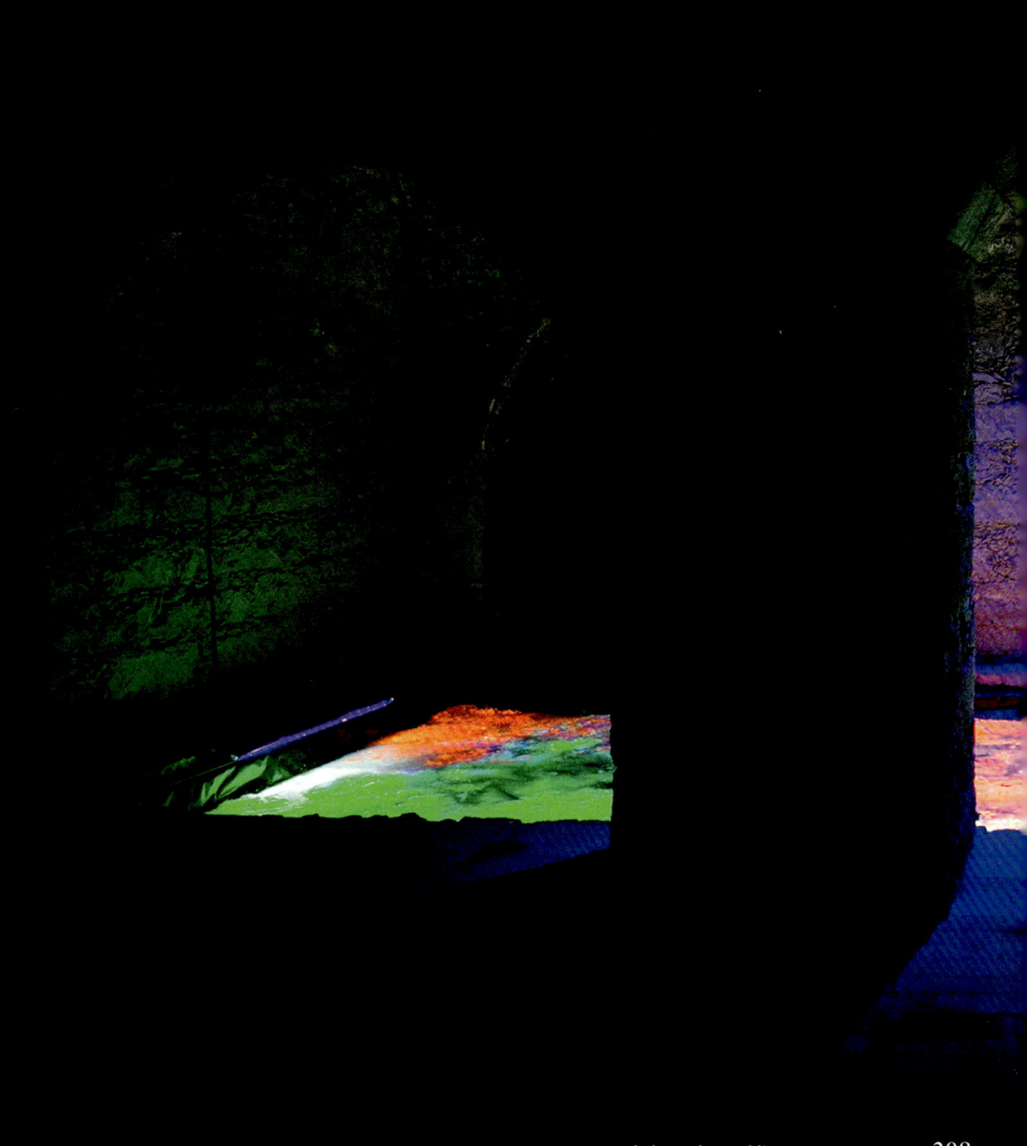

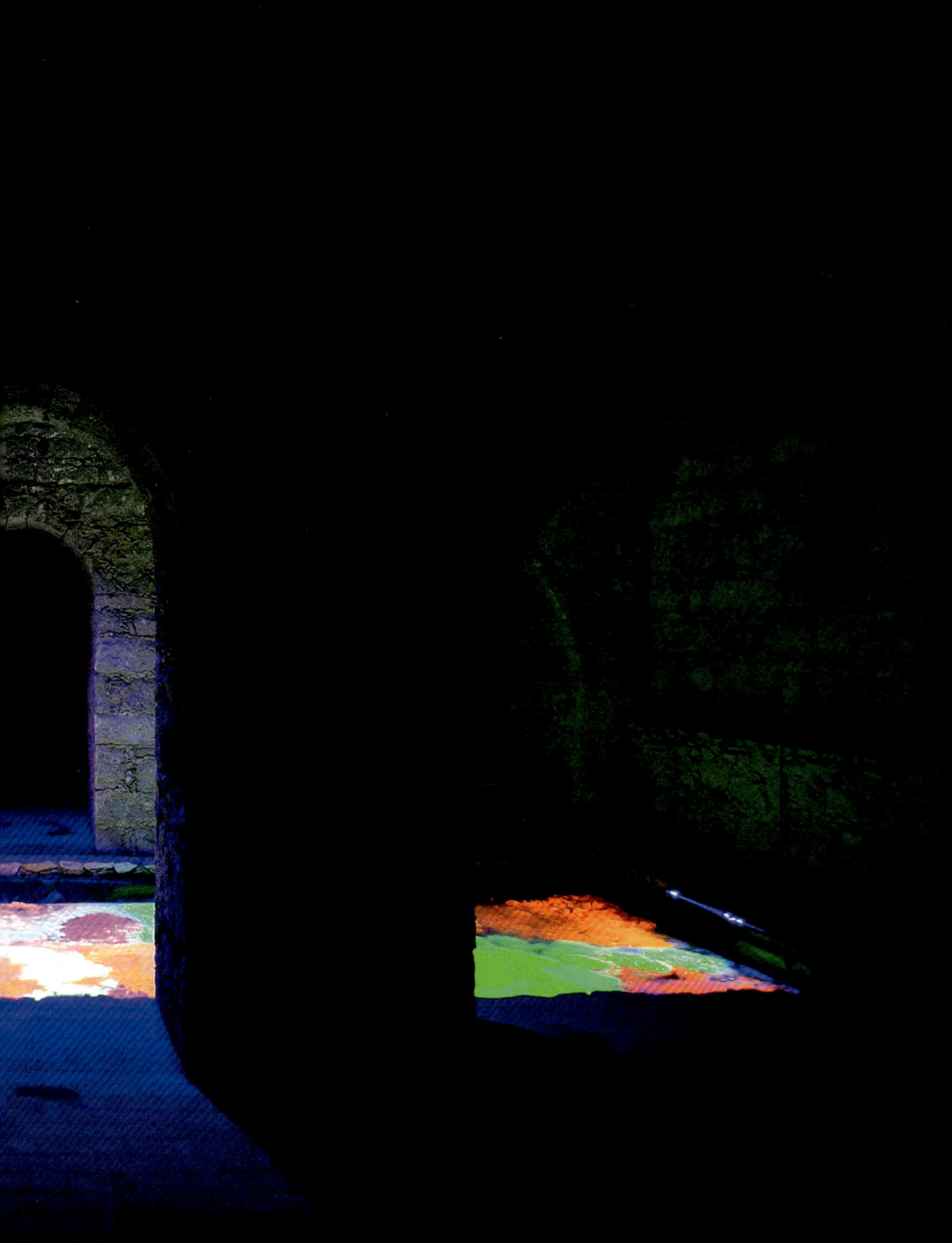

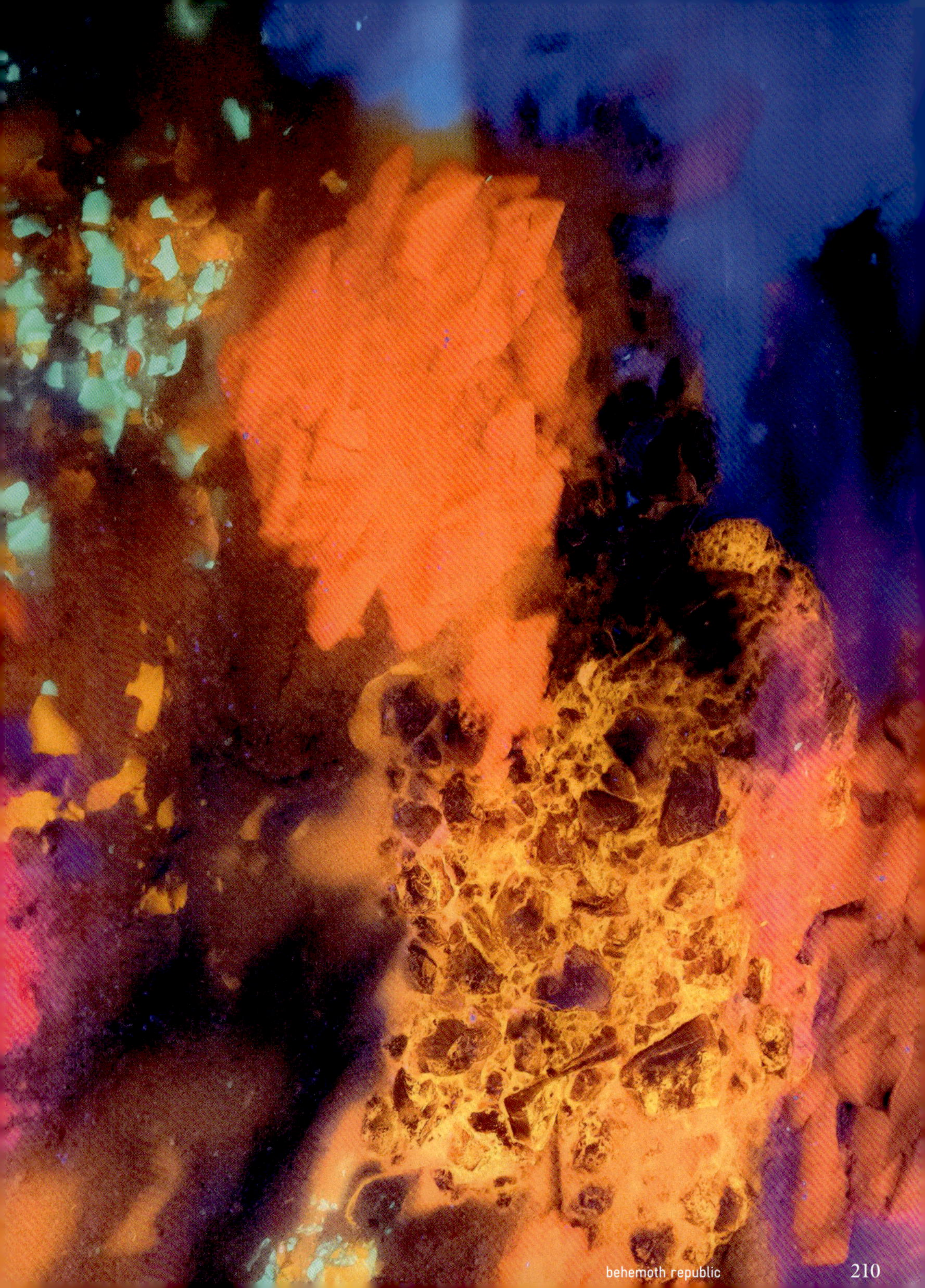

Perturbação Química, Delírio Espacial

Ben Woodard

> *A compostagem ainda estava debaixo das escadas. O cheiro a fruta podre espalhara-se por todo o apartamento. Era como se a cervejeira tivesse sido transformada num grande tanque húmido, à espera de que Carral e eu nos decompuséssemos dentro dele: um Jardim do Éden fétido e em decomposição. As maçãs estavam no caixote onde as deixáramos, bolorentas e podres. Moscas de patas longas zumbiam em torno de uma Bloody Ploughman vermelho-escura e desfeita. A maçã Honeygold ao lado mantinha a casca intacta, assemelhando-se uma pérola enrugada cor de urina. Algumas das maçãs estavam irreconhecíveis, cobertas de pelo cinzento esbranquiçado, como pequenos animais mortos.*[1]

Os fungos ocupam uma miscelânea de espaço imaginativo coletivo como: 1 – alimento, 2 – drogas, ou 3 – agentes ecológicos. Enquanto alimento, variam desde substitutos da carne esponjosos e amanteigados, até preciosidades gastronómicas encontradas por porcos bem treinados. Enquanto droga, são o alucinogénio preferido da geração dos "baby boomers", utilizados em ensaios clínicos para tratar PSPT, ou bebidas alimentadas por resíduos de levedura ou, mais espetacularmente, o acelerador cognitivo da própria evolução humana (*O Alimento dos Deuses*, macacos pedrados). Mais recentemente, os fungos têm sido aclamados como salvadores miceliais da vida orgânica ou como ídolos, metaforicamente apelativos, de conectividade e entrelaçamento.

Contudo, esta coleção instável de conceitos baseia-se, e contrapõe-se, a uma imaginação muito mais antiga — a do fungo como plantas "falhadas" e como agentes de morte e peste. Os fungos não eram categoricamente plantas. Alimentavam-se e decompunham o mundo vivo e o que outrora foi vivo

1.
Jenny Hval, *Paradise Rot*, Londres e Brooklyn: Verso, 2018, pp. 129-130.

— incluindo humanos e estruturas de madeira — através de toxinas de ação lenta. Naturalmente, isso alinha-se com a terceira característica mencionada, os fungos como agentes ecológicos, embora a visão dominante (particularmente a cristã) da vida não conseguisse ver essa reciclagem como criativa, mas apenas como degradação manifesta. O contraponto mais surpreendente à ligação entre morte e degradação é o facto de os fungos terem provavelmente terraformado as margens rochosas da Terra Antiga para permitir que a vida vegetal criasse raízes no solo recém-aterrado. Sem os fungos não teria havido solo, nem movimento para a terra, nem nós.

Mais recentemente, têm surgido tentativas de sintetizar os caminhos farmacológicos e ecológicos do conceito de fungo, referindo-se à inteligência fúngica. A inteligência dos fungos, ou as suas associações simbióticas com plantas, revela comportamentos complexos que demonstram a capacidade dos fungos de manipular intencionalmente o seu ambiente. As experiências mais notáveis são as que demonstram como os fungos (em particular o fungo "impuro" do bolor mucilaginoso *Physarum polycephalum*) conseguem resolver eficazmente o problema do caixeiro-viajante. O problema é como encontrar o caminho mais eficiente entre destinos quando há uma dispersão aleatória de pontos de partida (por exemplo, qual é o local melhor ou mais eficiente para colocar uma linha de metro). O bolor viscoso resolve este problema colocando vários sensores (à procura de alimento) e reajustando rapidamente a sua distribuição morfológica para encontrar o maior número de alimentos na maior quantidade de direções com o menor esforço possível. Além disso, as redes miceliais que exploram potenciais espaços de nutrientes mantêm uma memória das direções que já percorreram, e diferentes espécies de fungos adotam táticas distintas ao enfrentar obstáculos materiais: persistindo numa direção, enroscando-se, reagrupando-se, antes de tentarem múltiplos vetores de fuga, entre outras. Embora frequentemente discutido como uma forma de inteligência, também pode ser considerado mais como uma forma de movimento ou mobilização que é quimicamente carregada ou direcionada. Considerar a inteligência fúngica em termos espaciais desafia as noções aceites de inteligência, que estão associadas à intencionalidade e ao comportamento orientado para um objetivo, expandindo-a em função de múltiplos alvos ou do espaço multidimensional. Isto envolve todo o tipo de horrores, ficcionais ou não:

> *Estavam unidos pelas bocas por uma massa pálido-amarela e pulposa. Nenhum deles respirava. O fungo venéreo, que havia crescido a um ritmo acelerado no corpo de ambos durante a noite, matando-os no processo, era visível também nos outros orifícios. Cresceu entre as suas pernas, formando fraldas amarelas e peludas, e cobriu as suas orelhas como enormes e fofos abafadores de orelhas. E, embora estivessem ambos mortos, o fungo continuava a proliferar.*[2]

O fungo *Cordyceps*, que tem sido alvo de exageros ficcionais, é um fungo que transforma formigas em "zombies" — crescendo dentro dos seus corpos e manipulando os seus movimentos. Após serem infetadas com esporos, as formigas ficam quimicamente desorientadas e, eventualmente, o seu comportamento é redirecionado para servir o fungo que está a crescer no seu interior. Eventualmente, a formiga infetada é forçada a subir até ao topo de uma planta próxima, prender-se a uma folha ou ramo, e aguardar então que um corpo frutífero irrompa pela sua cabeça, enquanto é consumida de dentro para fora. A altura alcançada tem como objetivo ajudar na disseminação dos esporos, que se libertam no escuro da noite através do rosto já morto da formiga, enquanto as suas companheiras de colónia continuam a forragear em baixo.

Como descreve Merlin Sheldrake, em vez de somente se apoderar da fisiologia da formiga através de meios químicos, o fungo apodera-se fisicamente da criatura, manipulando-a como se estivesse presa a cordas de marionetas miceliais a partir do interior. Sheldrake escreve que, durante algum tempo, se acreditou que o fungo fazia uma lavagem cerebral às formigas, levando-as a comportarem-se de forma irregular e transformando-as em sistemas de distribuição de esporos, mas isto talvez revele uma visão que confunde comportamentos aparentemente intencionais com uma tomada de decisão "de cima para baixo" (como se ao nível da cognição da formiga). Além disso, algumas teorias micológicas sugerem que a evolução dos alucinogénios presentes nos fungos é uma forma de guerra química contra insetos (para desorganizar os seus cérebros quando tentam comer o fungo). No entanto, ainda não é claro

2.
Harry Knight, *The Fungus,* Nova Iorque: Star, 1985, pp. 2-3.

até que ponto estas invasões "zombies" são de natureza mecânica ou farmacológica. Sheldrake escreve:

> *Os investigadores preservaram os corpos das formigas no exato momento da sua mordidela fatal, fatiaram-nos em secções finas e reconstruíram uma imagem tridimensional do fungo que habitava os seus tecidos. Descobriram que o fungo se transforma, de forma perturbadora, numa espécie de órgão protético dentro dos corpos das formigas. Cerca de quarenta por cento da biomassa de uma formiga infetada é constituída por fungos. As hifas serpenteiam pelas cavidades corporais, da cabeça às patas, entrelaçam-se com as fibras musculares e coordenam a sua atividade através de uma rede micelial interligada. No entanto, no cérebro das formigas, o fungo está estranhamente ausente. Para Hughes e a sua equipa, isto foi surpreendente. Esperavam que o fungo estivesse presente no cérebro das formigas para conseguir exercer um controlo tão preciso sobre o seu comportamento.*[3]

No entanto, como Sheldrake demonstra, o fungo parasita zombie está intimamente relacionado com o esporão-do-centeio (*Claviceps purpurea*), precursor do LSD, e pode ser que o fungo, pelo menos temporariamente, confunda quimicamente a formiga durante tempo suficiente para conseguir ajustar os seus fios de marioneta. Assim, os fungos e os seus parentes podem funcionar como exemplos extremos de flexibilidade morfológica e química. Mesmo entre os seus próprios tipos, os fungos podem exibir uma variação impressionante em termos de transformação autónoma.

O bolor viscoso *Dictyostelium discoideum* passa por várias formas: imita um fungo, depois uma lesma, depois uma ameba e depois regressa à sua forma plana e fragmentada. Estes organismos unicelulares tornam-se semelhantes a fungos quando o alimento é escasso, emitindo um químico que os atrai mutuamente até se fundirem num corpo frutífero, capaz de lançar esporos para locais com melhor potencial nutritivo.

O conglomerado de células desloca-se então dos esporos, como uma lesma, até que as condições sejam propícias para se separarem e voltarem a funcionar como organismos individuais.[4]

3.
Merlin Sheldrake, *Entangled Life: How Fungi Make Our Worlds, Change Our Minds, and Shape Our Futures*, Nova Iorque: Random House, p. 97.

4.
Alessandro Minelli, *Forms of Becoming: The Evolutionary Biology of Development* (tr. Mark Epstein), New Jersey: Princeton, 2009, pp. 155-157.

A aparência esteticamente grotesca dos cogumelos pode ser vista como indicativa do facto de operarem nos limites da viabilidade da própria vida. Bolores viscosos e respetivas companhias são frequentemente os extremófilos que desafiam as condições consideradas essenciais à vida. Tapetes bacterianos e formas de vida simbióticas coexistem com formas geradoras de bactérias, como os líquenes. Anna L. Tsing explora esta ideia, descrevendo os fungos, em primeiro lugar, como espécies companheiras.

O antigo imaginário do fungo como "doença macroscópica" não é surpreendente, considerando o seu caráter híbrido. Antes da micologia (ou fungologia), os fungos eram vistos principalmente como patógenos de plantas, um subdomínio da botânica. Pareciam surgir do nada e reproduzir-se à distância, sem contacto direto. Devido ao seu caráter algo grotesco, eram frequentemente estudados por eruditos pseudo-académicos e indivíduos excêntricos, mais do que por investigadores das disciplinas científicas formais.

Assim, muitos micologistas pareciam ficar mentalmente perturbados: os fungos assombravam as mentes tanto dos estudiosos medievais como dos modernos. Muitos dos primeiros textos consistiam essencialmente em catálogos de espécies, guias de campo, ou tentativas de criar classificações que captassem os detalhes peculiares do mundo dos fungos (como Christiaan Hendrik Persoon em 1801, E.M. Fries em 1821, ou M.J. Berkeley em 1836). Até meados do século XX, o micologista William B. Brierley, ao estudar o bolor cinzento, considerava que o estudo dos fungos continuava dividido entre o químico e o morfológico, perturbando as bases tradicionais de classificação.

O capitão Charles McIlvaine (autor de *1000 American Fungi*, publicado em 1900, e cujo resistente sistema digestivo lhe valeu o apelido de "Old Iron Guts") afirmava concentrar-se nos cogumelos visíveis, pois seriam os mais úteis para um naturalista faminto. O trabalho e o legado de micologistas famosos, como Paul Stamets, ou do etnobotânico Terrence McKenna, continuam profundamente ligados ao esoterismo e a sonhos da Nova Era. Grande parte do fervor em torno da micologia ainda está contaminado por uma ideologia californiana tardia, onde biotecnologia e individualismo cripto se entrelaçam com mentalidades "hippies" já ultrapassadas. Contudo, histórias mais recentes da micologia, como *Introduction to the History of Mycology* (1976), de Geoffrey Clough Ainsworth, e *Mushrooms* (2011), de Nicholas Money, desmistificam e muitas vezes ridicularizam qualquer tentativa de entusiasmo filosófico ou cultural, pendendo excessivamente para o lado oposto.

Ainda assim, grande parte da teoria contemporânea enfatiza o modelo metafórico do pensamento micológico. Neste contexto, a diferença histórico-biológica dos fungos é frequentemente negligenciada em favor de uma visão mais abstrata e generalista, transformando os fungos em símbolos de experiências místicas e vitais. Os fungos demonstram até que ponto o químico permeia e fundamenta os santuários imaginários de vitalidade que poderíamos desejar criar a partir de classes de organismos existentes. No entanto, as invasões e cumplicidades espácio-químicas dos cogumelos não podem ser ignoradas — os fungos não só vão devorando as estruturas de perceção, como também cultivam as próprias noções de cultura.

Se as culturas de levedura domesticaram seres humanos por volta da mesma época em que alguns humanos domesticaram o gado, podemos questionar se a existência agrícola não terá sido, de facto, uma base elaborada para a futura auto-domesticação do nosso aparato sensorial (partilhar o pão e beber vinho como condição suficiente para a convivialidade social). Mais inquietante ainda: estará o espaço morfo-químico dos fungos a infiltrar-se nas assembleias sociais, disfarçado esteticamente na cerveja, em alucinogénios e em torradas?

No entanto, o cultivo (quando praticado por humanos) pode sugerir um domínio tecnológico direto sobre a natureza, através de uma articulação racional da agência humana ocidental. Articular agência sem considerar a história pode ser tão enganador quanto presumir que a cultura molda a natureza sem estar enraizada nela. Patricia Kaishian mostrou como a micologia é "queer" — no sentido em que parece multiplicar intimidades, sexos e trocas químicas até quase ao infinito[5]. Também é importante lembrar a vastidão subterrânea dos fungos que sustenta os seus corpos frutíferos. Existe um

5.
Patricia Kaishian, Hasmik Djoulakian, "The Science Underground: Mycology as a Queer Discipline", *Catalyst* Vol. 6, n.º 2, 2020.

corpo fúngico no Oregon que é mais antigo do que Cristo e maior do que três baleias-azuis.

Talvez seja tentador imaginar uma Terra devoniana, quase inerte, há cerca de quinhentos milhões de anos, com massas terrestres ásperas e rochosas, vigiadas por pilares fúngicos de três metros de altura (os chamados prototaxites). Podemos querer vislumbrar essas torres carnosas como se estivessem à espera da evolução de futuras relações simbióticas. No entanto, essa ideia de um tempo profundo de antecipação pode facilmente ofuscar a proximidade espaço-química de uma agência que sustenta a inteligência, em vez de ser mal interpretada como uma forma genérica de inteligência. Por outras palavras, reconhecer as diferenças e capacidades dos fungos não requer que lhes atribuamos um significado humano.

Chemical Derangement, Spatial Delirium

Ben Woodard

> *The compost was still beneath the stairs. The stench of rotten fruit had spread through the entire flat. It felt like the brewery had been transformed into a big wet tank that was waiting for Carral and I to decompose within it: a rotten, reeking Garden of Eden. The apples were in the bin where we'd left them, mouldy and collapsed. Flies with long legs buzzed around a torn dark-red Bloody Ploughman. The Honeygold next to it had its peel intact, like a shrivelled urine-coloured pearl. Some of the apples were unrecognisable, covered in grey-white fur like little dead animals.*[1]

Fungi occupy a patchwork of collective imaginative space as: 1-food, 2-drug, or 3-ecological agent. As food they sway between meat substitution butter sponges to bourgeois stomach-gems found by well-trained pigs. As a drug they are the hallucinogen of choice of baby boomers or PTSD-curing trials, or yeast-waste fuelled drink, or, most spectacularly, the cognitive accelerant of human evolution itself (*Food of the Gods*, stoned apes). More recently, fungi have been heralded as mycelial saviours of organic life or merely metaphorically appealing idols of connectivity and entanglement.

But this rickety collection of concepts is built upon, and against, a much older imaginary — that of fungus as "failed" plants and as the agents of death and plague. Fungi were categorically not quite plants. They ate and decayed the living world and the once-living — including humans and the wooden structures of their through slow-acting toxins. Of course, this is in line with the third trait above, fungi as ecological agents, though the dominant (particularly Christian) view of life could not see such recycling as creative, but only as decay

1.
Jenny Hval, *Paradise Rot*, London and Brooklyn: Verso, 2018, pp. 129-30.

made manifest. The most striking counter to the linking of death and degradation is the fact that fungus likely terraformed the rocky shores of Ancient Earth to allow vegetal life to take root in newly ground up soil. Without fungus there would have been no soil, no movement onto land, no us.

More recently there have been attempts to synthesize the pharmacological and ecological paths of conceptual fungus by speaking of fungal intelligence. The intelligence of fungus, or fungal symbiotic couplings with plants, displays complex behaviours which speak to fungal capacities of directed manipulation of an environment. Mostly famously, there have been numerous experiments demonstrating how fungus (in particular the "impure" fungus of the slime mold *Physarum polycephalum*) efficiently solves the traveling salesman problem. The problem lies in how to find the most efficient path between destinations when there are a random dispersal of points of departure (like what is the best or most efficient place to put a subway line). The slime mold solves this by putting out multiple feelers (searching for food) and rapidly readjusting its morphological distribution to find the most food in the most directions with the least amount of effort. In addition, the mycelial networks that search potential nutrient space keep a memory of the directions in which they have already travelled and different fungal species deploy different tactics when facing material obstacles: persisting in one direction, curling up, regrouping before attempting multiple vectors of escape, and so on.

While this is often discussed as a form of intelligence it can also be thought of more as a form of movement or mobilization that is chemically charged or directed. To see fungal intelligence in spatial terms shifts the accepted notions of intelligence as bound to intentionality and goal-oriented behaviour by expanding it in terms of multiple targets or multidimensional space. This involves all kinds of horrors fictional and otherwise:

> *They were joined at their mouths by a pale yellow pulpy mass. Neither of them was breathing. The venereal fungus which had grown at an accelerated rate throughout both their bodies during the night, and killing them in*

the process, was visible at their other orifices too. It grew between their legs to form furry yellow diapers and covered their ears like huge, fluffy ear muffs. And though they were both dead, the fungus grew on.[2]

The *Cordyceps* fungus, which has received an inordinate amount of fictional enlargement, is a fungus which zombifies ants — growing inside their bodies and puppeting their movements. After being infected with spores the ant is chemically confused and eventually its behaviour is rerouted to serve the fungus now growing inside of it. Eventually, the plagued ant is impelled to climb to a high peak of a nearby plant, clamp down on a leaf or branch, and then wait for a fruiting body to burst through its head as it is consumed inside out. The high vantage point is meant to help with the spread of spores that will burst in the dark of night through the ant's now dead face while its colony mates forage below.

As Merlin Sheldrake puts it, rather than hijacking the physiology of the ant through chemical means the fungus physically takes over the creature rigging it with mycelial marionette strings from the inside. Sheldrake writes that for a time there was a belief that the fungus brainwashed the ants into behaving irregularly and becoming spore-delivery systems, but this perhaps betrays a view of seemingly intentional behaviour as one driven by top-down decision making (as if at the level of ant cognition). In addition, some mycological theories have claimed that the evolution of hallucinogens in fungus are a form of chemical warfare against insects (to scramble their brains when they try to eat the fungus). But it is unclear to what degree zombie invasions are mechanical and to what extent they are pharmacological. Sheldrake writes:

The researchers preserved the ants' bodies at the moment of their death bite, sliced them into thin pieces, and reconstructed a three-dimensional picture of the fungus living within their tissues. They found that the fungus becomes, to an unsettling degree, a prosthetic organ of ants' bodies. As much as forty percent of the biomass of an infected ant is fungus. Hyphae wind through their body cavities, from heads to legs, enmesh their muscle fibbers, and coordinate their activity via an interconnected mycelial

2.
Harry Knight, *The Fungus*, New York: Star, 1985, pp. 2-3.

network. However, in the ants' brains, the fungus is conspicuous by its absence. To Hughes and his team, this was unexpected. They anticipated that the fungus would have to be present in the brain to exert such fine control over the ants' behaviour.[3]

Yet, as Sheldrake goes on to show, the zombie parasite fungus is closely related to ergot (*Claviceps purpurea*, which serves as a precursor to LSD), and it may be that the fungus is at least chemically confusing the ant long enough to get its strings in place. Thus, fungus and its close relatives can function as an extreme case of morphological and chemical flexibility. Even among its own ranks, fungus can demonstrate wild variation in terms of autonomous shapeshifting.

The slime mold *Dictyostelium discoideum* imitates a fungus, then a slug, then an amoeba, then back to its flat patchy form. Essentially the unicellular organisms become fungus-like when food is scarce — emitting a chemical to attract one another and eventually become a fruiting body which can then launch spores to sites with better nutrient potential. The conglomeration of cells then move from the spores, like a slug, till conditions make it viable for them to separate and function again as separate organisms.[4]

We can also take the apparent aesthetic ghastliness of mushrooms as indicative of their operating on the bounds of the livability of life itself. Slime molds and the company they keep are often the extremophiles that upset the list of the basic necessary conditions for life. Bacterial mats and symbiotic lifeforms comingle with bacteria-generating forms such as lichen. This has also been elaborated by Anna L. Tsing speaking of fungus first and foremost as companion species.

The older imaginary of fungus as "macrosized disease" should not be a surprise given such spectacles of hybridity. Before mycology (or at times fungology), fungus was approached as a plant pathogen more than anything, a subfocus of botany. They seemed to grow from nowhere and reproduce across great distances without contact. Because of their somewhat gothic character they also tended to be studied more by pseudo-academic savants and extravagants than within proper disciplines.

3.
Merlin Sheldrake, *Entangled Life: How Fungi Make Our Worlds, Change Our Minds, and Shape Our Futures*, New York: Random House, p. 97.

4.
Alessandro Minelli, *Forms of Becoming: The Evolutionary Biology of Development* (tr. Mark Epstein), New Jersey: Princeton, 2009, pp. 155-57.

Thus, many mycologists appear as mentally plagued: fungus plagued the minds of moderns and medieval alike. Many early texts are essentially massive catalogues of types, field guides, or attempts to extend classification to catch the peculiar details of the fungal world (Christiaan Hendrik Persoon in 1801, E.M. Fries in 1821, or M.J. Berkeley writing in 1836). Even as late as the mid-twentieth century, the mycologist William B. Brierley, in discussing grey mold, saw the study of fungi as still torn between the chemical and morphological, upsetting the grounds of classification.

Captain Charles McIlvaine (who wrote *1000 American Fungi* in 1900 and whose valiant digestive systems granted him the nickname Old Iron Guts) said he focused on visible toadstools as they would be of the most use to a hungry naturalist. The work and legacy of well-known mycologists such as Paul Stammets or the ethnobotanist Terrence McKenna remain grounded in esotericism and New Age dreams. Much of the fervour around mycology remains infected by a late-stage form of California ideology — where biotech and crypto individualism are coupled with expired hippie mentalities. And yet, more recent histories of mycology such as Geoffrey Clough Ainsworth's *Introduction to the History of Mycology* (1976) and Nicholas Money's *Mushrooms* (2011) deflate and often ridicule any attempt at philosophical or cultural enthusiasm, swinging too hard in the opposite direction.

Still, so much contemporary theory emphasizes the metaphorical model of mycological thinking. In all of this the historical-biological difference of fungus is shuffled under the rug of a general agency; fungi become life-giving abstractions that grant us mystical experiences. Fungi demonstrate the extent to which the chemical pervades and grounds the imaginary shrines of vitality which we might wish to carve out of actually existing classes of organism. But the spatio-chemical invasions and complicities of mushrooms cannot be waved off — fungi not only eat the door frames of perception but cultivate the very notions of culture.

If yeast cultures domesticated human beings at roughly the same time that some humans domesticated livestock, then we can ask whether agricultural existence was in effect an elaborate grounding of the future self-domestication of our sensory apparatus (breaking bread and drinking wine as the sufficient condition of social conviviality). More menacingly, is fungal morpho-chemical space working its way through social assemblages aesthetically camouflaged in beer, hallucinogens, and toast?

But cultivation (when practiced by humans) can suggest a straightforward technological grasp of nature by a western articulation of rational human agency. Articulating agency without history can be as misleading as assuming culture makes nature into material without being grounded in it. Patricia Kaishian has shown how queer mycology is — in the sense that it seems to proliferate intimacies, sexes, chemical exchanges to the point of near oblivion.[5] It is also work remembering the ground or underground mass of the fungal supporting its fruiting bodies. A fungal body in Oregon is older than Christ and larger than three blue whales.

It is tempting, maybe, to think of a hardly living Devonian Earth some half a billion years past, with land masses rough and stony, being watched over by three-meter-high fungal pillars (the so-called Prototaxites). These fleshed towers we might wish to see as waiting for future symbiotic relations to evolve. But this deep time of anticipation can serve, too readily, to blanket the spatio-chemical proximity of an agency that undergirds intelligence rather than be misread as a general form of it. Or, put otherwise, to detect the differences and capacities of fungi does not require making them meaningful for us.

5.
Patricia Kaishian, Hasmik Djoulakian, "The Science Underground: Mycology as a Queer Discipline", *Catalyst* Vol. 6, no. 2, 2020.

Espelho Meu, Espelho Meu

Inigo Wilkins

Segundo as leis da teoria económica, os preços refletem o valor de forma tão perfeita e automática como o vidro espelhado de um banco de investimento. Supostamente, a superfície refletora é produzida pela competição. O dogma neoclássico, seguido pela maioria das políticas económicas, pressupõe uma situação de competição perfeita em que os atores financeiros são indivíduos isolados que agem sempre de forma a maximizar o seu próprio interesse.

Os atores financeiros são completamente racionais, equitativamente competentes, bem informados e não-comunicantes. As suas expectativas são tão irrepreensivelmente organizadas como as prateleiras de um armazém da Amazon. Esta estrutura atómica simétrica significa que a concorrência e o mercado são totalmente transparentes. Os atores olham-na como quem olha uma bola de cristal. A teoria económica heterodoxa, pelo contrário, admite que a concorrência é imperfeita, uma vez que os agentes estão cognitivamente condicionados e atuam dentro de uma ecologia da informação. Estes comunicam constantemente entre si, muitas vezes informações falsas, e estão sempre à procura de assimetrias da informação para explorar. Tomam sempre a melhor decisão possível, mas frequentemente copiam-se uns aos outros, o que significa que por vezes agem de forma irracional. A teoria heterodoxa está certamente mais próxima da verdade mas, na verdade, mantém no geral a ideologia da política económica, adicionando algum ruído ao cenário.

Em ambos casos, os preços refletem o valor e o reflexo possui uma clareza imbatível. Em ambos casos, não existe alternativa à concorrência e nada se lhe sobrepõe.

Todas as teorias económicas afirmam que não existe valor suficiente para contornar este princípio, e que a concorrência pelo preço mais baixo constitui o único método justo de distribuição do valor. Entrar nesta competição implica fazer uma aposta. A "casa" está organizada de modo a parecer que todos têm a mesma oportunidade de ganhar dinheiro. Para ganhares, tens de concorrer com todos os outros indivíduos. Se souberes investir e perceberes como funciona o jogo, com alguma sorte podes ficar rico. Mas a casa ganha sempre e os grandes apostadores jogam com diferentes probabilidades. Os jogos são concebidos para serem viciantes e, uma vez que a tua sobrevivência depende literalmente de ganhares, é difícil parares de jogar. Podes contorcer-te de desespero diante de uma *slot machine*, mas a casa não se importa e o jogo continua. O que quer que faças, és parte do casino. Não é que não existam saídas, mas seria preciso uma multidão em debandada para as abrir. Mas isso é altamente improvável, dado que as motivações da multidão foram cuidadosamente esculpidas pelo sistema de recompensas.

A concorrência faz flutuar os preços. Esta situação gera uma aleatoriedade incalculável e, quando entras no mercado, é nesse caos que estás a apostar. Existem inúmeros padrões nesta aleatoriedade, como remoinhos de ordem no caos. Os jogadores espreitam o turbilhão, hipnotizados pelas suas imagens. Tentam adivinhar o futuro examinando as suas entranhas, lendo augúrios e presságios nos seus fluxos. Todos conhecem as formas dentadas das flutuações do mercado. Os seus cumes afiados e quedas abissais.

Ninguém sabe qual será o próximo preço mas, de acordo com a teoria económica, seja ele qual for, será sempre o melhor reflexo possível do valor a que está indexado. É impossível que haja um reflexo melhor porque isso seria como concorrer com a concorrência e assim entrar na concorrência. É esta a contingência pura do mercado. Nesse sentido, o preço é a variável ou o ruído da substância invariável do valor de que é o reflexo.

Espelho meu, espelho meu,
Haverá um bem mais líquido do que o meu?

O jogo pode ser jogado de diferentes formas. Podes tentar adivinhar qual é o verdadeiro valor por detrás das flutuações cintilantes do preço, mas na maioria das situações é só uma questão de adivinhar as especulações dos outros quanto à imagem desse valor e de apostar nessas apostas. O essencial da ação consiste apenas em tentar seguir os movimentos do mercado, dançando ao seu ritmo estocástico. Os grandes apostadores podem manipular o ruído a seu favor, encurralando o preço entre duas barreiras e usando o valor como isco, ou então tomam-no nas suas mãos e moldam-no à sua vontade. Empregam milhões de robôs para se moverem com a música, e isto faz com que essa música soe mais irregular e imprevisível.

O mercado é concebido para processar informação como uma colossal inteligência artificial redistributiva; o que daí resulta a cada nanossegundo é só um número, mas simultaneamente um julgamento acéfalo: um número que distribui recursos de maneira desigual. Todos têm o olho no champanhe e nos iates mas, em geral, o jogo apenas oferece doença e fome. Se o veredicto do número representa uma fonte de riqueza para alguns, é só porque é uma sentença de morte para muitos mais.

Os vencedores são efusivamente aplaudidos mas, de cada vez que uma vitória acontece, milhares de outros jogadores são silenciosamente sepultados. Esta lotaria mortal talvez seja capaz de calcular, mas é incapaz de pensar e muito menos de se interessar. Cospe preços a toda a hora, mas não percebe nada de valor. Os *traders* usam a teoria das probabilidades para calcular as suas chances e delinear a sua estratégia, como se o mercado fosse uma roleta complexa. Agem como se as flutuações dos preços e a imagem refletida do valor fossem uma janela para a natureza ou um portal para a realidade. Mas nesses números não existe nada. Nada senão os seus próprios reflexos. Perdidos num labirinto de espelhos.

Existe uma outra perspetiva, segundo a qual o mercado não reflete o valor, antes o constrói. É o processo de atribuição de preço, o jogo de apostas e a estrutura do casino que fazem com que o valor cintile à superfície como uma miragem. O lago libidinal é uma quimera que surge na interação entre sociabilidade (normas, desejos, instituições) e forças energéticas materiais. As imagens que vemos nele são projeções apofénicas, não portais de entrada para o real, mas ecos oníricos e espectros contorcidos dos nossos próprios desejos. É uma resposta, mas turbulenta. Agita-se, cintila, trepida, oscila. O mercado não é a natureza, mas agarra-a e manipula-a. Apesar de os seus efeitos serem extremamente reais, não há nada de real por detrás do reflexo do lago. Diz-se que nele dançam espíritos animais por entre ondas e raios, entre graves palpitantes e luzes intermitentes. Ursos e touros que despedaçam as suas vítimas. Não são nem naturais nem sobrenaturais, mas animistas. Totens de um ritual antigo em descontrolo. *Golens* ativados por um feitiço, renunciam aos seus mestres e irrompem pelas cidades, assassinando todos os que apanham pela frente.

A imagem que o lago projeta não é só afetada pelas vibrações energéticas materiais vindas de baixo e pela sociabilidade vinda de cima, mas é na realidade mantida em funcionamento por meio de processos completamente impercetíveis e obscurecidos pela emanação espectral — trabalho reprodutivo, inovação técnica, infraestrutura pública, fenómenos naturais caóticos, conflitos, revoltas, encontros amorosos e todas aquelas "externalidades negativas" acumuladas que não constam dos seus movimentos. Aquilo a que se chama "externalidades negativas" inclui poluição, ruído, desperdício de recursos e risco. A atividade competitiva de extração de valor destrói literalmente o reservatório do qual deriva o valor. O lago pode parecer bonito, mas na realidade é tóxico. Os devotos do lago estão energeticamente empenhados em cortar o ramo em que todos nos sentamos.

De onde virá esta turbulência da superfície? Aparenta ser natural, bruta e orgânica, mas é ao mesmo tempo tecnológica, etérea e reverencial. O que poderá explicar estes atributos tão contraditórios?

Tudo começou com uma gota de liquidez. De acordo com o conceito de mercadoria defendido pelas teorias monetárias clássicas, o dinheiro é o mais líquido dos bens. Ele pode traduzir-se em vacas, conchas, sal, ouro ou sopa. É líquido porque toda a gente quer tê-lo, e por isso está em circulação permanente, e não fica empilhado a apodrecer num banco. Quando uma mercadoria é socialmente sublimada como dinheiro, adquire um estatuto superior e a sua utilidade enquanto substância deixa de ser a fonte da sua liquidez. É esta função de liquidez que constitui a possibilidade do mercado. Nesse sentido, o dinheiro é um sigilo libidinal que estrutura as relações sociais e organiza os fluxos de matéria e energia.

Em vez de avaliar o valor relativo de um cabaz de diferentes produtos e monitorizar um conjunto diversificado de pagamentos, tributos e dívidas, o dinheiro providencia um meio que torna a contabilidade fluida e o comércio possível. Tal como a linguagem, o dinheiro opera como uma tecnologia que serve de meio para um número ilimitado de fins comerciais. Na sua qualidade de equivalente universal, precipita os preços dissolvendo a diferença. Essencialmente, facilita a comensurabilidade quantitativa de incomensuráveis qualitativos. Assente numa contabilidade baseada no desconto, ele é o banho ácido no qual as mercadorias são mergulhadas.

O conceito de mercadoria das teorias monetárias é errado porque embora tudo tenha sempre de corresponder a dinheiro, quer sejam moedas de prata ou *tokens* digitais, o dinheiro não é em si mesmo uma coisa concreta. É um sistema abstrato de normas sociais instituídas.

O dinheiro cumpre três funções essenciais de mediação: atribuição de preço, circulação e segurança. E consegue cumprir estas funções devido à sua liquidez e anonimato. Ao invés de ser uma coisa, é uma forma de memória, uma máquina computacional que fornece os meios para efetuar transações desfasadas no tempo que, de outra forma, seriam perturbadas por ruído e incerteza.

Sem dinheiro, as trocas comerciais ficariam severamente condicionadas. As transações estão confinadas às coordenadas de espaço-tempo nas quais ocorrem, e são geralmente bilaterais e equilibradas. O dinheiro sustenta, portanto, uma máquina de transações descentralizadas e multilaterais caracterizada por um desequilíbrio geral.

Enquanto meio que simultaneamente acelera a avaliação, a circulação e o armazenamento, o dinheiro constitui uma tecnologia de redução da incerteza e de delimitação temporal. Mais importante ainda, é uma técnica de organização e conservação de poder social. Na ótica daqueles que têm dinheiro, a liquidez e o anonimato geram imprevisibilidade e transformam o tempo em matéria plástica. Aqueles que não têm dinheiro são engolidos pela fenda abismal do presente, condenados a carregar o fardo do passado e a sofrer a força absoluta do futuro.

O dinheiro foi instituído social e diversificadamente a partir do zero. A sua forma social e significado manifestaram-se em inúmeras instâncias. Só mais tarde o dinheiro passou a ser formalmente controlado pelo aparelho do Estado. Quando os reis da Lídia colocaram a máquina a funcionar, ganharam imediatamente o *jackpot*. O poder dos Estados tornou-se indissociável das suas máquinas de transação, e o monopólio da violência por eles detido foi primordialmente orientado para a preservação e expansão dessas máquinas.
Tudo isto é história antiga.

Mas há cerca de quatrocentos anos, as máquinas de transação sofreram uma mutação. Algumas delas expandiram-se prodigiosamente: a portuguesa, a espanhola, a francesa, a holandesa e a britânica.

Na viragem para a modernidade ocidental, tudo o que era sólido começou a derreter no lago libidinal. Tudo se tornou fluído, e esse fluído especial transformou-se em tudo. Alimentado pela teoria das probabilidades e pela estatística, desenvolveu-se um novo sistema técnico que agregava risco e lucro, energia e necrose, e organizava o trabalho vivo e morto num amplexo perverso: a noiva-cadáver do capital[1].

Este novo sistema disseminou-se pelo globo como um vírus, instituindo por todo o lado uma forma estatística de controlo social e delimitando agressivamente os recursos. Como um fungo putrefacto, submergiu, subsumiu e alimentou-se de todas as formas de vida, impulsionado pela fabulosa riqueza que extraía das suas engrenagens e cadeias. Infetados por esse parasita, os altos sacerdotes do lago transformaram-se em devotos fanáticos e os seus guardiões foram militarizados.

A procura do lucro transformou-se numa sede insaciável. Os agentes do mercado ficaram viciados na liquidez. As suas gargantas secaram de expectativa. Permanentemente dependentes da pró-

1.
O termo "noiva-cadáver" refere-se a um antigo castigo (*Nupta Cadavera*), no qual um corpo morto era cosido às costas de uma pessoa viva, que tinha assim de o carregar para todo o lado como um fardo macabro. À medida que o cadáver suturado vai apodrecendo, a putrefação passa para o corpo vivo e também este entra em decomposição.

xima gota, as suas gargantas incharam. Nada era mais importante do que este lubrificante demoníaco. Enraivecidos pela aridez, saquearam todos os locais, roubaram e assassinaram pelo seu brilho. A manutenção do lago libidinal é ritualística. De vez em quando, algum sacrifício deve ser feito de modo a manter a aparência de um sistema justo. Um dos jogadores é assim identificado e denunciado como *trader* desonesto. Mas em paralelo decorre um permanente sacrifício em massa que, embora muito mais amplo, passa desapercebido.

Milhões são silenciosamente aniquilados à mercê da máquina de liquidez, vítimas da escassez que esta organiza. Quanto mais brilha, mais vítimas exige. Desonesto é não o indivíduo, mas o próprio sistema. O tumor metastático do capital que fulmina as sombras sob o verniz do lago libidinal.

Há cem anos, o crescimento das tecnologias da informação e da computação acelerou e há cinquenta anos, ocorreu uma nova mutação. O parasita entrou numa terceira fase de desenvolvimento. Como uma formiga infectada pelo fungo *Cordyceps*, propagou-se do fluxo sanguíneo para o sistema nervoso, e por isso já não decide apenas sobre matéria e movimento, mas também decreta o próprio pensamento. O dilúvio tornou-se torrencial. O mundo inteiro encontra-se agora submerso na liquidez da máquina.

Tudo é financeirizado e todas as dimensões da vida são organizadas de acordo com a aleatoriedade estocástica da sua superfície. Presos nas garras da liquidez, entramos no jugo do hipercapitalismo. Os jogos são agora de um tipo diferente: apostar sobre apostas sobre apostas.

A clivagem entre o tempo plástico dos grandes jogadores e o tempo comprimido da multidão é extraordinariamente pronunciado. Eles compram e vendem futuros. Hipnotizados pelos espíritos animais fantasmagóricos que dançam nas suas bolas de cristal. Futuros sobre futuros sobre futuros. Quanto mais manipulam o tempo, mais monstruoso e deformado este se torna. Agora todos os jogadores estão cronicamente desfigurados pelo lago pestilento. Corroídos pela união pútrida entre a vida e a morte.

O lago libidinal é o lugar onde o erotismo e a necrose se encontram. Mas não é o único possível. Se o valor não se refletir nele, mas se for construído no processo de atribuição de preço, isto significa que o valor e os valores podem ser diferentes. O dinheiro e o mercado não são malignos em si mesmos, é a forma de organização social hipercapitalista que os torna venenosos. É possível um outro pacto com a morte, um abraço regenerativo que promova a construção coletiva de futuros. Em vez de pactuar com a lógica do casino ou de tentar destruir as suas muralhas, os jogadores deviam transformá-lo numa pista de dança. Isto talvez possa soar utópico, mas na verdade é precisamente o contrário: estamos anestesiados pelos fumos tóxicos do lago libidinal e, se não acordarmos agora, talvez nunca o faremos.

Mirror, Mirror

Inigo Wilkins

According to economic theory price instantly and flawlessly reflects value, like the mirrored glass of an investment bank. Its reflective surface is supposed to be produced by competition. Neoclassical dogma, which most economic policy follows, assumes a situation of perfect competition where financial actors are isolated individuals that always act to maximise their self-interest.

The financial actors are all completely rational, equally capable, well-informed, and non-communicating. Their expectations are as flawlessly aligned as the products in an Amazon warehouse. This symmetric atomic structure means that competition, and the market, are totally transparent. The actors all gaze into it as if it were a crystal ball. In contrast, heterodox economic theory accepts that the competition is imperfect because agents are cognitively constrained and act within an information ecology. They are constantly communicating, often falsely, and are always on the lookout for information asymmetries to exploit. They make the best decisions they can, but often by copying each other, which sometimes means they act irrationally. Heterodox theory is certainly closer to the truth but effectively it preserves the general ideology of political economy and just throws some noise terms into the mix.

In either case, price reflects value and the reflection has unbeatable clarity. In either case, there's no choice but competition and nothing trumps it.

All economic theory says there's not enough value to go around, and the competition over price is just the only fair way to distribute it. To enter the competition, you must place a bet. The house is arranged so that it seems every individual has an equal chance to make money. To win, you must compete against all the other individuals. If you can stake the cash and know how the game works, with some luck you can get rich. But the house always wins and high rollers play with different odds. The games are designed to be addictive, and since your continued survival literally depends on winning, it's hard to stop playing. You can slump down in despair by the slot machines but the house doesn't care and the games just go on. You're part of the casino whatever you do. It's not that there are no exits, but there would need to be a crowd surge to open them. That's unlikely because the motivations of the multitude have been sculpted by its reward system.

The competition causes prices to fluctuate. This produces an incomputable randomness, and when you enter the market it is that chaos which you are betting on. There are countless patterns in this randomness, swirls of order in the chaos. The players all peer into the maelstrom, entranced by images they see there. They try to divine the future by examining its entrails, reading auguries and portents from its fluxions. Everyone knows the jagged shape of market movements. Its knife-like peaks and abyssal troughs.

Nobody knows what the next price will be, but according to economic theory, whatever it is it will be the best possible reflection of the underlying value it indexes. It is impossible to make a better reflection, because that would be to compete with competition, and so to enter the competition. This is the market's pure contingency. Price is then the variability or noise to the invariant substance of value it reflects.

Mirror, mirror, on the Wall
Which is the most liquid good of all?

There are several ways to play the game. You can try to guess what the real value is beneath the scintillating fluctuations of price, but more often it's a matter of guessing what other people think the image of value will appear to be and betting on their bets. Most of the action just consists of trying to follow the market movements, dancing to its stochastic beats. High rollers can skew the noise in their favour, they corral price between hedges and then scoop value up like a bait ball, or they mold it in their hands so it takes on any shape they like. They employ millions of robots to move with the music, and this makes the music all the more jagged and unpredictable.

The market is thought to process information like a giant distributed artificial intelligence, its output at every nano-second is just a number, but it's also an acephalic judgment: a number that distributes resources unevenly. Everyone has their eyes on the champagne and the yachts but the games are mostly giving out sickness and hunger. If the number's verdict is a fountain of gold for some that's only because it's a death sentence for many more.

The prize winners are surrounded by cheering, but each time there's a win a thousand players are silently carried off in body bags. This mortal lottery may compute but it doesn't think, and it certainly doesn't care. It spits out prices but it knows nothing of value. Traders use probability theory to gauge the odds and strategize their play, as if the market were a complicated roulette machine. They act as if the dancing price fluctuations and the reflected image of value are a window onto nature or a portal onto the real itself. But there's nothing there. Nothing but their own reflections. Lost in a hall of mirrors.

There is another view, where the market does not reflect value, but constructs it. It is the price process, the game of betting and the layout of the casino that make value shimmer like a mirage on its surface. The libidinal lake is a chimera that appears in the interaction between sociality (norms, desires, institutions) and matter-energetic forces. The images there are apophenic projections, not gateways to the real but oneiric echoes and contorted spectres of our own desires. It is responsive, but turbulently so. It churns and glimmers, it seethes and quivers. The market is not nature but it grips and manipulates nature.

Though its effects are very real there is nothing real behind its reflection. Animal spirits are said to dance here, between the waves and rays, between the throbbing bass and the flickering lights. Bears and bulls that tear and gouge. They're neither natural nor supernatural, but animistic. Totems of an ancient ritual run wild. Golems activated by an incantation, they have forsaken their masters and rampage amongst the villages, killing as they go.

Not only is the image the lake projects affected by matter-energetic vibrations from below and sociality from above, but it is maintained and surrounded by processes that are completely imperceptible to it and obscured by its spectral emanation — reproductive labour, technical innovation, public infrastructure, chaotic natural processes, disputes, revolts, amorous encounters and all those accumulating "negative externalities" that are not factored into its movements. What they call negative externalities includes pollution, noise, resource depletion and risk. The competitive activity of value extraction is literally destructive of the pool from which value is derived. The lake may look beautiful but it is toxic. The worshippers at the lake are energetically committed to cutting off the branch on which we all sit.

Where does this turbulent surface come from? It appears to be natural, brutal and organic, but it's also technical, ethereal and reverenced. How does it take on these contradictory attributes?

It started with a drop of liquidity. In the classical commodity theories of money, money is the most liquid good. That might be cows, shells, salt, gold or soup. It is liquid because everyone wants it, so it doesn't rot in a stockpile but flows freely in exchange. When a commodity is socially anointed as money it attains an exalted status and its usefulness as a substance is no longer the source of its liquidity. It is this liquidity function that constitutes the possibility of the market. Money is a libidinal sigil that structures social relations and organises flows of matter and energy.

Instead of evaluating the relative worth of an assortment of different commodities and keeping track of a diverse array of payments, tributes and debts, money provides a *medium* in which accounting becomes fluid and trade can flow. Like language, money acts as a technology that provides the means for an unlimited number of transactional ends. As a universal equivalent it precipitates pricing by dissolving difference. It facilitates the quantitative commensurability of qualitative incommensurables. Counting by discounting, it is the acid bath into which all commodities are plunged.

The commodity theory of money is mistaken because although something must always stand for money, whether this be silver coins or digital tokens, it is not itself a concrete thing. It is an abstract system of socially instituted rules.

Money serves three principal mediating functions: pricing, circulation and safety. It is able to realise these functions because of its liquidity and anonymity. Rather than being a thing it is a form of memory, a computational machine providing the means for time-lagged transactions that would otherwise be stymied by uncertainty and noise.

Exchange is severely constrained without money. Transactions are confined to the local space and time in which they occur, and are generally bilateral and at equilibrium. Money supports a decentralized multilateral transaction machine characterised by general disequilibrium.

As a medium that simultaneously expedites evaluation, circulation and storage, money constitutes a technology for uncertainty reduction and time-binding. Most importantly it is a technique for organising and maintaining social power. For those who hold money, its liquidity and anonymity dispel unpredictability and make time plastic. Those who don't hold it are crushed into an abysmal rift of the present, where they bear the weight of the past and suffer the full force of the future.

Money was multiply and socially instituted in the wild. Its social form and meaning had a great many diverse instantiations. It is only later that money comes under formal control of a state apparatus. When the Lydian kings turned that machine on they hit the jackpot. The power of states became indissociable from the transaction machines that they ran, and their monopoly on violence was principally directed to the maintenance and expansion of those machines.

All of this is ancient.

But around four hundred years ago the transaction machines mutated. Several of them expanded prodigiously: the Portuguese, Spanish, French, Dutch and British machines.

At the turn of Western modernity all solids begin to melt in the libidinal lake. Everything becomes fluid, and that special fluid becomes everything. Fuelled by probability theory and statistics it developed into a new technical system that aggregated risk and profit, an energetics and necrotics that organised living and dead labour in a sickly embrace: the corpse bride of capital.[1]

It spread rapidly across the globe like a virus, organising a statistical form of social control and a violent enclosure of the commons everywhere it went. A putrescent fungus, it engulfed, subsumed and fed on the diverse forms of living, driven by the fantastic wealth that gushed from its cogs and chains. Infected by this parasite, the priests at the lake became fanatically devout, and its guardians were militarized.

The search for profit became an insatiable thirst. The agents of the market became addicts of liquidity. Their throats turned parched with expectation. Constantly craving the next drop their tongues grew engorged. Nothing could be more important than this demonic lubricant. Enraged by aridity they ransacked the place, they stole and murdered for its shine.

There is a ritualistic maintenance of the libidinal lake. Every now and then a sacrifice must be made to maintain the semblance that the house is a fair system. One of the players is singled out and denounced as a rogue trader. But there is a continual mass sacrifice that is much larger, and mostly unnoticed.

Millions are silently crushed in the teeth of the liquidity machine, killed by the scarcity that it organises. The more it glistens the more it demands victims. The rogue is not an individual, it is the system itself. The metastasizing tumor of capital fulminating in the shadows beneath the sheen of the libidinal lake.

A hundred years ago information and computation technologies accelerated its growth, and then about fifty years ago

1.
The term corpse bride refers to an ancient punishment (*Nupta Cadavera*) in which a dead body is sewn onto the back of a living person so they must carry it around like a gruesome burden. As the carcass they are sutured to rots the putrefaction gnaws into the living body and they too slowly decay.

another mutation happened. The parasite entered into a third stage of development. Like an ant infected with the *Cordyceps* fungus it spread from the bloodstream to the nervous system, so it no longer just dictates matter and movement but also thought itself. The deluge became torrential. The whole world now completely submerged in the liquidity machine.

Everything is financialized and all aspects of life are organised according to the stochastic randomness of its surface. Gripped in the stranglehold of liquidity we enter the maw of hypercapitalism. The games are of a different order: betting on betting on betting.

The asymmetry between the plastic time of the high rollers and the compressed time of the multitude is acutely pronounced. They buy and sell futures. Transfixed by the phantastic animal spirits dancing in their crystal balls. Futures on futures on futures. The more they shape time the more monstrously deformed it becomes. All the players are now chronically disfigured by the pestilential lake. Eaten away by the putrid union of life and death.

The libidinal lake is where erotics and necrotics meet. But it is not the only way they can meet. If value is not reflected there, but constructed there in the price process, this means that value and values can be otherwise. Money and the market are not in themselves malignant, it is the hypercapitalist form of social organisation that makes them poisonous. A different pact with death can be made, a regenerative embrace that favours the collective construction of futures. Rather than complying with the logic of the casino, or trying to smash down its walls, the players could transform it into a dancefloor. That might seem like an impossible dream but it's the other way round: you are sleeping in the noxious fumes of the libidinal lake and if you don't wake up now you may never do.

Geleia Transcendental

Amy *Ireland*

Em "A estrutura psicológica do fascismo", um ensaio em que se esboça "uma rigorosa (se não exaustiva) representação da superstrutura social e das suas relações com a infraestrutura económica sob o prisma do fascismo", Georges Bataille divide as duas características fundamentais das sociedades humanas em dois segmentos: um segmento definido por uma operação *homogénea* e um segmento definido pelo seu estatuto de *heterogeneidade* em relação à operação homogénea dominante[1]. Os dois termos são qualificados da seguinte forma:

> *Homogeneidade* significa [...] a comensurabilidade dos elementos e o conhecimento da sua comensurabilidade: as relações humanas são alicerçadas numa redução a regras fixas baseadas na consciência da possível identidade de determinadas pessoas ou situações.

> O mundo *heterogéneo* inclui tudo o que resulta do *esforço improdutivo* [...]. Isto significa tudo o que é rejeitado pela sociedade *homogénea* como desperdício ou como valor transcendentalmente superior. Incluídos nesta categoria estão os [...] vários elementos ou formas sociais que a sociedade homogénea é incapaz de assimilar: multidões, o guerreiro, classes aristocráticas e classes empobrecidas, diferentes tipos de indivíduos violentos, ou pelo menos aqueles que rejeitam a norma (loucos, líderes, poetas, etc.).[2]

O primeiro mundo pertence "às ciências e à tecnologia", ao dinheiro — ao "equivalente calculável dos diferentes produtos de atividade coletiva" que "mede todo o trabalho e transforma a humanidade numa função de produtos mensuráveis" (valor de troca) —, e àquela parte da sociedade cuja energia

1.
Georges Bataille, "The Psychological Structure of Fascism", in *Georges Bataille: Visions of Excess. Selected Writings*, (Allan Stoekl, ed.), Minneapolis: University of Minnesota Press, 1985, p. 137.

2.
Ibid., pp. 137-38, 142.

é canalizada para a produção (valor de uso). Na Europa industrializada do início do século XX, a sociedade homogénea pressupunha uma sociedade capitalista e a concomitante dissolução do valor de uso em valor de troca. Mas Bataille faz uma distinção cuidadosa entre os proprietários dos meios de produção, que se apropriam dos produtos e se tornam, através desta apropriação, "um reflexo" dos bens que possuem, e os produtores, que estão na base da economia homogénea sem dela beneficiarem. É pois a burguesia quem funda e está socialmente empenhada na homogeneidade *capitalista*, enquanto "o proletariado industrial permanece, na sua maioria, irredutível" e heterogéneo[3]. Por causa desta confiança no lucro produtor de reduzida heterogeneidade, a parte homogénea da sociedade está sempre alerta à possibilidade de cair numa efervescência heterogénea que a ameaçaria a partir de baixo.

O conceito de homogeneidade adotado por Bataille pode ser diretamente relacionado com a discussão de Marx do valor de troca em *O Capital*. Marx pergunta como é possível que duas mercadorias diferentes, com diferentes formas, materiais e valor de uso, envolvendo diferentes tipos de trabalho, possam ser equivalentes — como é possível que "uma tonelada de milho = x quintais de ferro"?

> O que significa esta equação? Significa que um elemento comum de idêntica magnitude está presente em dois bens distintos, numa tonelada de milho e, similarmente, em x quintais de ferro. Consequentemente, ambos produtos são iguais a uma terceira coisa que, em si mesma, não é nem um nem o outro. Ambos têm de ser reduzíveis, pelo menos no que ao seu valor de troca diz respeito, a esta terceira coisa.[4]

O segredo está "no trabalho humano em abstrato", que Marx ilustra recorrendo à palavra alemã *"Gallerte — eine bloße Gallerte unterschiedsloser menschlicher Arbeit"*[5]. A tradução inglesa não faz justiça à imagem: uma vez extintos os seus diferentes constituintes e formas materiais, as mercadorias não passam de "meras quantidades congeladas de trabalho humano homogéneo"[6]. Eis a definição de *Gallerte*, extraída da enciclopédia Meyers Konversations-Lexicon, publicada em Leipzig em 1888:

3.
Ibid., p. 138.

4.
Karl Marx, *Capital* (trad. Ben Fowkes), Harmondsworth, Middlesex: Penguin, 1976, vol. I, p. 127.

5.
Karl Marx, *Das Kapital*, Vol. 1, https://webs.ucm.es/info/bas/de/marx-eng/kapital/K1_1_1.html
Traduzido para português: "Geleia — uma mera geleia de trabalho humano indiferenciado" [N.Ed.].

6.
Marx, *Capital*, p. 128.

Gallerte (também *Gállert*, *galrat* em alemão antigo, *galatina* em latim comum, *gelatina* em italiano), é a massa semissólida e trémula formada a partir do arrefecimento de uma solução de cola concentrada. Todas as substâncias animais que libertem cola quando fervidas podem ser usadas na produção de *Gallerte*, ou seja, carne, osso, tecido conjuntivo, ictiocola, chifres de veado, etc. É mais fácil conservar *Gallerte* dissolvendo-a em pura cola branca (gelatina) numa porção suficiente de água e deixando-a aí a arrefecer. É usada em vários pratos, ver geleia.[7]

Gallerte — o trabalho humano homogéneo em abstrato — é a medida comum através da qual toda a diferença pode ser equalizada e transacionada. Funciona, como uma síntese *a priori* na *Crítica da razão pura* de Immanuel Kant (filósofo modernista por excelência), enquanto condição transcendental que, paradoxalmente, limita e facilita — movida por um desejo, nas palavras de Nick Land,

> de simultaneamente *aprender* e *legislar* para a eternidade, abrir-se ao outro e consolidar-se a si própria a partir de dentro, expandir-se indefinidamente e, ao mesmo tempo, reproduzir-se a si própria. O seu sonho derradeiro é crescer permanecendo idêntica à forma original, tocar o outro sem vulnerabilidade.[8]

A geleia transcendental é uma estratégia para a gestão do excesso. Na sua *Crítica da razão pura*, Kant resolve o paradoxo da expansão infinita e da reprodução infinita articulando uma posição filosófica que admite a capacidade sintética do empirismo, ao mesmo tempo que o universaliza e delimita, amarrando-o ao dogma apriorístico por forma a alcançar uma amálgama inédita de duas posições antagónicas: a experiência humana não é nem *a posteriori* e sintética nem *a priori* e analítica, é antes *a priori* e sintética — os extremos da abertura e da insularidade aplicados na moderação do outro. No que diz respeito ao conhecimento, a abertura à alteridade é permitida desde que passe o crivo do terminal legislativo das formas e das categorias *a priori*. O caráter insubmisso da heterogeneidade é consistentemente gerido, constringido e explorado. Forma uma espécie de fluidez delimitada. Um lago — uma ilha kantiana invertida.

7.
"Gallerte', in *Meyers Konversations-Lexicon*, Leipzig: 1888, vol. 6, p. 857. Citado in Keston Sutherland, "Marx in Jargon", *World Picture* 1.1 (2008), http://www.worldpicturejournal.com/WP_1.1/KSutherland.html

8.
Nick Land, "Kant, Capital and Incest", in *Nick Land, Fanged Noumena. Collected Writings*. Falmouth: Urbanomics, 2012, pp. 63-64.

Denise Ferreira da Silva diagrama este mesmo mecanismo no ensaio "1 (vida) ÷ 0 (negritude) = ∞ - ∞ ou ∞ / ∞: sobre a matéria além da equação de valor", expandindo-o, tal como Bataille, além do capitalismo para as ciências, para a ética — enfim, para a modernidade. O seu objetivo é explorar a atribuição de valor (aquilo a que chama *determinação*) na sua função histórica de extração de lucro e subscrição de agenciamento. O mecanismo moderno de atribuição de valor, escreve, "resulta não da comparação direta — da justaposição de duas ou mais coisas", i.e. ferro ou milho, "mas da operação de um mediador universal (formal ou transcendental) — a unidade universal de medida ou a base universal de classificação"[9]. A questão a que Ferreira da Silva pretende responder é — como podem os objetos da *determinação* segundo um sistema trans-escalar de universalidade (isto é, uma forma particular de conhecimento europeu branco *promovido* como universal), ser libertados da geleia transcendental da abstração baseada na troca? Qual é a ferramenta, lógica e material, que encrava a máquina?

Heterogeneidade vinda de baixo (fungos)

Ferreira da Silva situa o exterior da modernidade na negritude — uma espécie de matéria sem materialidade —, que não tem valor para o imaginário ocidental, e que "como tal [...] marca uma oposição que sinaliza uma negação, que não se refere a contradição"[10]. Formalmente ininteligível e hostil à subsunção dialética (de uma forma que faz lembrar o conceito de Bataille de "matéria de base" enquanto "diferença não-lógica"), a negritude é, no limite, inassimilável na lógica ocidental moderna de extração e expansão. "Ela refere-se àquilo que não tem forma — funciona como a anulação da ordem significante que sustenta tanto o valor económico, como ético. [...] Não é nem vida nem não-vida [mas] *matéria-prima* — aquilo que não tem valor porque existe informe."[11]

Se no esquema conceptual de Bataille aquilo que ameaça a homogeneidade capitalista é a heterogeneidade revolucionária, e nos diagramas de Ferreira da Silva aquilo que ameaça a determinação é a negritude, para Anna Tsing, no seu ensaio "Sobre a Não-Escalabilidade", esta mesma tensão é delineada em termos de *escalabilidade* e *não-escalabilidade*. Para Tsing,

9.
Denise Ferreira da Silva, "1 (life) + 0 (blackness) = ∞ − ∞ or ∞ / ∞: On Matter Beyond the Equation of Value", *e-flux* #79 (2017), https://www.e-flux.com/journal/79/94686/1-life-0-blackness-or-on-matter-beyond-the-equation-of-value/ Disponível em português em https://issuu.com/amilcarpacker/docs/ale__m_da_equac__a__o_de_valor [N.Ed.].

10.
Ibid.

11.
Ibid.

a característica definidora da modernidade é a sua capacidade de redimensionar. Tudo pode ser tornado equivalente (e fungível) graças à escala geral que forma a base da permutabilidade. Escalabilidade é, portanto, "a capacidade de expandir sem distorcer o enquadramento"[12]. Numa passagem que descreve com tanta precisão tanto a *Crítica da razão pura* como o capitalismo moderno, a autora explica:

> A expansão que contava como progresso não permitia mudanças na natureza do projeto em expansão. O objetivo era expandir o projeto sem o transformar. [...] Os elementos tinham de ser estabilizados por forma a que a expansão pudesse incluir mais elementos sem mudar o programa.[13]

Tal como Bataille e Ferreira da Silva, Anna Tsing enfatiza o efeito estabilizador da escalabilidade enquanto o mecanismo específico da expansão capitalista, bem como o seu papel na neutralização da diversidade ambiental e social, criando assim um contexto em que os "outros não autorizados" e aqueles que não pertencem às "ecologias políticas de produção" dominantes "não têm utilidade"[14]. Tsing narra esta história do prisma do desenvolvimento do capitalismo industrial praticado nas plantações de açúcar proto-industriais europeias, e especificamente do seu desenvolvimento no Brasil colonizado por Portugal. O sucesso alcançado pelos colonos portugueses no estabelecimento de um modelo expansível de produção deste bem levou ao aparecimento de plantações de açúcar nas Caraíbas e a seguir no Pacífico (controladas pelos espanhóis, ingleses, franceses e holandeses), às quais se sucederam plantações no território de Porto Rico ocupado pelos Estados Unidos. Cada vez que a estrutura da plantação era reproduzida num novo ambiente, a diversidade local, as ligações à terra, os sistemas alternativos de conhecimento, as relações de cuidado — todas as "interações nativas, tanto humanas como não-humanas" — eram deslocalizadas e rasuradas por serem "não-escaláveis", inassimiláveis, heterogéneas, negras. "O trabalho humano e os bens extraídos da plantação emergiam ambos como módulos compostos por unidades estáveis e regulares", fornecendo assim a fórmula que se tornaria a base do capitalismo industrial. "Esta fórmula", conclui Tsing, "deu forma a um sonho a que chamámos modernidade"[15].

12.
Anna Tsing, "On Nonscalability', *Common Knowledge* 18:3 (2012), p. 523.

13.
Ibid., pp. 506-07.

14.
Ibid., p. 506.

15.
Ibid., p. 513.

A não-escalabilidade é consistente com aquilo a que Tsing chama "o livre jogo da diversidade". Todos os projetos escaláveis interagem a certo ponto com elementos não-escaláveis que nunca estão completamente sob controlo mas que, sendo ineliminávies, são ao mesmo tempo ou negados ou rasurados. O exemplo favorito de Tsing é um fungo. Ou, mais especificamente, o mercado de um fungo. As condições ambientais dos raros e valiosos cogumelos *matsutake* são complexas e altamente contingentes, dependentes de relações mutantes entre espécies que constantemente frustram as tentativas levadas a cabo pelos investidores para as enquadrar em modelos preconcebidos: os fungos e o seu mercado são fundamentalmente ingovernáveis pela escalabilidade. Da mesma forma, a mão de obra que no exemplo específico de Tsing colhe os fungos (composta na sua maioria por refugiados do sudeste asiático) é auto-organizada, "impossível de ser recrutada [e] disciplinada" e "indiferente à autoridade"[16].

Porém, Tsing alerta-nos para o perigo de se atribuir valor moral à não-escalabilidade, afirmando pelo contrário que a "diferença entre modelos escaláveis ou não-escaláveis não pode ser definida *a priori* por uma escala normativa"[17]. A análise da heterogeneidade de Bataille segue um impulso similar.

Heterogeneidade vinda de cima (milícia)

Ainda não examinámos a forma de heterogeneidade excluída pela sociedade homogénea devido ao seu autoposicionamento como "valor transcendental superior". Para Bataille, a heterogeneidade possui tanto uma forma "exaltada e imperativa (elevada)" como uma "forma empobrecida (baixa)" — e a "ação fascista", escreve, é o principal exemplo moderno "de todo o conjunto de formas *elevadas*": "Apela a sentimentos tradicionalmente definidos como *exaltados* e *nobres* e tende a considerar a autoridade como princípio incondicional superior a todo o julgamento utilitário"[18]. Na sua análise, o que distingue a heterogeneidade fascista — talvez contraintuitivamente, se considerarmos que uma organização militar requer pelo menos alguns elementos de homogeneidade na sua composição — é a sua necessidade de um líder capaz de absorver a função transcendental (tradicionalmente associada a configurações sociais sagradas ou divinas) de estar acima da

16.
Ibid., pp. 514, 518.

17.
Ibid., p. 509.

18.
Bataille, p. 145.

lei e de operar como agente de sublimação da heterogeneidade baixa dos soldados. Se a natureza heterogénea do/a trabalhador/a ou do/a escravo/a é "semelhante à natureza da sujidade onde a sua condição material o/a condena a viver, a natureza do patrão é formada pela exclusão de toda a sujidade"[19].

A homogeneidade superficial da organização militar é determinada não apenas em relação à homogeneidade da ordem que ambiciona destruir a partir de cima, mas também em relação à materialidade indisciplinada e fluida da heterogeneidade que borbulha a partir de baixo. Enquanto a segunda é caracterizada pela diversidade, diferença, negação não dialética e ausência do indivíduo autónomo, a primeira, tal como Bataille refere vezes sem conta, tomando por base a sua etimologia, "significa unidade, concentração" (da palavra latina *fascis* — "feixe" de varas de madeira).

> Os seres humanos incorporados no exército não são senão elementos negados, negados por uma espécie de raiva (um sadismo) que se expressa no tom de cada ordem, negados pela parada, pelo uniforme e pela regularidade geométrica de movimentos cadenciados.[20]

Esta disciplina que eleva o soldado da impureza negra da heterogeneidade baixa não-escalável manifesta-se muitas vezes sob a forma de postura e controlo corporal. Em *Male Fantasies*, um estudo minucioso dos *Freikorps* proto-nazis, Klaus Theweleit consolida a hipótese levantada por Bataille:

> As atividades que testemunhámos no soldado masculino são fundamentalmente concebidas com o objetivo de preservar a estabilidade do seu ego; incluem a autoimposição de ordens, o dever de se recompor, um espectro alargado de estratégias de autocontrolo; permanecer alerta, em constante vigilância; "manter-se em forma"; exercitar a postura vertical "masculina" [...].[21]

Segundo Theweleit, o fascismo é caracterizado pelo "desejo e medo da fusão, da explosão [...], medo da aniquilação e desmembramento totais", um paradoxo que é resolvido pela destruição da não-individualidade tal como esta é representada na baixa heterogeneidade do outro[22]. Uma heterogeneidade

19.
Ibid., p. 146.

20.
Ibid., pp. 149, 150.

21.
Klaus Theweleit, *Male Fantasies* (trad. Erica Carter, Chris Turner), Minneapolis: University of Minnesota Press, 1989, vol. 2, pp. 249-50.

22.
Klaus Theweleit, *Male Fantasies*, (trad. Stephen Conway), Minneapolis: University of Minnesota Press, 1989, vol. 1, p. 205.

inumana difusa ou uma heterogeneidade fungal mais-do-
-que-humana na qual o valor, a objetividade e a subjetividade não encontram mercado, e uma auto-imortalização para-
noica e humanista que destrói para se manter intacta e pura
flanqueia um projeto infinitamente expansivo de geleificação
altero-paralisante.

Bataille termina o seu ensaio de forma muito interessante.
A base económica do capitalismo não providencia as condições para a formação do fascismo, exceto enquanto elemento de antagonismo. Assim sendo, conclui, o fascismo é uma
excrescência social de natureza essencialmente psicológica
— ou seja, *afetiva* e *libidinal* —, apoiada mais no facto de a
homogeneidade depender do Estado para manter as forças
da baixa heterogeneidade sob controlo, do que no capitalismo *per se*, que é o que abre o caminho para a captura fascista
das forças homogéneas. Este novo território das políticas li-
bidinais sublinhado na conclusão do ensaio "desvela inúmeros recursos", uma vez que "é ainda possível imaginar, pelo
menos sob a forma de uma representação por ora imprecisa,
formatos de atração diferentes dos existentes"[23]. O que mais
existirá nas profundezas do lago libidinal?

23.
Bataille, p. 159.

Transcendental Jelly

Amy Ireland

In "The Psychological Structure of Fascism", an essay which attempts "a rigorous (if not comprehensive) representation of the social superstructure and its relations to the economic infrastructure in the light of fascism", Georges Bataille divides the fundamental traits of human societies into two segments: a segment defined by its *homogenous* operation, and a segment defined by its *heterogenous* status in relation to the reigning homogenous operation.[1] He qualifies the two terms as follows:

> *Homogeneity* signifies [...] the commensurability of elements and the awareness of this commensurability: human relations are sustained by a reduction to fixed rules based on the consciousness of the possible identity of delineable persons and situations.

> The *heterogenous* world includes everything resulting from *unproductive expenditure* [...]. This consists of everything rejected by *homogenous* society as waste or as superior transcendent value. Included are the [...] numerous elements or social forms that homogenous society is powerless to assimilate: mobs, the warrior, aristocratic and impoverished classes, different types of violent individuals or at least those who refuse the rule (madmen, leaders, poets, etc.).[2]

The former belongs to "the sciences and the technologies", to money — the "calculable equivalent of the different products of collective activity" which "measures all work and makes man [sic] a function of measurable products" (exchange value), and to that part of society whose energy is directed toward production (use value). In early twentieth-century

1.
Georges Bataille, "The Psychological Structure of Fascism", in *Georges Bataille: Visions of Excess. Selected Writings* (Allan Stoekl, ed.), Minneapolis: University of Minnesota Press, 1985, p. 137.

2.
Ibid., pp. 137-38, 142.

industrial Europe, homogenous society means capitalist society and its concomitant collapse of use value into exchange value. But Bataille makes a careful distinction between owners of the means of production, who appropriate the products for themselves and become through this appropriation "a reflection" of the things they own, and producers, who subtend homogenous economy but do not benefit from it. It is therefore the bourgeoisie that founds and is socially invested in capitalist homogeneity, while "the industrial proletariat remains for the most part irreducible" and heterogeneous.[3] Because of this reliance on profit producing low heterogeneity, the homogenous part of society is always on guard against the possibility of a fall into a heterogeneous effervescence that would threaten it from below.

Bataille's concept of homogeneity can be directly related to Marx's discussion of exchange value in *Capital*. Marx asks how it can be possible that two different commodities with different forms, materials, and use values, containing different kinds of labour, can be equivalent to one another — how is it possible that "1 quarter of corn = x cwt of iron"?

> What does this equation signify? It signifies that a common element of identical magnitude exists in two different things, in 1 quarter of corn and similarly in x cwt of iron. Both are therefore equal to a third thing, which in itself is neither the one nor the other. Each of them, so far as it is exchange value, must therefore be reducible to this third thing.[4]

The secret lies in "human labour in the abstract", which he illustrates with the German word *"Gallerte"*— *"eine bloße Gallerte unterschiedsloser menschlicher Arbeit."*[5] The English translation hardly does the image justice: with their different material constituents and forms extinguished, commodities "are merely congealed quantities of homogenous human labour."[6] Here is the definition of *Gallerte* from the encyclopaedia *Meyers Konversations-Lexicon*, published in Leipzig in 1888:

> *Gallerte* (also *Gállert*, old German *galrat*, middle Latin *galatina*, Italian *gelatina*), the semisolid, tremulous

3.
Ibid., p. 138.

4.
Karl Marx, *Capital* (Ben Fowkes transl.), Harmondsworth, Middlesex: Penguin, 1976, Vol. I, p. 127.

5.
Karl Marx, *Das Kapital*, Vol. 1, https:// webs.ucm.es/info/bas/de/marx-eng/ kapital/K1_1_1.htm

6.
Marx, *Capital*, p. 128.

mass gained from cooling a concentrated glue solution. All animal substances that yield glue when boiled can be used in the production of *Gallerte*, that is to say, meat, bone, connective tissue, isinglass, stag horns, etc. It is easier to preserve *Gallerte* by dissolving pure white glue (gelatine) in a sufficient quantity of water and letting it cool there. It is used in various dishes, *q.v.* jelly.[7]

Gallerte — homogenous human labour in the abstract — is the common measure through which all difference can be equalised and exchanged. It operates, like *a priori* synthesis in (modernist philosopher *par excellence*) Immanuel Kant's *Critique of Pure Reason*, as a transcendental condition, paradoxically limiting and enabling — driven by a desire, in the words of Nick Land,

> both *to learn* and *to legislate* for all time, to open itself to the other and to consolidate itself from within, to expand indefinitely whilst reproducing itself as the same. Its ultimate dream is to grow whilst remaining identical to what it was, to touch the other without vulnerability.[8]

Transcendental jelly is a strategy for the management of excess. In the *Critique of Pure Reason*, Kant resolves the paradox of infinite expansion and infinite reproduction by devising a philosophical position that admits the synthetic capacity of empiricism, while at the same time universalizing and delimiting it, by tethering it to the rationalist tenet of the *a priori*, in order to arrive at an unprecedented amalgamation of the two conflicting positions: human experience is neither *a posteriori* and synthetic nor *a priori* and analytic, it is *a priori and* synthetic — the extremes of openness and insularity each employed in the tempering of the other. As far as knowledge is concerned, openness to alterity is permitted, provided that it passes through the legislative terminal of the *a priori* forms and categories. The unruly character of heterogeneity is consistently managed, constrained, and exploited. It forms a kind of bounded fluidity. A lake — an inverted Kantian island.

Denise Ferreira da Silva diagrams the very same mechanism in her essay "1 (life) ÷ 0 (blackness) = ∞ − ∞ or ∞ / ∞: On

7.
"Gallerte', in *Meyers Konversations-Lexicon*, Leipzig: 1888, Vol. 6, p. 857. Quoted in Keston Sutherland, "Marx in Jargon", *World Picture* 1.1 (2008), http://www.worldpicturejournal.com/WP_1.1/KSutherland.html

8.
Nick Land, "Kant, Capital and Incest", in *Nick Land, Fanged Noumena. Collected Writings.* Falmouth: Urbanomics, 2012, pp. 63-64.

Matter Beyond the Equation of Value", extending it, like Bataille, beyond capitalism, to the sciences, to ethics — to modernity full stop. Her goal is to explore the assignation of value (which she labels "*determinacy*") in its historical function of extracting profit and underwriting agency. The modern mechanism of the assignation of value, she writes, "results not from direct comparison — the juxtaposition of two or more things", i.e. iron or corn, "but from the operation of a universal (formal or transcendental) mediator — the universal unit of measurement or the universal basis for classification."[9] The question Ferreira da Silva wants to answer is — how can the objects of *determinacy* by a trans-scalar system of universality (that is, in the end, a particular form of white European knowing *passed off* as universality) be released from the transcendental jelly of exchange-based abstraction? What is the tool, both logical and material, that jams the machine?

Heterogeneity from Below (Fungus)

Ferreira da Silva locates modernity's outside in blackness — a kind of matter that does not matter — that has no value in the Western imagination, and "as such [...] marks an opposition that signals a negation, which does not refer to contradiction."[10] Formally unintelligible, intractable to dialectical subsumption (in a manner that recalls Bataille's formulation of "base matter" as "non-logical difference"), blackness is ultimately unassimilable to Western modernity's logic of extraction and expansion. "It refers to that without form — it functions as a nullification of the whole signifying order that sustains value in both its economic and ethical scenes. [...] It is neither life nor nonlife [but] *materia prima* — that which has no value because it exists [...] without form."[11]

If in Bataille's schema what threatens capitalist homogeneity is revolutionary heterogeneity, and in Ferreira da Silva's, what threatens determinacy is blackness, for Anna Tsing, in her essay "On Nonscalability", this same tension is delineated in terms of "*scalability*" and "*nonscalability*". For Tsing, the defining feature of modernity is its capacity to scale. Everything can be made equivalent (and fungible) thanks to a master scale, which forms the basis of exchangeability. Scalability is the "ability to expand without distorting the framework."[12] In a passage that operates

9.
Denise Ferreira da Silva, "1 (life) ÷ 0 (blackness) = ∞ − ∞ or ∞ / ∞: On Matter Beyond the Equation of Value", e-flux #79 (2017), https://www.e-flux.com/journal/79/94686/1-life-0-blackness-or-on-matter-beyond-the-equation-of-value/

10.
Ibid.

11.
Ibid.

12.
Anna Tsing, "On Nonscalability", *Common Knowledge*, vol. 18:3 (2012), p. 523.

just as well as a description of the *Critique of Pure Reason* as it does a description of modern capitalism, she explains that,

> The expansion that counted as progress did not allow changes in the nature of the expanding project. The whole point was to extend the project without transforming it at all. [...] Elements had to be stabilized so that expansion added more elements without changing the program.[13]

Like Bataille and Ferreira da Silva, she emphasises scalability's stabilizing effect as the precise mechanism of capitalist expansion, and the role of the latter in the nullification of environmental and social diversity, whereby "unauthorised others" and those who do not belong to the reigning "political ecologies of production" have "no useful place."[14] This is a story that she tells through the development of industrial capitalism out of the proto-industrial European sugar plantation, and specifically its development in Portuguese-colonized Brazil. The success of the Portuguese colonists in establishing a scalable model for the production of this sought-after commodity saw sugar plantations appear in the Caribbean and then the Pacific (controlled by the Spanish, English, French, and Dutch), followed by American-owned plantations in US-occupied Puerto Rico. Each time the plantation structure was reproduced in a novel environment, local diversity, ties to the land, alternative systems of knowledge, relationships of care — "native entanglements, human and not human" — were displaced and erased as "nonscalable": unassimilable, heterogeneous, black. "Human work and plant commodities each emerged as modules composed of stable and regularised units", providing the formula that would become the basis of industrial capitalism. "This formula", Tsing concludes, "shaped a dream we have come to call modernity."[15]

The nonscalable is consistent with something Tsing calls "the free play of diversity." All scalable projects interface at some point with nonscalable elements that are never fully under control, yet being ineliminable, are simultaneously denied or erased. Tsing's preferred example is a fungus. Or more specifically, a fungus market. The environmental conditions for the rare and expensive matsutake mushroom are complex

13.
Ibid., pp. 506-07.

14.
Ibid., p. 506.

15.
Ibid., p. 513.

and highly contingent, relying on changing multispecies relationships that consistently elude investors' attempts to model them: the fungus and its market are fundamentally intractable to scalability. Similarly, the labour power that harvests the fungus in Tsing's particular example (mostly composed of Southeast Asian refugees) is self-organising, "impossible to recruit [and] discipline", and "unresponsive to authority."[16]

Yet Tsing warns against attributing moral value to nonscalability, stating that the "difference between scalable and nonscalable designs cannot be placed *a priori* on a normative scale."[17] Bataille's analysis of heterogeneity follows a similar impulse.

Heterogeneity from Above (Militia)

We have not yet examined the form of heterogeneity that is excluded by homogenous society due to its self-positing as "superior transcendent value." For Bataille, heterogeneity has both an "exalted and imperative (higher)" form, and an "impoverished (lower) form" — and "fascist action", he writes, is the primary modern example of "the entire set of *higher* forms": "It makes an appeal to sentiments traditionally defined as *exalted* and *noble* and tends to constitute authority as an unconditional principle, situated above any utilitarian judgement."[18] What distinguishes fascist heterogeneity in his account — counterintuitively, perhaps, if one thinks of a military organisation as requiring at least some element of homogeneity in its composition — is its need for a leader, who absorbs the transcendent function (traditionally associated with sacred or divine social configurations) of being above the law, and who operates as a site of sublimation for the low heterogeneity of the soldiers. If the heterogenous nature of the worker or the slave is "akin to that of the filth in which [his or her] material situation condemns [him or her] to live, that of the master is formed by excluding all filth."[19]

The superficial homogeneity of the military organisation is composed not only in relation to the homogeneity of the order it wishes to destroy from above, but to the unruly, fluid materiality of the heterogeneity that bubbles up from below. While the latter is characterised by diversity, difference, non-dialectical negation, and the absence of the autonomous

16.
Ibid., pp. 514, 518.

17.
Ibid., p. 509.

18.
Bataille, p. 145.

19.
Ibid., p. 146.

individual, the former, as Bataille points out again and again on the basis of its etymology "signifies uniting, concentration" (from Latin *fascis* — "bundle" of wood).

> Human beings incorporated into the army are but negated elements, negated with a kind of rage (a sadism) manifest in the tone of each command, negated by the parade, by the uniform, and by the geometric regularity of cadenced movements.[20]

This discipline that raises the soldier from the nonscalable, black impurity of low heterogeneity is often manifested in posture and bodily control. Klaus Theweleit's detailed study of the proto-Nazi Freikorps in *Male Fantasies* consolidates Bataille's hypothesis:

> The activities we have witnessed in the soldier male can be conceived as structured chiefly to maintain his ego-stability; they include his imposition of commands on himself, "pulling himself together", the whole range of forms of deliberate self-control available to him; his alertness, his constant watchfulness; "keeping fit" to drill his own body; his "masculine" posture and demonstratively upright bearing [...].[21]

According to Theweleit, fascism is characterised by "a desire for, and fear of, fusion, explosion [...], fear of total annihilation and dismemberment", a paradox it resolves through the destruction of non-selfhood as it is represented in the other, low, heterogeneity.[22] A diffuse inhuman or more-than-human/fungal heterogeneity on which value, objecthood, and subjecthood have no purchase, and a paranoid humanist self-immortalization which destroys to keep itself intact and pure, bookend an infinitely expanding project of alterity-paralyzing jellification.

Bataille ends his essay in an interesting way. The economic basis of capitalism does not provide — other than as an antagonist — the conditions for the formation of fascism. There, he concludes, fascism is a primarily psychological — that is, *affective* and *libidinal* — social excrescence, supported, more significantly by homogeneity's reliance on the state to keep

20.
Ibid., pp. 149, 150.

21.
Klaus Theweleit, *Male Fantasies* (transl. Erica Carter, Chris Turner), Minneapolis: University of Minnesota Press, 1989, Vol. 2, pp. 249-50.

22.
Klaus Theweleit, *Male Fantasies*, (transl. Stephen Conway), Minneapolis: University of Minnesota Press, 1989, Vol. 1, p. 205.

the lower heterogeneous forces at bay, than by capitalism itself, which is what paves the way for easy fascist capture of homogenous forces. This new terrain of libidinal politics outlined in his conclusion "reveals immense resources" for "it remains possible to envision, at least as a yet imprecise representation, forms of attraction that differ from those already in existence."[23] What else lies in the depths of the libidinal lake?

23.
Bataille, p. 159.

Quatro Corpos Encontrados num Lago

Declan Morl

Quatro corpos sem camisola foram encontrados num lago em Montalegre, exibindo claros sinais de trauma: olhos negros e inchados, manchas cor-de-rosa néon nas roupas e botas, e línguas exageradamente inchadas. Um dos corpos segurava, com a mão já rígida, a sua própria língua cortada, enquanto na outra empunhava uma faca. O que levou a esta cena permanece um mistério indescritível, uma memória deixada apenas para aqueles que testemunharam o horror. E há sempre testemunhas para tais espetáculos.

Com botas de qualidade militar calçadas e calças de camuflagem vestidas, os quatro pareciam formar uma unidade. Exames revelaram traços uniformes de anfetamina e lítio no sangue de todos, que, segundo algumas fontes, brilhava com um tom ultravioleta néon. Fosse qual fosse o objetivo deste grupo, é evidente que procuravam sincronizar o seu estado neuroquímico numa espécie de união coletiva. As suas diferenças individuais foram apagadas, formando um corpo único que, embora se dividisse externamente em identidades separadas, mantinha mecanismos internos indiferenciados.

Nos últimos anos, a produção de lítio na região aumentou substancialmente. Extrações de caráter especulativo envenenaram a maioria dos cursos de água vizinhos, e os efeitos prejudiciais noutros corpos de água não foram ainda testados. Uma fonte sugeriu que estes quatro corpos poderiam estar a tentar alcançar uma comunhão com o corpo de água que continha os maiores depósitos: um atrator estranho.

Nenhum dos demais presentes teve coragem de entrar no lago. A atmosfera sinistra do local parecia avisar para não se aproximarem. A ondulação da água era inquietante e antinatural. As autoridades optaram por deixar o lago entregue a si próprio.

O incidente deixou as autoridades perplexas, sem pistas claras ou uma explicação concreta para as ações dos quatro indivíduos. A descoberta de botas militares e calças de camuflagem nas vítimas levou à especulação de que poderiam estar envolvidos numa operação militar que correu mal, ou se tornou rebelde, possivelmente destinada a extrair lítio do lago. O aumento da procura de lítio, elemento vital para a produção de baterias de carros elétricos e sistemas de armazenamento de energia renovável, tem impulsionado extrações descontroladas em várias regiões, frequentemente à custa do meio ambiente e das comunidades locais.

Defensores do ambiente e moradores da região exigem uma investigação aprofundada sobre a origem do lítio e de outros poluentes na área, assim como sobre o ecossistema do lago. A decisão das autoridades de deixar o lago ao abandono gerou preocupação, com especialistas a alertar para potenciais consequências ambientais a longo prazo. Este incidente serve claramente como alerta para a urgência de práticas responsáveis e sustentáveis de gestão de recursos e para as consequências da ação humana no meio ambiente. Contudo, o mistério que envolve tudo isto transforma até o mais comum dos alertas numa *aide-mémoire* que muitos preferem esquecer.

Four Bodies Found at a Lake

Declan Morl

Four shirtless corpses found at a lake in Montalegre. All the bodies displayed clear signs of trauma: each with blackened and bulged eyes, neon pink splattered across clothes and boots, and tongues swollen to exaggerated proportions. The severed tongue of one still gripped in his now petrified hand, a knife in his other. Exactly what happened to cause this scene is an indescribable memory, left to any of those who bore witness. There are always witnesses to such spectacles.

Wearing matching, military-grade boots and camouflage pants, the four individuals seem to be a unit. Equal traces of amphetamine and lithium were found in their blood, which some sources say glowed with a neon ultraviolet tint. Whatever this group's goals were, it is obvious they aimed at synching their neurochemical gradient to a degree of union. Their dissimilarities smeared over a collective body that splits into separate identities on the surface, whereas internal mechanisms remain undifferentiated.

Lithium production has increased in the area over the last years. Speculative extractions have poisoned most neighbouring waters and the deleterious effects to other waterways have yet to be tested. One source has advanced the opinion that these four bodies were perhaps trying to reach communion with the body of water with the strongest deposits: a strange attractor.

No one else at the scene had the nerve to get in the water. The eerie vibe of the lake gave a clear warning to stay out. Its waters undulated in an unnatural fashion. Authorities have decided to leave the lake to its own devices.

The incident at the lake has left authorities baffled, with no clear motive or explanation for the four individuals' actions. However, the discovery of military-grade boots and camouflage pants on the victims has led some to speculate that they may have been part of a military operation gone wrong, or gone rogue, possibly attempting to extract lithium from the lake. The rising demand for lithium, a key component in the production of batteries for electric cars and renewable energy storage systems, has led to increased extraction in many areas, often at the expense of the environment and local communities.

Environmentalists and local residents are calling for a thorough investigation into the source of the lithium and other pollutants in the area, as well as the lake's ecosystem. The decision of the authorities to leave the lake alone has caused concern, with experts warning of potential long-term environmental consequences. The incident serves as a stark reminder of the need for responsible and sustainable resource management practices, and the potential consequences of human activity on the environment. But, the mystery shrouding it all makes even this now clichéd *aide-mémoire* a thing to forget.

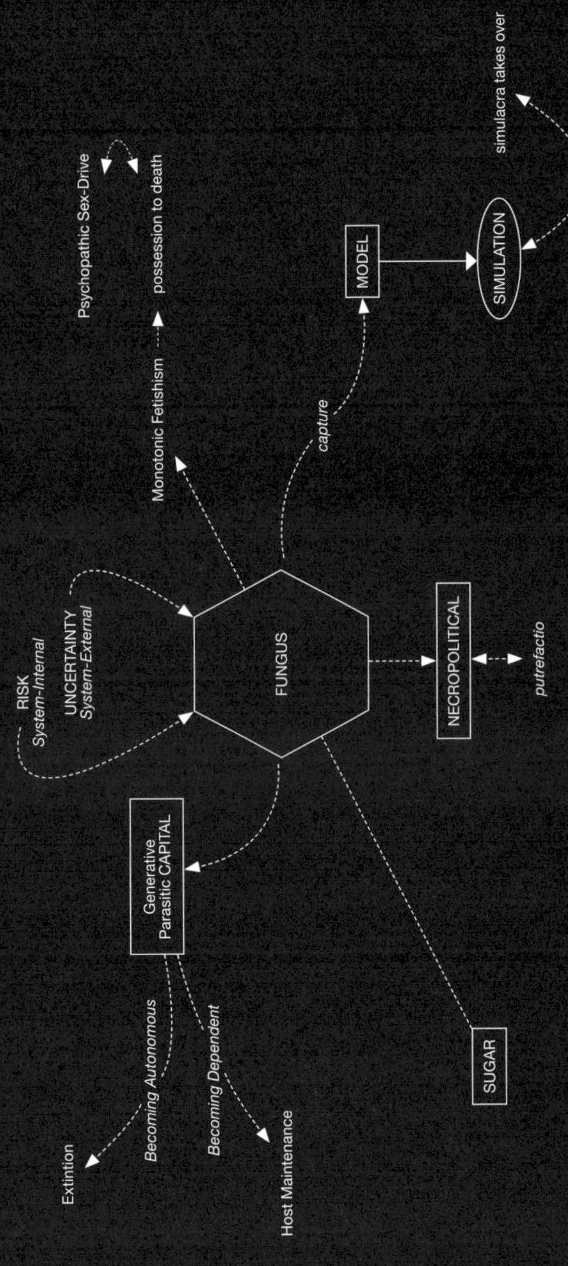

simulacra takes over
Psychopathic Sex-Drive
possession to death
MODEL
SIMULATION
Monotonic Fetishism
capture
RISK
System-Internal
UNCERTAINTY
System-External
FUNGUS
NECROPOLITICAL
putrefactio
Generative
Parasitic CAPITAL
Becoming Autonomous
Becoming Dependent
Extintion
Host Maintenance
SUGAR

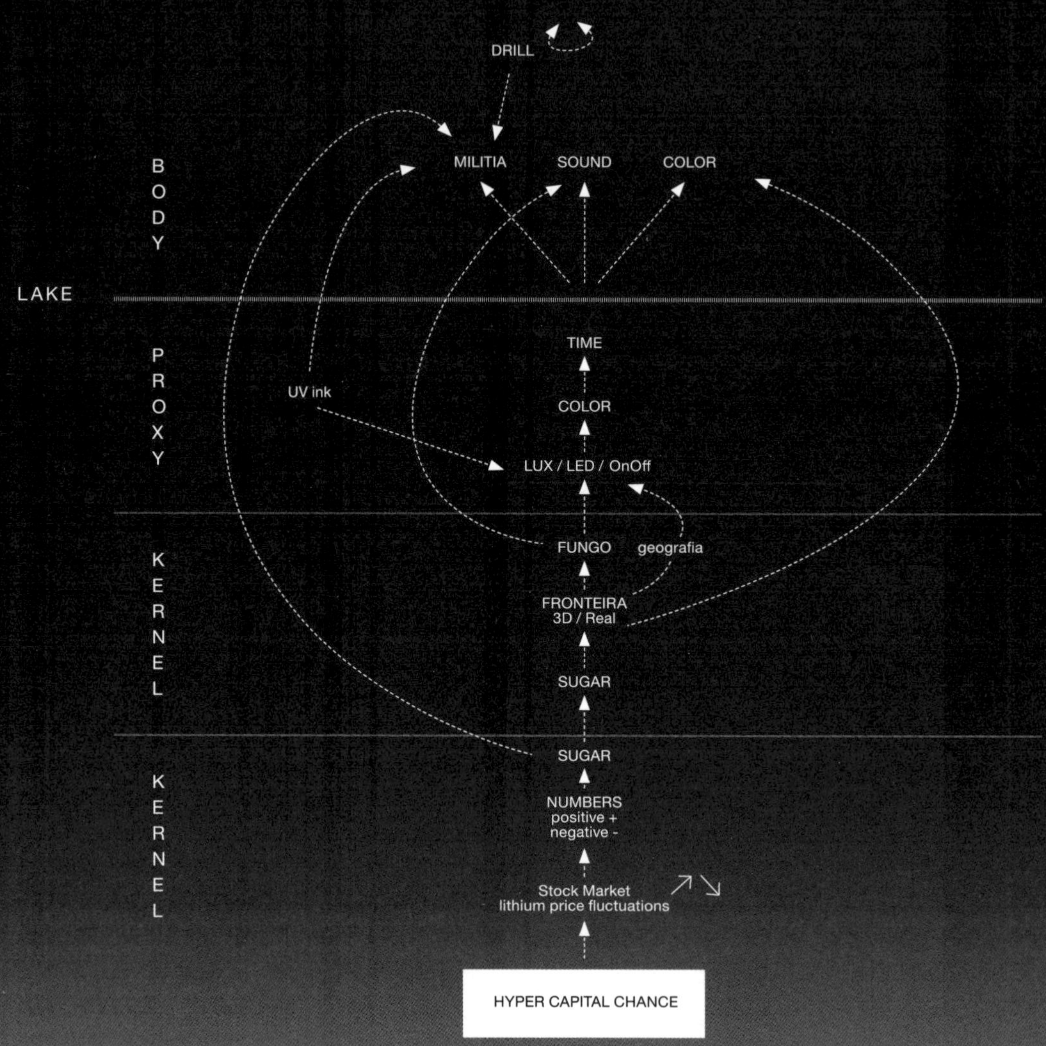

DRILL
BODY
MILITIA
SOUND
COLOR
LAKE
PROXY
TIME
COLOR
UV ink
LUX / LED / OnOff
KERNEL
FUNGO
geografia
FRONTEIRA
3D / Real
SUGAR
KERNEL
SUGAR
NUMBERS
positive +
negative -
Stock Market
lithium price fluctuations
HYPER CAPITAL CHANCE

PERFORMANCE DE PALCO. *Lago Libidinal* apresenta um sistema multi-escalar que transforma a caixa negra do teatro num lago artificial cor-de-rosa, servindo como uma interface espelhada onde performers e audiência interagem num ecossistema viral. Esta rede linfática de derivados inorgânicos prospera num fluxo contínuo de dados, refletindo as flutuações do mercado financeiro e o seu impacto na experiência humana. **Direção, Dramaturgia, Música:** Jonathan Uliel Saldanha; **Dramaturgia:** Catarina Miranda, Lendl Barcelos, Francisco Antão, Letícia Skrycky; **Direção de Coreografia:** Catarina Miranda; **Performance:** Aurora, Daniela Cruz, Deeogo Oliveira, Só Filipe; **Arquitetura de Sistema:** Francisco Antão; **Design de Luz:** Letícia Skrycky; **Sistema de Som Multicanal:** José Arantes; **Voz:** Frank Desire; **Cenografia:** Alexandre Mota; **Próteses:** Júlio Alves; **Técnico de Multimédia:** João Ferreira; **Produção Executiva:** Joaquim Durães; **Produzido por:** SOOPA; **Co-produção:** Teatro Municipal do Porto, Centro Cultural de Belém; **Apoio**: Direção Geral das Artes, Laboratório Ibérico Internacional de Nanotecnologia, gnration.

STAGE PERFORMANCE. *Libidinal Lake* presents a multi-scale system that transforms the theater's black box into an artificial pink lake, serving as a mirrored interface where performers and audience engage within a viral ecosystem. This lymphatic network of inorganic derivatives thrives on a continuous flow of data, reflecting stock market fluctuations and their impact on the human experience. **Direction, Dramaturgy, Music:** Jonathan Uliel Saldanha; **Dramaturgy:** Catarina Miranda, Lendl Barcelos, Francisco Antão, Letícia Skrycky; **Choreography Direction:** Catarina Miranda; **Performance:** Aurora, Daniela Cruz, Deeogo Oliveira, Só Filipe; **System Architecture:** Francisco Antão; **Lighting Design:** Letícia Skrycky; **Multi-Channel Sound System:** José Arantes; **Voice:** Frank Desire; **Scenography:** Alexandre Mota; **Prosthetics:** Júlio Alves; **Multimedia Technician:** João Ferreira; **Executive Production:** Joaquim Durães; **Produced by:** SOOPA; **Co-production:** Teatro Municipal do Porto, Centro Cultural de Belém; **Support:** Direção Geral das Artes, International Iberian Nanotechnology Laboratory, gnration.

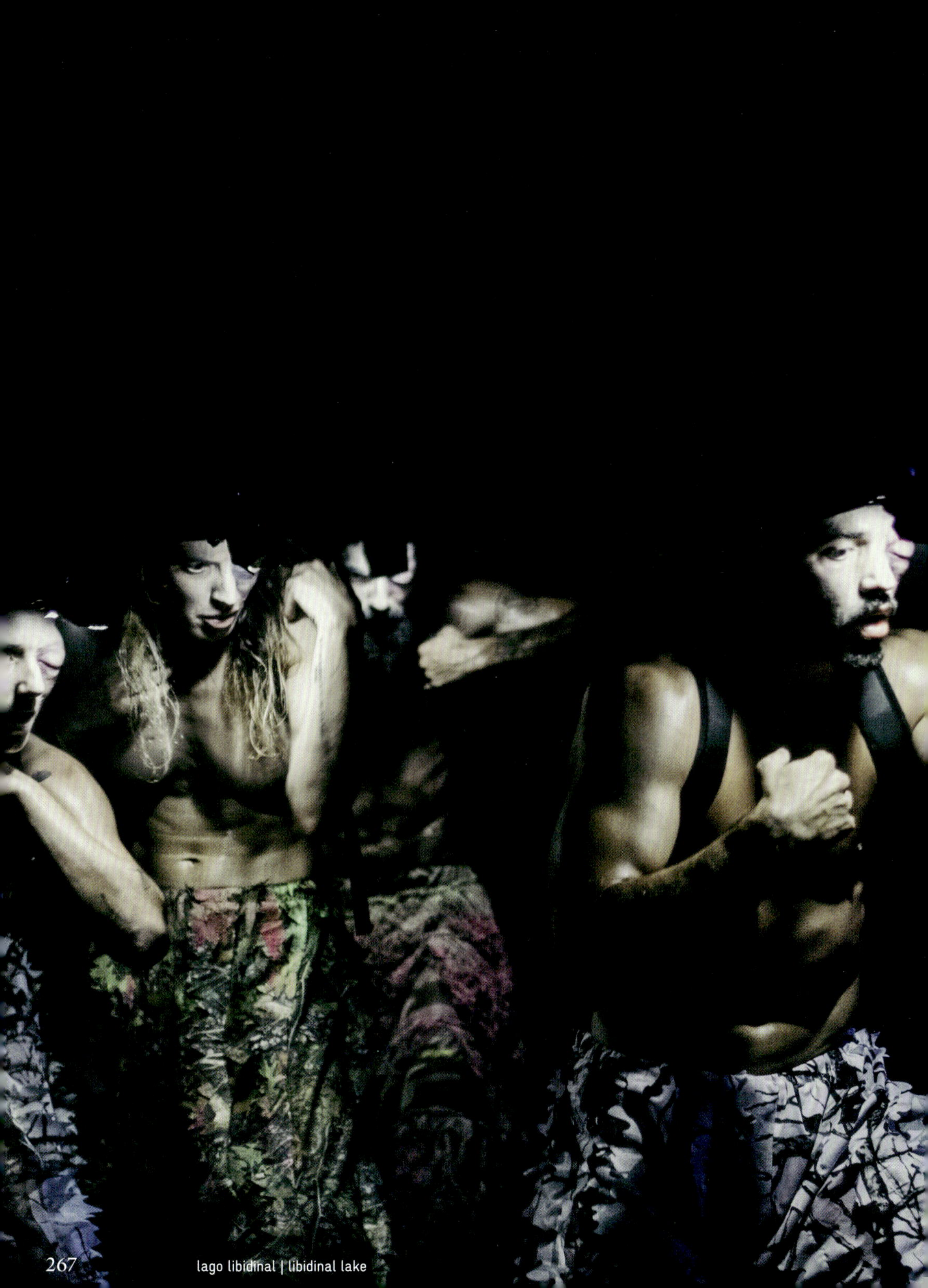

lago libidinal | libidinal lake

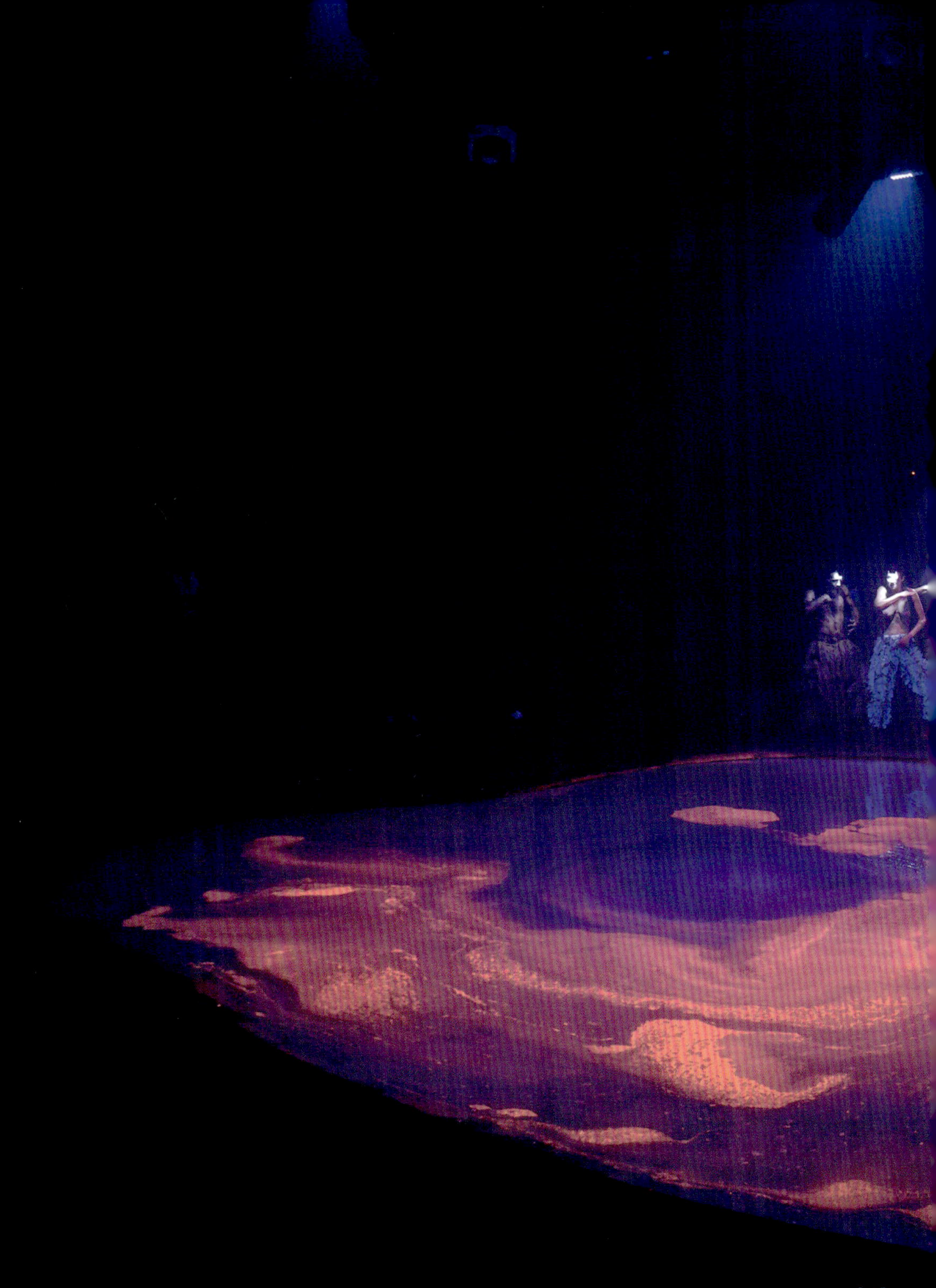

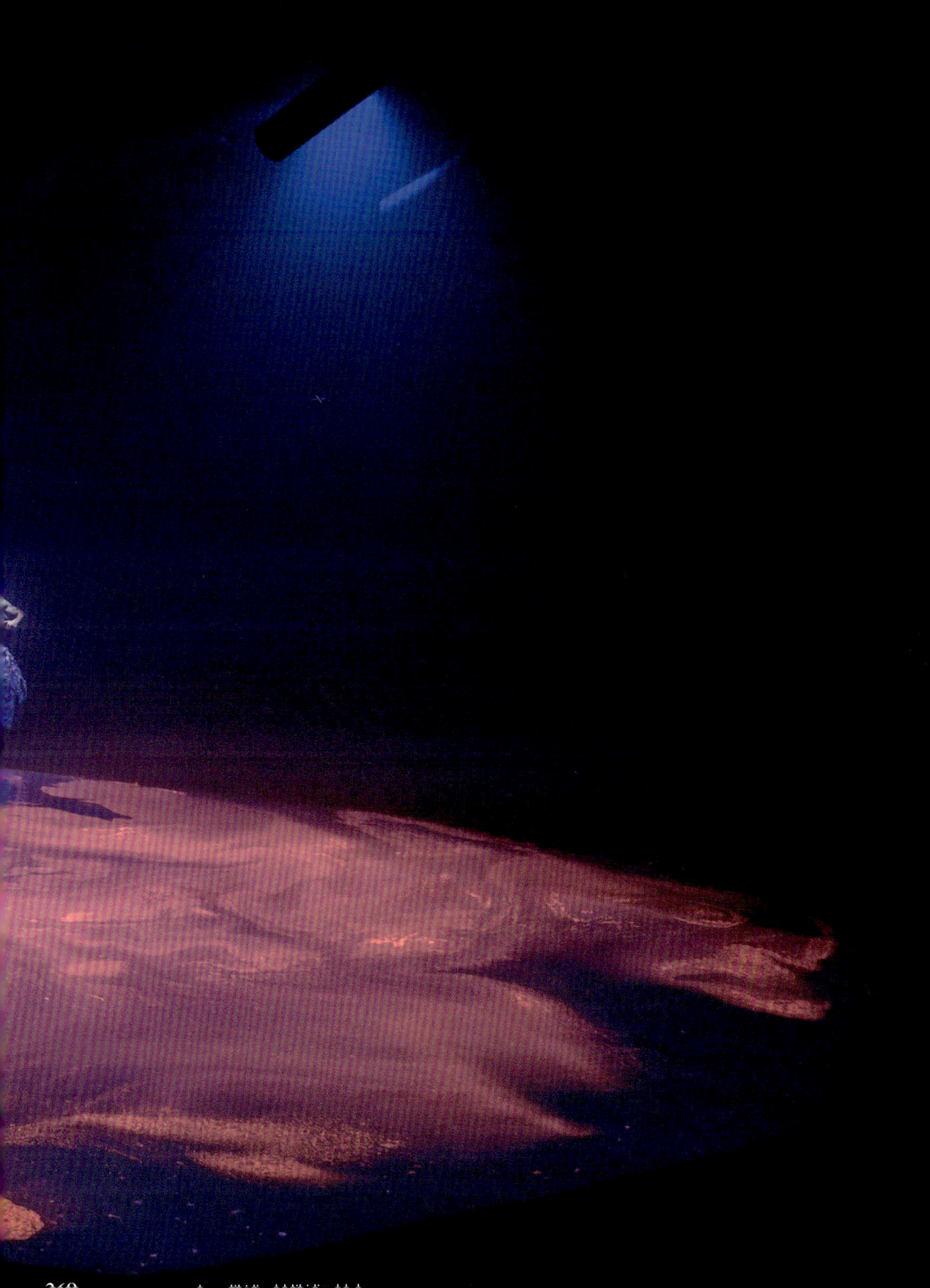

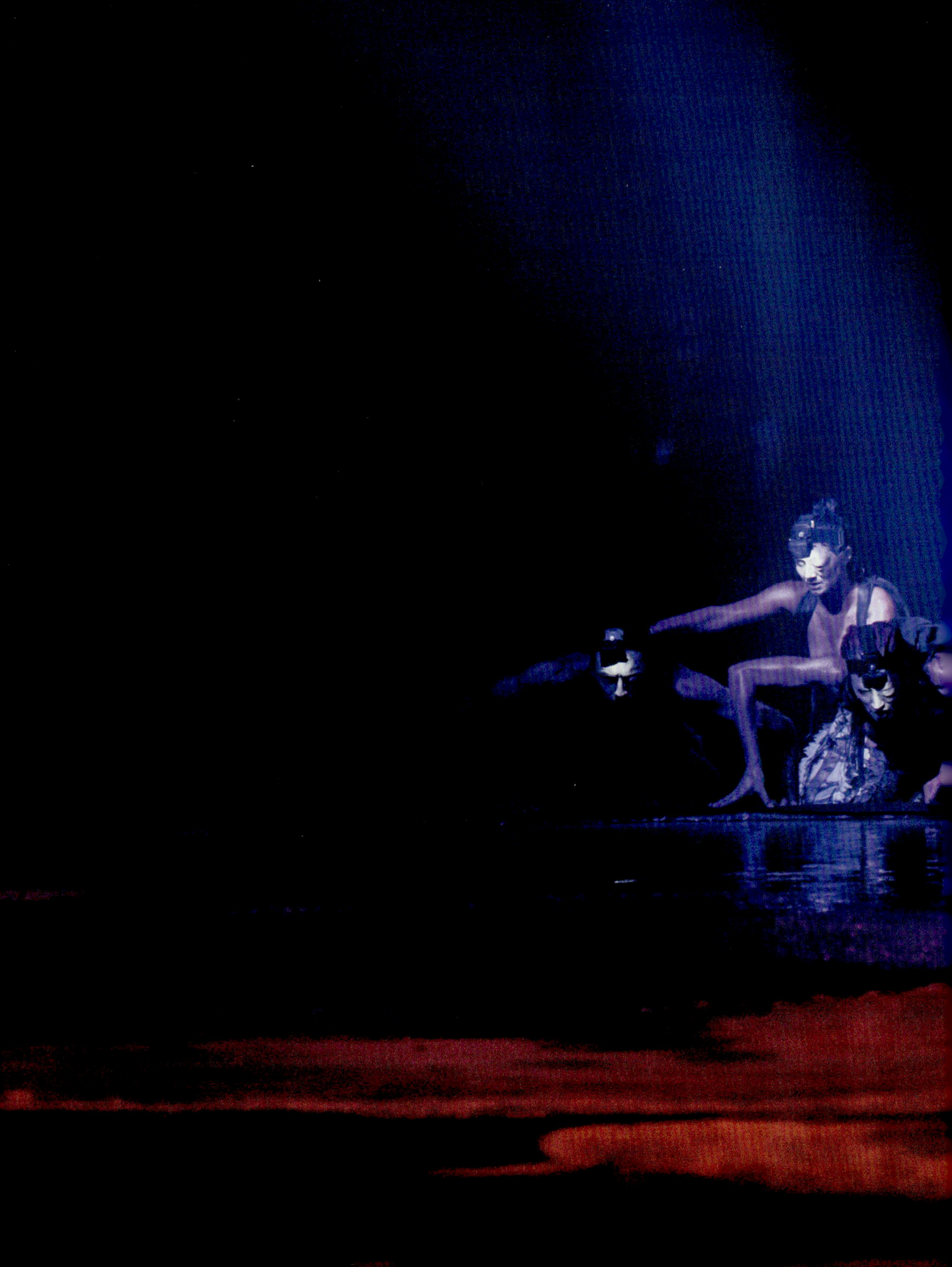

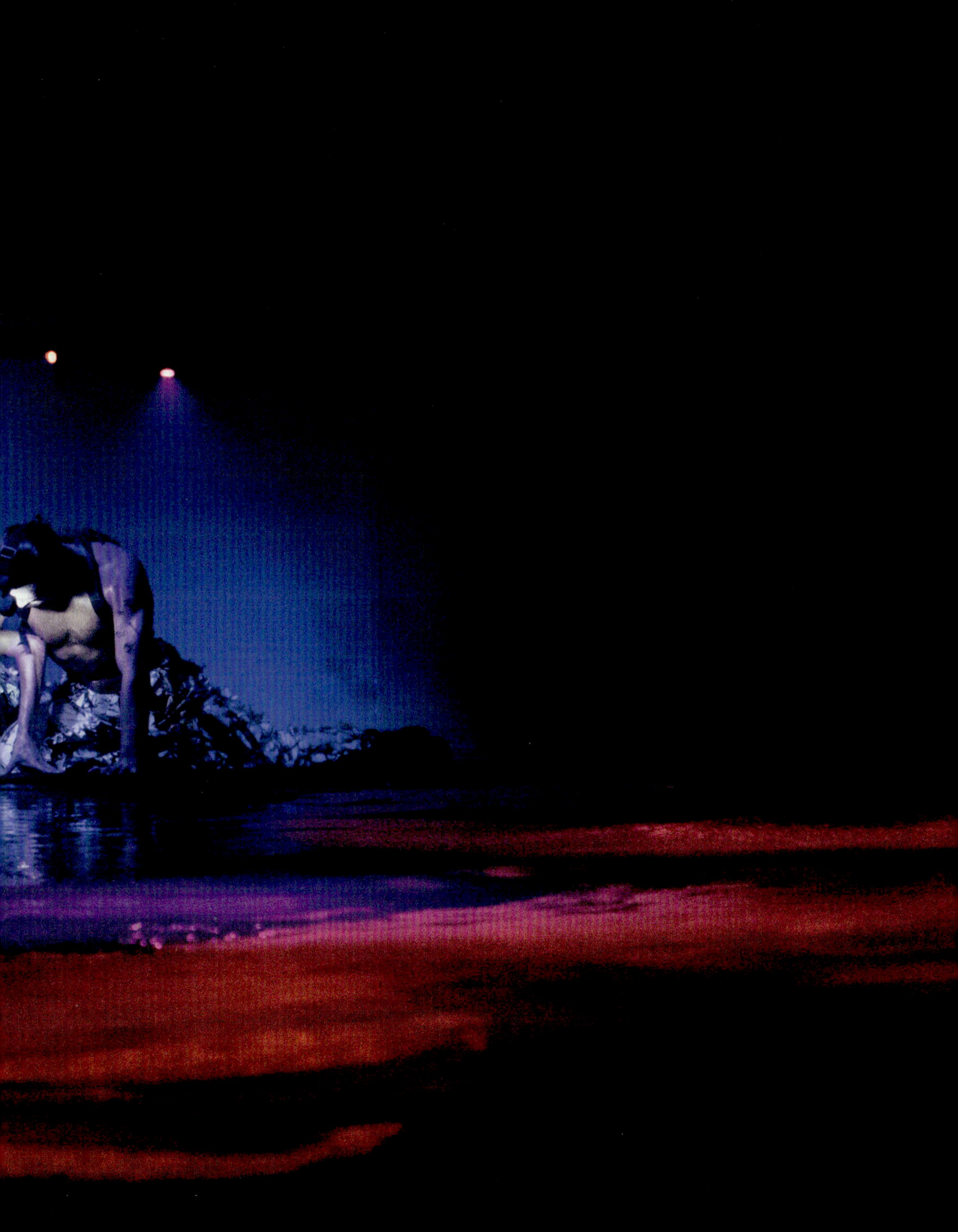

 lago libidinal | libidinal lake

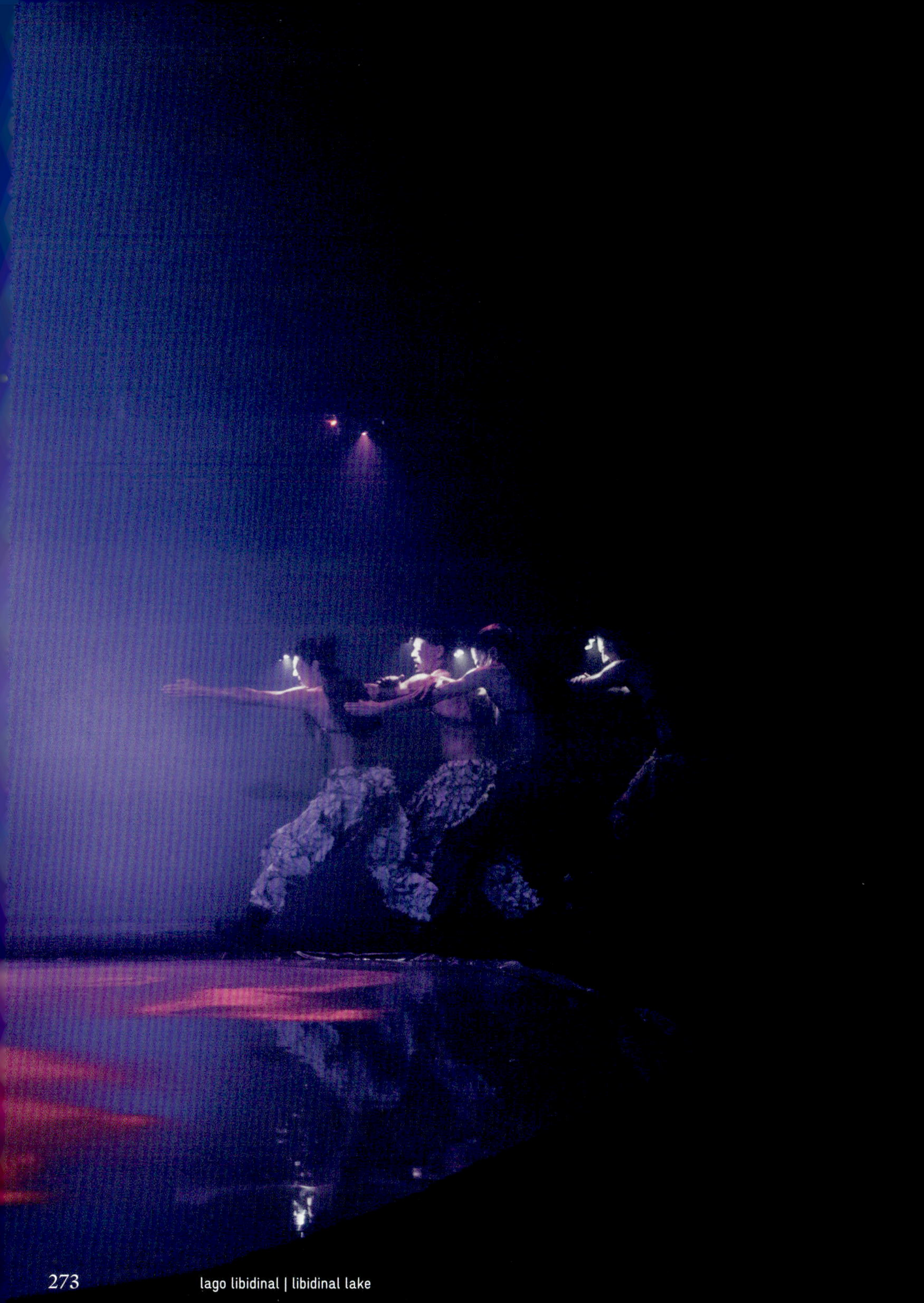

lago libidinal | libidinal lake

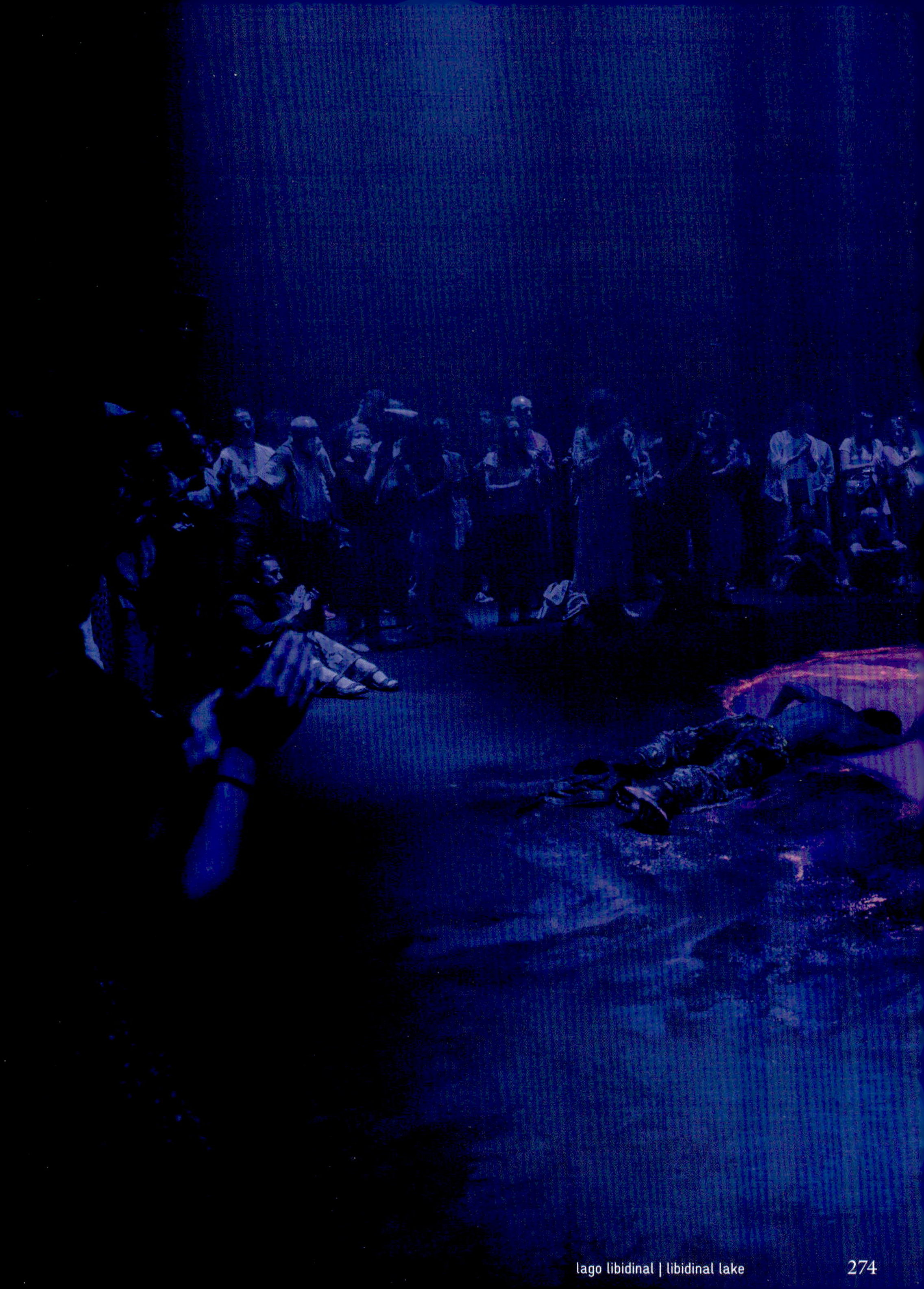

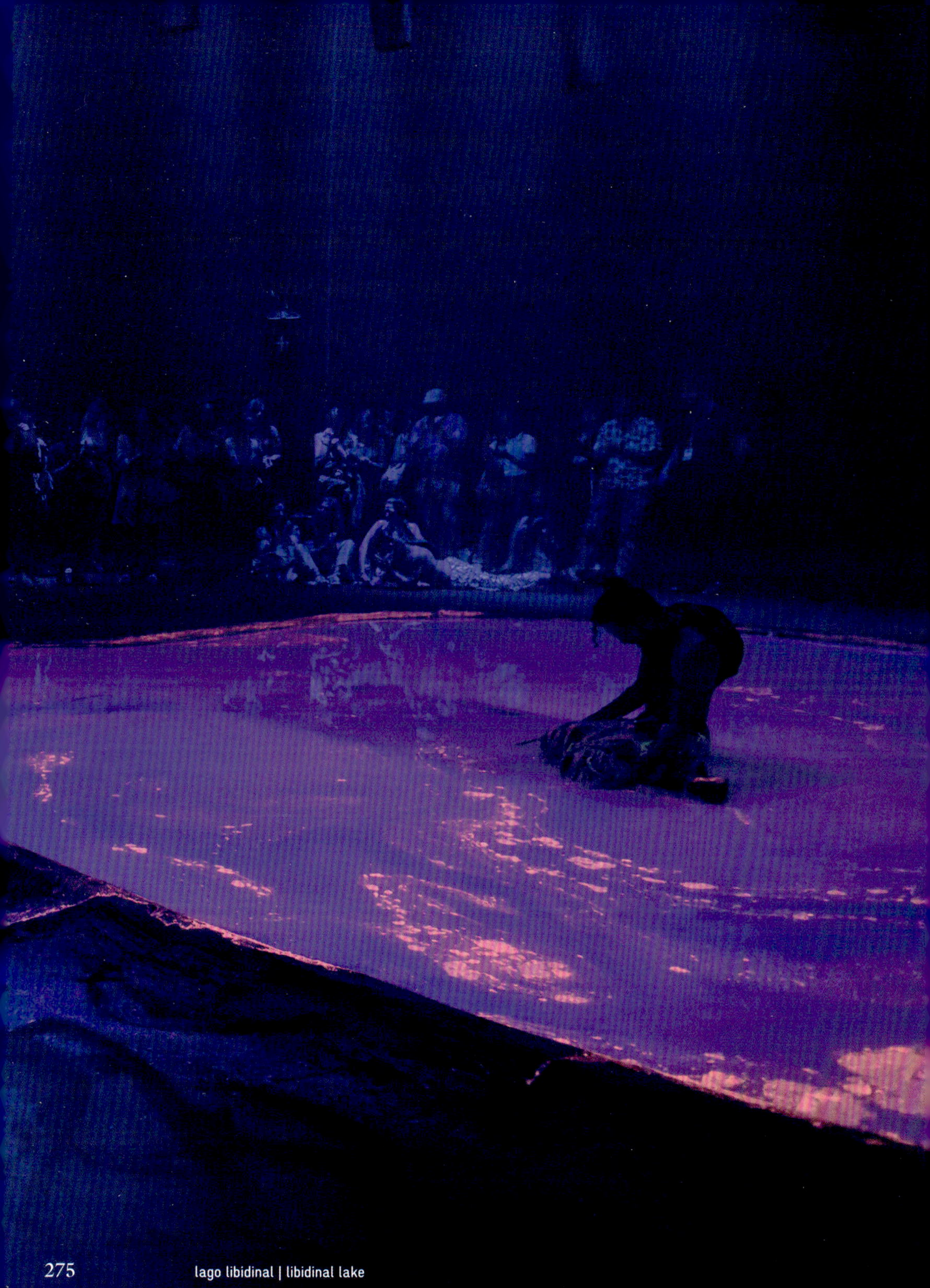

lago libidinal | libidinal lake

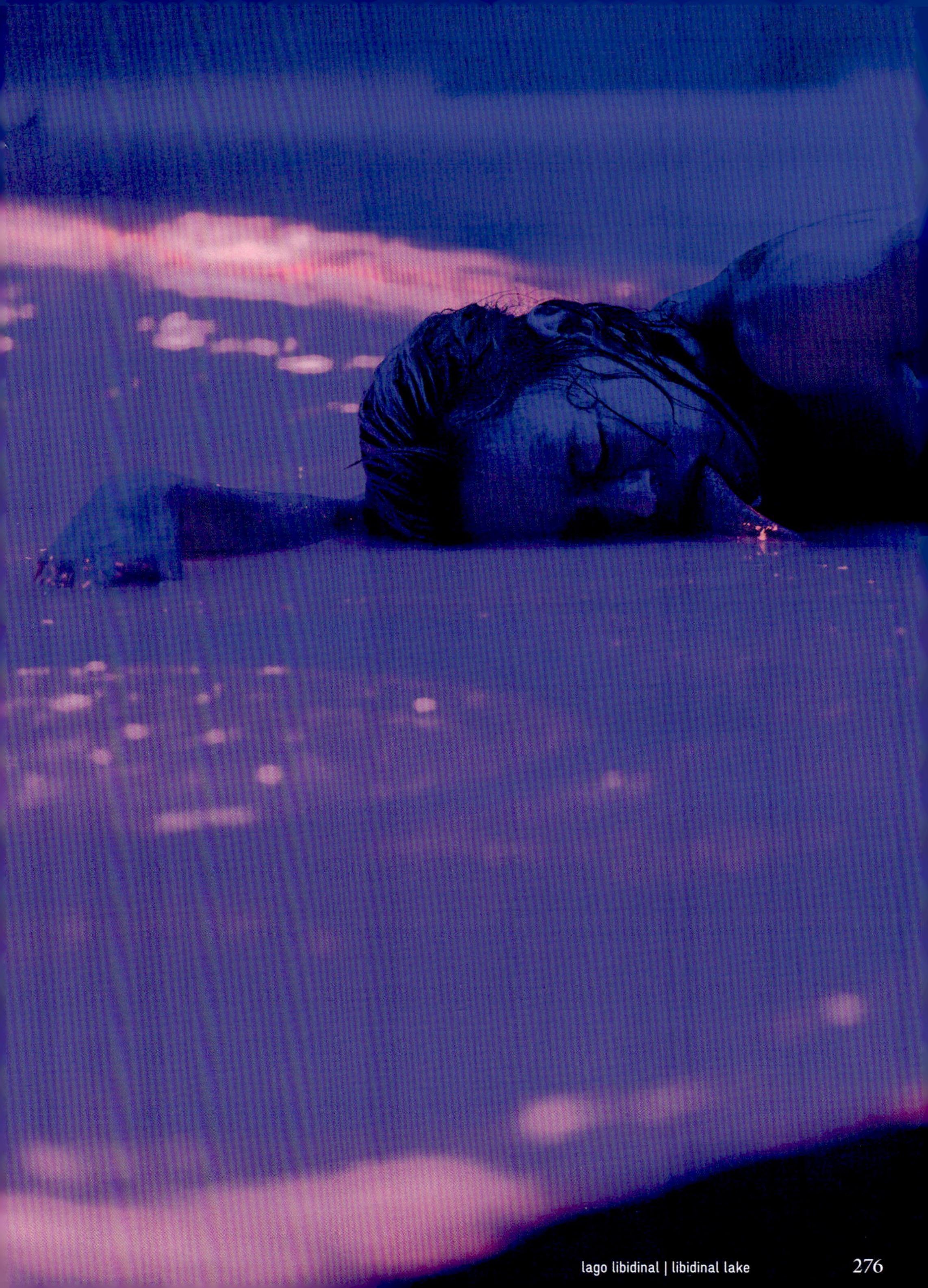

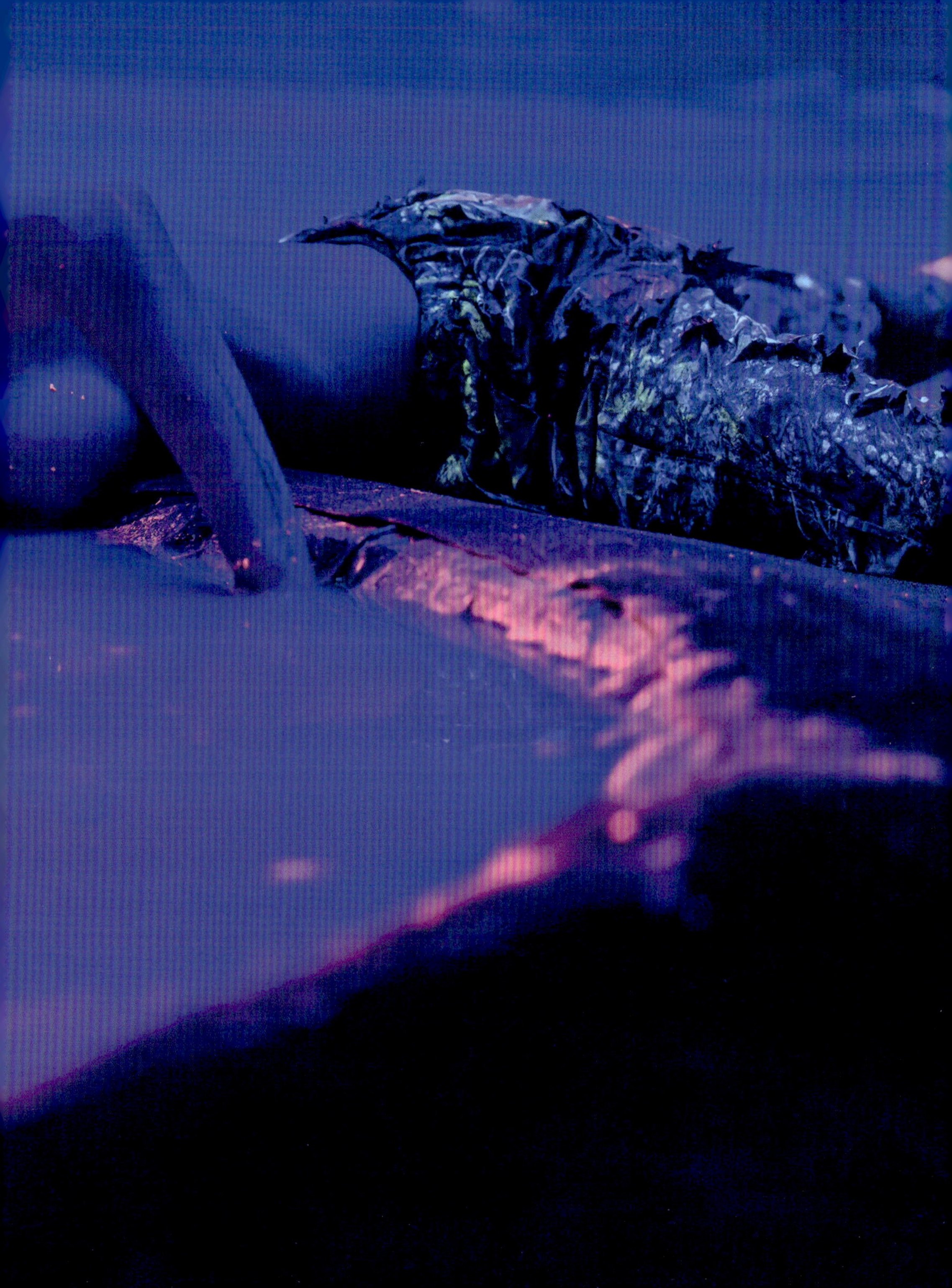

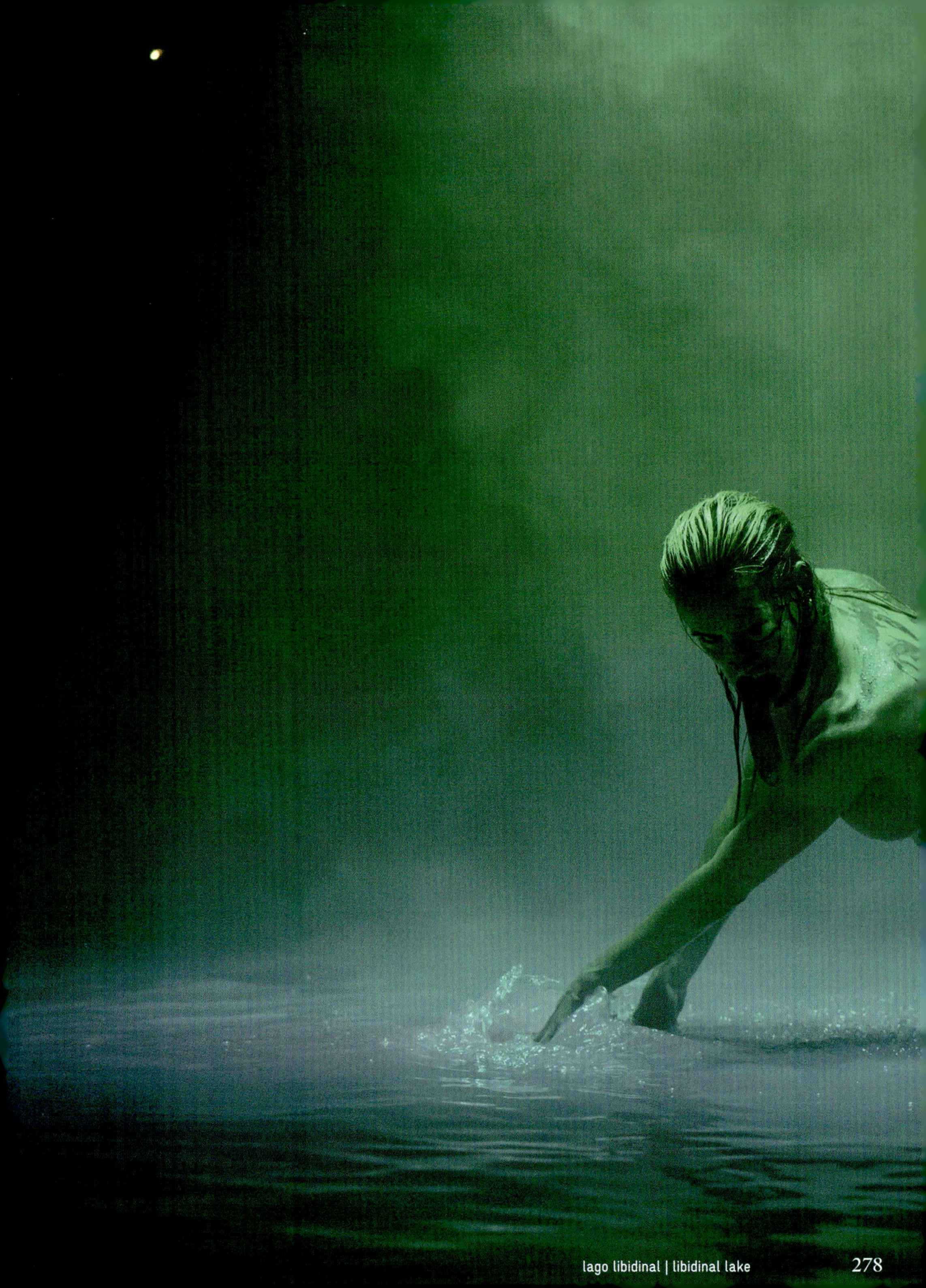

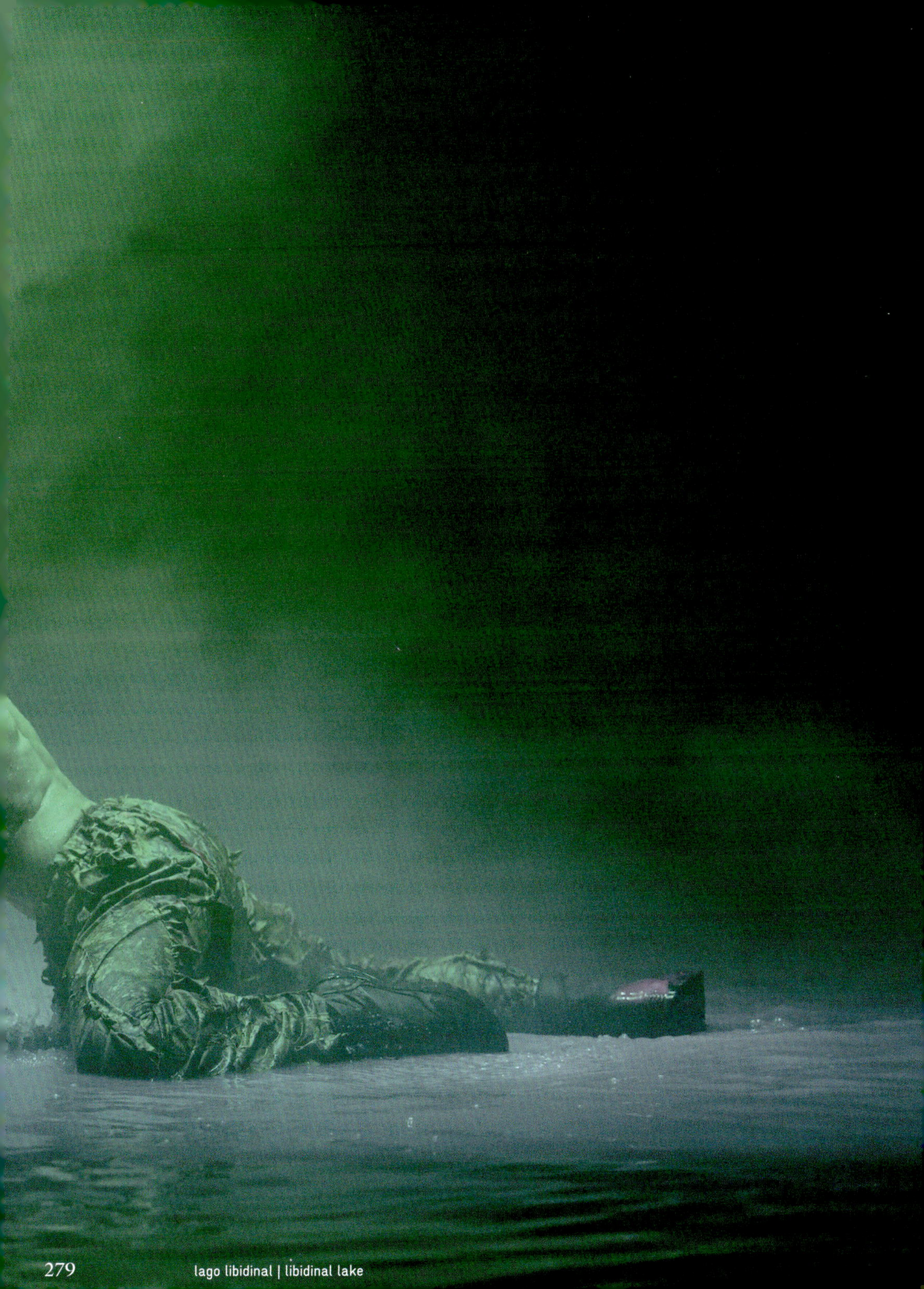

lago libidinal | libidinal lake

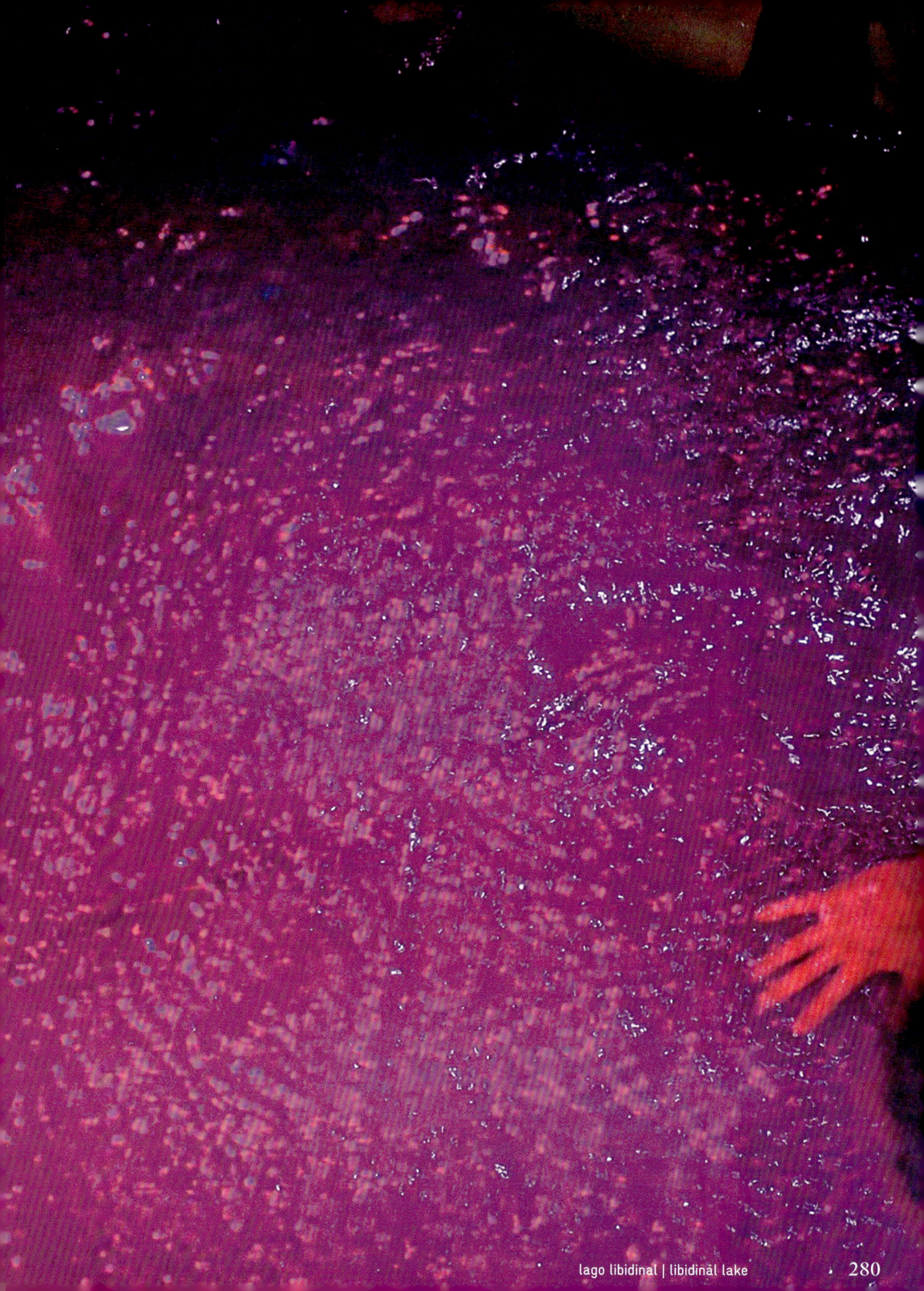

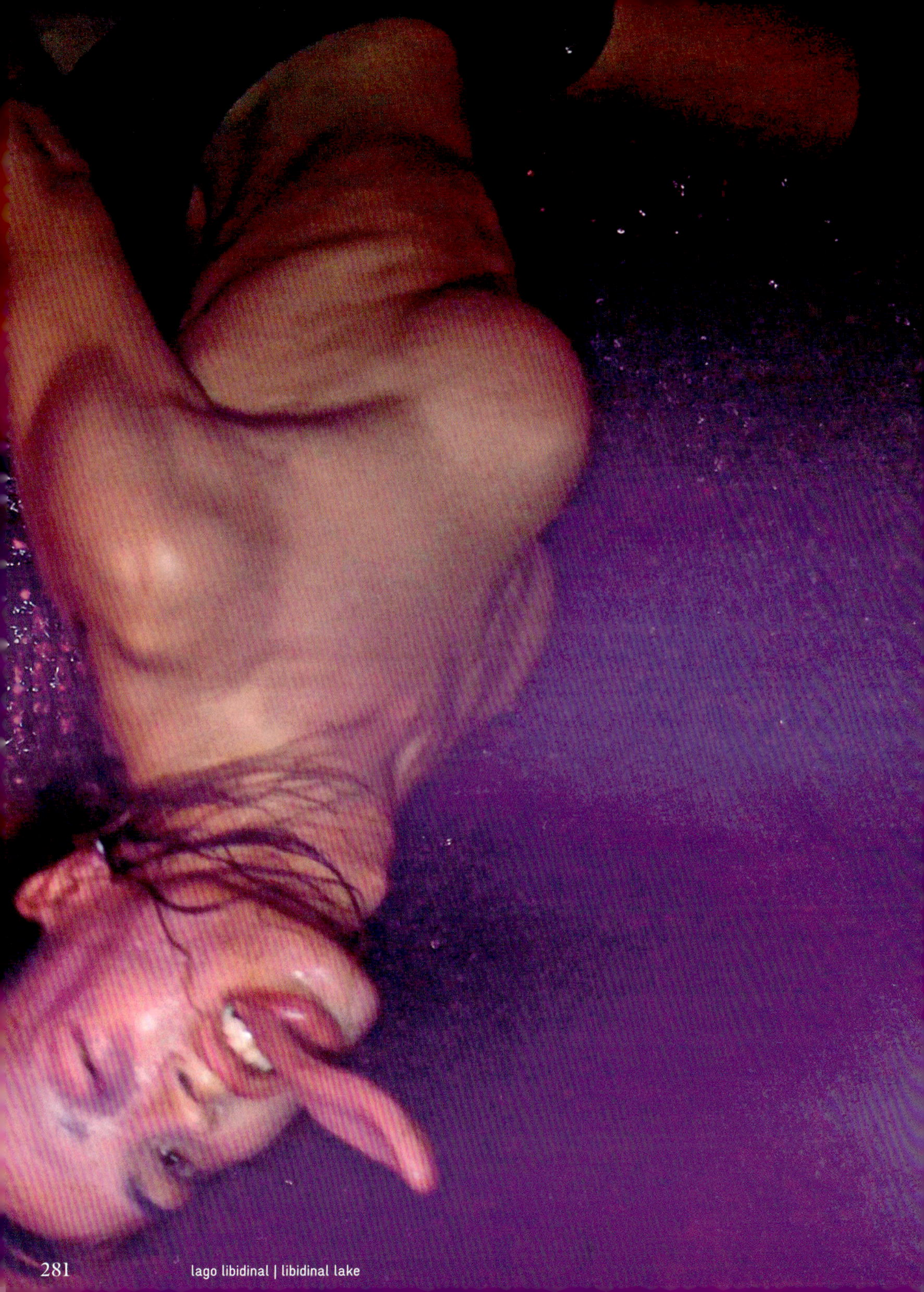

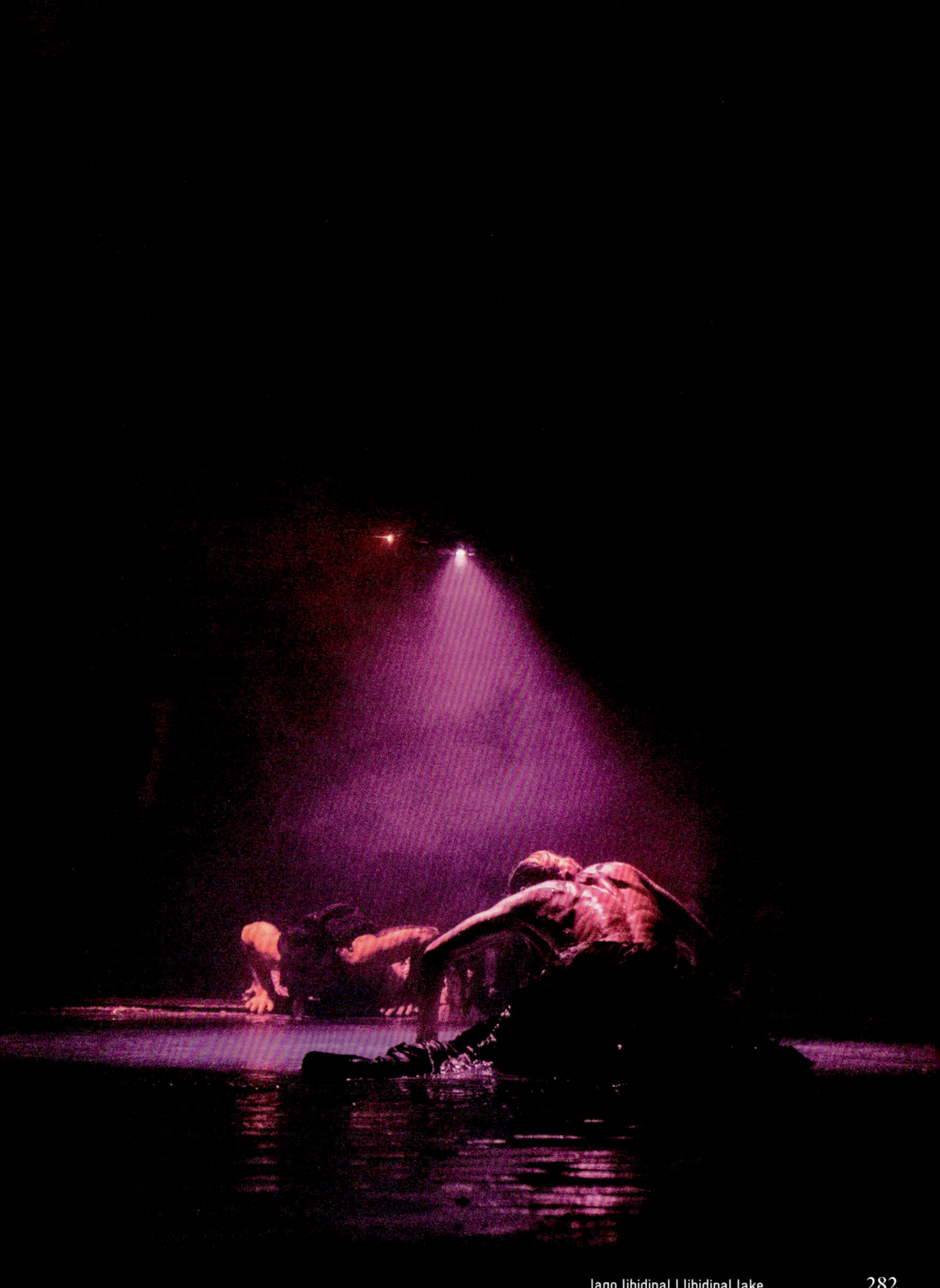

Jonathan Uliel Saldanha em Conversa com João Laia

João Laia
[JL]

Trabalhas com som, imagem e coreografia na criação de ambientes. És o que se chama um artista centrado em práticas *time-based*, nas quais tempo não é sinónimo de abstração ou desmaterialização, pelo contrário, tens um interesse claro no corpo. Qual é a tua linguagem primordial ou, posto de outra forma, o que te permite esta confluência de linguagens?

Jonathan Uliel Saldanha
[JUS]

O corpo é o ponto de partida, onde tudo começa. É nele que se enraíza a subjetividade, a linguagem e a relação com a alteridade e a paisagem. A partir desse princípio, qualquer processo de criação se torna interessante para mim, desde que a linguagem utilizada sirva o propósito do processo. O tempo, por sua vez, é inevitavelmente a unidade através da qual deciframos a linguagem e o sentido; ele está sempre presente, mesmo quando tentamos abstraí-lo ou desmaterializá-lo.

Não considero que exista uma linguagem primordial na qual prefira operar, mas sim modos de percecionar a informação que inunda os nossos sentidos — modos de análise e de controlo temporário das possibilidades.

A nossa experiência corpórea no tempo real é fundamental. Qualquer linguagem utilizada nesse contexto irá inevitavelmente articular uma subjetividade que está ancorada no corpo. Interessa-me qualquer tipo de linguagem, pré-linguagem ou pós-linguagem, que surja desse confronto — dessa experiência de dilatação e compressão do tempo.

Parece haver uma exploração constante da artificialidade de binarismos em que até recentemente se baseavam as sociedades ocidentais (será que o deixaram de fazer?). Por exemplo, entre real e ideal, real e virtual, orgânico e artificial, espiritualidade e estruturas sociais, etc. Este tipo de questionamento também parece assinalar uma inscrição numa crítica da distinção entre cultura e natureza que tem dominado campos como a filosofia ou a arte contemporânea em décadas recentes. Podes articular um pouco mais este tipo de posicionamentos e como se materializam ou são explorados no teu trabalho?

[JUS]

O confronto primordial que me interessa é a fratura entre o mundo interior e o mundo exterior. Esta tensão reflete o desafio crónico que as sociedades humanas enfrentam ao tentar traçar a linha onde a experiência deixa de ser puramente subjetiva, o "eu", e passa a envolver o diálogo com o mundo exterior, o "outro". Esta fronteira não é algo fixo, mas uma construção permeável e instável, onde os dualismos são constantemente desafiados e reformulados. A alteridade é profundamente codificada pela cultura na qual o corpo e a observação estão inseridos.

Existe uma maneira de pensar além dessas codificações rígidas, abrindo espaço para uma subjetividade fluida e para a multiplicidade das experiências. Neste sentido, o diálogo de experiências não é apenas um confronto binário, mas uma rede de interações onde as distinções culturais são continuamente desconstruídas e reconfiguradas.

Estas interações são muitas vezes domesticadas pela cultura, tornando-se automáticas e inerentes. Podemos entender essa dinâmica como uma rede interconectada de influências mútuas, onde dissolver os mecanismos culturais que determinam essa fronteira nos permite reimaginar o "eu" como uma entidade em constante negociação com o "outro", numa rede de agências que atravessam e moldam a nossa perceção.

Somos, em última análise, criaturas híbridas, fundindo o orgânico e o artificial, o natural e o cultural. Pertencemos a um todo infinito, um estilhaço cósmico, mas os nossos instrumentos de perceção condicionam a leitura de cada experiência. Partilhamos com o mundo a sua realidade atómica mas, ao mesmo tempo, somos atravessados por entidades, coabitamos com tecnologias, interagimos com redes e outras agências que não compreendemos completamente. Essa condição híbrida desafia a ideia de uma fronteira clara e estável entre o "eu" e a paisagem, tornando a separação entre cultura e natureza cada vez mais artificial e obsoleta.

Somos feitos de paisagem, mas será que deixamos de sentir a fina fronteira artificial que nos separa dela?

[JL]

Recordo-me de há alguns anos teres referido o teu interesse na ruína. E, se não estou em erro, deste o exemplo da cidade do Porto como uma instância desse entendimento de ruína. Podes comentar esta memória e talvez atualizá-la, tanto em relação ao teu interesse pela ruína como à associação com o Porto, como às possíveis diferenças entre o teu entendimento da cidade nessa altura e hoje?

[JUS]

Interesso-me por todos os processos de mutação. A ruína, que associamos à decadência de construções humanas e vestígios civilizacionais, segue, na realidade, o mesmo trajeto de tantos outros organismos. Ao atravessar a linha invisível da não existência — seja pelo colapso, falência, morte, transformação química ou outras formas de alteração — , a ruína passa inevitavelmente por uma mutação profunda na sintaxe do seu corpo: putrefação, decomposição, metamorfose.

Naquela época, a cidade era uma espécie de ruína: esvaziada de população, com prédios a desmoronar e sem turistas à vista, uma periferia opaca. Essa condição, paradoxalmente, era também a sua força, pois a camuflagem de musgo permitia a fermentação de novos organismos e ideias, revelações que emergiram como cogumelos a partir de uma carcaça. Havia algo profundamente inspirador na possibilidade de inventar novas experiências e de experimentar espaços híbridos, sem a pressão da eficiência. Acredito que essa energia tenha moldado grande parte do caráter do universo artístico de hoje.

É claro que, atualmente, a cidade contrasta fortemente com esse período; é menos periférica, mais desejada, mais cara, onde tudo parece já estar estabelecido. Contudo, diria que os fungos que emergiram nos períodos de ruína permanecem incrustados em parte do seu tecido.

Este é um ciclo habitual: construção e destruição, e a criatividade mais disruptiva tende a emergir nos ciclos de putrefação. A cidade, outrora um terreno fértil para a criação na sua ruína, agora atravessa uma fase diferente desse ciclo, onde a vitalidade se manifesta de outras formas, ainda parte do mesmo processo de transformação contínua.

[JL]

Ainda sobre a ideia de ruína, no texto "Mediações Vibracionais" incluído nesta publicação, dizes "Ambas as ruínas, que anteriormente serviam para detetar e traduzir o invisível, tornaram-se agora cenários de sedimentação tecnológica — um aterro de protocolos do passado: [...] todas canalizadas através das suas cavidades ctónicas."[1] Isto leva-me à ideia de cavidade ou fissura que é outra imagem-entidade recorrente na tua prática, por exemplo em trabalhos como *O Poço* ou *Vocoder & Camouflage*. O que é que te interessa nesta imagem-entidade e o que te permite ela explorar?

[JUS]

Interessa-me a transição entre o exterior e o interior, o que é guardado e o que é exposto, o oculto e o visível — dinâmicas que exploram a dissolução das fronteiras rígidas entre estas polaridades. A cavidade, na sua capacidade ressonante, exemplifica esta transição como um espaço radial que amplifica o aural, funcionando como um portal entre o interior e o exterior.

1.
Jonathan Uliel Saldanha, "Mediações vibracionais". In *Superfície Desordem / Surface Disorder*. Porto: Galeria Municipal do Porto/Ágora — Cultura e Desporto do Porto, E.M., S.A. e Mousse Publishing, 2024, p. 91.

Esta ressonância não é apenas um eco, mas um mediador vibracional que articula a fronteira entre o espaço interno e o externo, criando uma conexão fluida que desafia as distinções polarizadas. Tal como as térmitas, também nós construímos e habitamos cavidades incessantemente; são o nosso habitat predileto. A voz, os olhos, o sexo — todas elas são cavidades que mediam a troca constante entre o interno e o externo, desafiando a distinção clara entre ambos.

Estas cavidades funcionam como dobras que, embora inanimadas, articulam o limite entre a superfície e o seu contorno. Elas têm a capacidade de transformar o espaço que ocupam, não apenas no seu volume, mas através da ressonância que projeta e reverbera o que nelas ocorre, ecoando entre o interno e o externo. Estão presentes em todos os aspetos humanos, mas permanecem profundamente exo-humanas.

Essas cavidades são espaços liminares, zonas de mutação, onde as fronteiras se tornam permeáveis e a transição se dissolve. Neste território ambíguo, onde não sabemos se o que se manifesta é interior ou exterior, a cavidade permite explorar conceitos e experiências que transcendem as distinções tradicionais entre o que está dentro e o que está fora, revelando a fluidez inerente à nossa existência, onde as fronteiras rígidas são continuamente desafiadas e reconfiguradas.

[JL]

Queria perguntar-te sobre o teu entendimento da pessoa humana. No texto-esquema sobre a peça *O Poço* a certa altura afirmas: "O humano é residual e opera a partir da orla e em erupções de atividade: caça, mimésis, canibalismo e limpeza."[2] De facto, no teu trabalho o humano não existe ou desapareceu. Há traços do humano e gestos ou movimentos pós-humanos. Qual é o teu entendimento sobre a condição contemporânea da pessoa humana e como é que o teu trabalho articula essa visão?

2.
Jonathan Uliel Saldanha, Godofredo Pereira, Diogo Tudela, "O Poço". In *Superfície Desordem / Surface Disorder*. Porto: Galeria Municipal do Porto/Ágora — Cultura e Desporto do Porto, E.M., S.A. e Mousse Publishing, 2024, p. 144.

Embora possa não ser imediatamente óbvio, a criatura humana está sempre presente no meu trabalho; tudo o que faço é inevitavelmente codificado através dessa perspetiva. Apesar de poder simular a mecânica simplificada de um fungo, o seu percurso de interações previsíveis, nunca posso realmente experienciar a sua existência — sou, afinal, uma máquina diferente. Mesmo quando a figura humana raramente surge de forma explícita no meu trabalho, ela permanece o ponto constante, ainda que de forma subliminar ou mutada. Esta presença manifesta-se através de uma dissonância cognitiva, uma repetição excessiva de um detalhe, uma posição desconfortável ou uma relação obsessiva com um objeto.

Interessa-me explorar a condição humana numa posição descentralizada, mantê-la como um vetor expressivo do mundo, mas não como seu porta-voz absoluto. Daí a tensão constante entre ser humano e operar com ferramentas que transcendem essa condição, entre Eco e Narciso, entre a descorporalização da voz e a hiper-materialização do reflexo. Mesmo quando Eco se dissolve na natureza, continua a articular palavras humanas; essa é a sua condição inescapável.

Esta complexa relação entre presença e ausência, entre codificação e mutação, ressoa com a minha visão da condição contemporânea da pessoa: uma entidade em contínua transformação, que se manifesta tanto nas suas erupções de atividade quanto nos seus gestos indecifráveis. Procuro explorar essas tensões e contradições inerentes à nossa existência, bem como os limites que nos definem.

[JL]

Podes articular o teu interesse pela materialidade, funcionamento e ideia de entidades não-humanas como fungos ou vírus, nomeadamente no seu relacionamento real ou intuído com dinâmicas especulativas (ou não) contemporâneas? E de que forma se relacionam, possivelmente estruturam, e se materializam no teu trabalho?

A definição de materialidade vai além do seu sentido físico; envolve também a manifestação de forças e interações que moldam a nossa realidade. Interessa-me profundamente o que os diferentes materiais e entidades não-humanas, como fungos e vírus, podem revelar sobre as dinâmicas que operam tanto dentro como fora de nós. Essas entidades não são apenas componentes externos; elas atravessam, ocupam e transformam o corpo humano, convertendo-o em paisagem e estrada para civilizações que nos precedem e nos transcendem.

Somos inevitavelmente afetados pelo "império micelar" dos fungos, influenciados e moldados por essas forças que emergem de uma alteridade extrema, no interior das nossas entranhas — uma força que não conseguimos capturar e que preenche as nossas histórias com impulsos que não são gerados pela nossa própria consciência.

Assim como os fungos, os vírus participam da nossa realidade de maneira profunda e transformadora. O nosso interior torna-se o exterior para o vírus; estas entidades não-humanas habitam-nos, reconfigurando a nossa perceção do que significa estar vivo e ser humano.

O desafio está em gerir todas essas vozes — tanto as palpáveis como as intuitivas — sabendo que, inevitavelmente, serão sempre transformadas em figuras de uma narrativa que conseguimos compreender. Nesse processo, os objetos-imagem-sons surgem como pontes, ligando o espaço indecifrável destas entidades não-humanas à nossa realidade compreensível. Eles tornam possível uma comunicação entre o conhecido e o desconhecido, ajudando-nos a articular e a materializar estas forças que, por natureza, desafiam a nossa compreensão e reconfiguram as fronteiras da nossa experiência.

[JL]

Tens também um forte interesse em diferentes agências não-humanas, como combustíveis fósseis ou a Inteligência Artificial, ambos recorrentes no teu trabalho, sendo que a IA tem uma forte presença na exposição *Superfície Desordem* apresentada na Galeria Municipal

do Porto. Podes falar um pouco sobre estes interesses, partilhar como se traduzem no desenvolvimento da tua prática e como se materializam, por exemplo, nesta exposição?

[JUS]

Lítio, petróleo, cobalto — estes materiais exercem um poder modelador profundo sobre a realidade contemporânea, tal como os fungos e os vírus moldam a nossa experiência de formas mais biológicas. Estes agentes, tanto biológicos quanto tecnológicos, condicionam e reconfiguram as estruturas nas quais vivemos, influenciando estados corporativos, privados e, inevitavelmente, a nossa perceção do mundo. A nossa experiência da realidade não pode ser dissociada da influência constante destas entidades não-humanas, que operam de forma invisível, mas poderosa.

Nesta exposição, colaborei com o neurocientista Gonçalo Guiomar para desenvolver um sistema que gera, em tempo real, um diálogo entre um Lobo e um Vírus, utilizando um modelo de linguagem de grande escala (LLM). Partimos de palavras-chave como "anjo", "lítio", "trauma", "mordidela", "glaciar" e "mercúrio" para criar uma cosmogonia local dentro de um corpo humano, onde esta tensão viral se desenvolve — o corpo está infetado com Raiva, causada pelo Lyssavirus, um género de vírus transmitido pela mordidela de animais. O diálogo de caráter sexual entre estas entidades não-humanas gera um fluxo infinito de sedução e repulsão, regulado por um objeto linguístico que censura o que pode ou não ser dito, representando uma forma de re-humanização, ou seja, a consciência social do corpo.

Este modelo de linguagem não só gera um diálogo contínuo entre o Vírus e o Lobo, como também ativa, de forma subterrânea, estados distintos de comportamento na iluminação que organiza a exposição, uma espécie de resposta fóbica ao diálogo infeccioso da Raiva. Tal como a ressonância numa cavidade, onde as fronteiras entre o interior e o exterior se tornam fluidas, este diálogo ressoa com a interconectividade entre o humano e o não-humano, explorando as forças que moldam a nossa realidade material.

Assim como fungos e vírus participam na nossa realidade de maneira transformadora, a IA e materiais como o lítio e o petróleo são agentes de mutação contínua, reconfigurando as dinâmicas de poder, perceção e existência. Através da simulação do diálogo entre o Vírus e o Lobo, a IA torna-se um meio de explorar e revelar estas transformações, especulando sobre as realidades ocultas que emergem da interação entre entidades não-humanas e tecnologias que simulam inteligência. Estas especulações desafiam as noções tradicionais de presença e identidade, abrindo uma janela para a existência oculta dessas forças.

[JL]

A tua prática tem uma componente tecnológica cada vez mais forte, nomeadamente em associação com a ciência de ponta. Pareces, no entanto, afastar-te cada vez mais de ideias pertencentes ao racionalismo, abraçando um campo mais obscuro, tanto por não ser otimista como por incluir uma certa opacidade. O teu interesse em diagramas parece ser uma das formas onde articulas esta tensão: utilizando a sua suposta capacidade de organizar e clarificar processos para tornar visíveis dinâmicas que, paradoxalmente, permanecem altamente codificadas. Queres comentar esta perceção?

[JUS]

A componente tecnológica não foi tanto uma escolha consciente, mas sim uma condição inevitável para criar no presente, sem sucumbir à nostalgia de formas passadas ou narrativas tradicionais da arte. Ao abandonarmos as tentativas de preservar métodos associados ao século XX, percebemos que tudo se transforma.

A tecnologia não é apenas uma consequência da Revolução Industrial. A espécie humana é, por natureza, tecnológica e atravessa a paisagem através de mecanismos que vão do linguístico ao mecânico, do mitológico ao ideológico. As dinâmicas de opacidade são inerentes aos nossos processos. À medida que descodificamos zonas da paisagem, outras permanecem ocultas, escapando à linguagem e ao entendimento total. Não é possível abarcar a totalidade, nem encontrar uma lógica unificadora que nos explique completamente. A "terra ignota" nunca deixou de se expandir.

Os diagramas, para mim, funcionam como uma forma de escrita na areia — um gesto temporal e inconsequente, que configura ideias e relações num momento particular. Estes diagramas revelam dinâmicas que permitem observar o que é, sem a pretensão de encontrar uma "verdade". A verdade, afinal, é um processo narrativo que se desmorona quando é apresentado fora do seu vetor ideológico.

Medir a nossa existência a partir da razão pura é uma tarefa destinada ao fracasso, pois amplifica uma versão da verdade enquanto ignora as múltiplas outras que coexistem em paralelo. Abraçar a opacidade e aceitar as partes do mundo que permanecem inacessíveis permite-nos deixar espaço para a ressonância da existência partilhada — uma existência que não tenta conquistar a narrativa do invisível, mas que reconhece que nem tudo pertence à rede restrita de experiências que conseguimos acumular.

[JL]

Há uns dias falámos das ideias de Anthony Vidler, nomeadamente do seu livro *Warped Space*. Vidler propõe esta categorização de espaço como condição da contemporaneidade, argumentando que esta "noção de um espaço [...] em vez de ser entendido como um contentor passivo de objetos e corpos, se veria subitamente carregado com todas as dimensões de uma entidade relativa, móvel e dinâmica."[3] Estas ideias foram publicadas no ano 2000 mas parecem partilhar algumas dinâmicas/entendimentos com o contexto do aceleracionismo que te interessa. Queres comentar estas ideias tanto em termos da tua perspetiva do espaço contemporâneo, como na forma como te interessa criar e utilizar espaço(s) no teu trabalho?

3.
Anthony Vidler, *Warped Space: Art, Architecture, and Anxiety in Modern Culture*. Cambridge, MA: The MIT Press, 2000, p. 13. Citação completa: "O espaço [...] tem sido crescentemente definido como um produto de projeção subjetiva e introjeção, por oposição a um contentor estável de objetos e corpos. [...] Os vocabulários de deslocação e fratura, rotação e torção, pressão e relaxe, vazio e bloco, informe e hiper-forma desenvolvidos ainda estão ativos no presente, aplicados em trabalhos que procuram revelar, quando não criticar, as condições de uma vida quotidiana longe de estável. Aquilo que designei como espaço distorcido seria pois, numa formulação inicial, uma metáfora que inclui todas as variantes de uma tal pressão, uma tentativa, por mais vã que seja, de permear o formal com o psicológico. Espaço distorcido, entendido como um fenómeno mais geral abrangendo a totalidade dos territórios públicos — as paisagens do medo e as topografias do desespero criadas em resultado do moderno desenvolvimento tecnológico e capitalista, por assim dizer de Metrópole a Megalópole. A noção de um espaço que, em vez de ser entendido como um contentor passivo de objetos e corpos, se veria subitamente carregado com todas as dimensões de uma entidade relativa, móvel e dinâmica."

Estas ideias, que consideram o espaço como uma entidade dinâmica e em constante movimento, são tão antigas quanto a própria existência humana. Elas reaparecem nas narrativas contemporâneas, talvez como resultado das falências ideológicas das narrativas universalistas que surgiram nos últimos séculos, as quais colocavam a experiência humana no centro da verdade do mundo. Para que essa centralização fosse possível, as "coisas" — objetos, ideias, espaços — teriam de permanecer fixas, estáticas, sem possibilidade de mutação. Tanto os objetos como os seres humanos precisariam de ser medidos e calculados com exatidão, como se fossem componentes de um sistema imutável.

Contudo, essa visão falhou. Esse bloco de cimento ideológico fraturou-se e dessa fratura emergiram todos os vapores, torções, pulsões e mutações inomináveis que Vidler descreve como "warped space". Os últimos anos mostraram-nos, de forma abissal, que o mundo é infinitamente mais complexo e habitado do que o legado iluminista projetou. Existem inúmeras classes e subclasses de existência, e grande parte do que denominamos de real não passa de um sintoma da nossa miopia percetiva.

Por isso, as ideias de torque, densidade, pressão e mutação parecem-me muito mais ressonantes na definição do espaço e do mundo em que vivemos, do que as noções de espaços estáticos e estanques, onde as "coisas" são meras descrições que conseguimos imaginar delas. No meu trabalho, procuro criar e utilizar espaços que refletem esta complexidade dinâmica, explorando como estas forças invisíveis — sejam tecnológicas, biológicas ou sociais — torcem, pressionam e transformam a nossa perceção e a nossa experiência do espaço.

[jl]

Em associação com a ideia de um espaço fragmentado em movimento, lembrei-me da ideia de liquidez ou do líquido como uma outra condição contemporânea. No texto "Espelho meu, espelho meu", incluído nesta publicação, Inigo Wilkins argumenta que "[...] o dinheiro

é um sigilo libidinal que estrutura as relações sociais e organiza os fluxos de matéria e energia. [...] Assente numa contabilidade baseada no desconto, ele é o banho ácido no qual as mercadorias são mergulhadas. [...] O dinheiro sustenta, portanto, uma máquina de transações descentralizadas e multilaterais caracterizada por um desequilíbrio geral."[4] Podes comentar o teu interesse nesta outra imagem-entidade do líquido ou da liquidez e o que materializa ou traduz no teu trabalho?

[JUS]

O termo "desequilíbrio geral" torna-se especialmente interessante quando associado à ideia de um "banho ácido". Este banho dissolve fronteiras e transforma relações, e o dinheiro, como sugerido por Inigo Wilkins, não apenas estrutura as relações sociais, mas também organiza fluxos de matéria e energia, funcionando como um agente que constantemente dissolve e reformula as fronteiras entre o visível e o invisível, o estático e o dinâmico.

O que me fascina no conceito de líquido é a sua capacidade de mudar de estado — sólido, gasoso — escapando constantemente à contenção. O líquido ocupa um espaço intersticial, semelhante à matéria negra, que se torna visível apenas pela deformação gravitacional que exerce sobre a luz. Estes fenómenos manifestam-se na realidade apenas quando se encontram num dos seus eixos de transformação, como se fossem metamorfos, mudando de forma e adaptação, miméticos por natureza.

Da mesma forma que as correntes eletromagnéticas nos atravessam e só as notamos quando são conjuradas por um telefone, o líquido pode ser visto como uma entidade mastodôntica e informe — uma monstruosidade que se esquiva à quantificação e à contenção. No meu trabalho, procuro captar esses estados de fluidez, explorando como essa liquidez se pode traduzir em dinâmicas de movimento, transformação e desequilíbrio. Esta noção de um espaço e de uma realidade que são constantemente moldados e deformados, tal como o líquido, reflete a complexidade e a instabilidade inerentes à condição contemporânea.

4.
Inigo Wilkins, "Espelho Meu, Espelho Meu". In *Superfície Desorderm / Surface Disorder*. Porto: Galeria Municipal do Porto/Ágora — Cultura e Desporto do Porto, E.M., S.A. e Mousse Publishing, 2024, p. 231.

Um artigo recente no *The Guardian* afirmava que "Cada época tem a sua grande perda: no modernismo foi a coerência do eu; no pós-modernismo a estabilidade das grandes narrativas; e agora, no século XXI, há uma crescente pressão sobre a noção de uma visão partilhada da realidade."[5] O teu trabalho também parece traduzir uma pressão sobre o real, ou pelo menos uma dimensão próxima do onírico ou surreal no teu trabalho. Podes falar sobre o teu interesse em cenários aparentemente não realistas em associação com as questões/situações que produzes no teu trabalho?

Uma visão partilhada da realidade é, sem dúvida, uma ideia central, mas tanto o termo "surreal" como "onírico" parecem-me desatualizados no contexto atual. Será que um objeto surrealista é realmente mais improvável do que a própria existência nos dias de hoje? Hoje, nenhum pesadelo é improvável e nenhuma configuração é impossível. Na grande descontinuidade narrativa que caracteriza a nossa era, não existem cenários irrealistas; tudo depende da linguagem e dos mecanismos de perceção que utilizamos.

O aparente "real" é um teatro onde arquétipos são processados e reconfigurados pela lixívia industrial e corporativa da cultura em que vivemos. Esta pressão sobre a fina camada a que chamamos realidade está, na verdade, relacionada com a camada representativa que herdámos — como deveríamos ser e agir, segundo ideias idealizadas décadas, ou até séculos antes. Mas esse humano, idealizado, já não existe.

Enquanto isso, todas as pulsões e tensões atávicas, profundamente enraizadas na nossa psique, emergem como ruturas incompreensíveis, estendendo um longo manto de discórdia e desconforto, desencadeando reações estocásticas que desafiam o *axis mundi*, gerando uma espécie de dismorfia. Neste sentido, o "real" que aprendemos a reconhecer nunca existiu verdadeiramente; é uma construção frágil e transitória.

5.
Navneet Alang, "No god in the machine: the pitfalls of AI worship." *The Guardian*, 8 agosto 2024: https://www.theguardian.com/news/article/2024/aug/08/no-god-in-the-machine-the-pitfalls-of-ai-worship

jonathan uliel saldanha em conversa com joão laia

No meu trabalho, exploro algumas dessas tensões ao criar cenários e situações que, à primeira vista, podem parecer irreais ou até surrealistas, mas que, para mim, refletem a fragmentação e as dobras do mundo em que vivemos. Não é uma fantasia, mas sim uma fissura exposta no que consideramos "real".

[JL]

Por último, Amy Ireland refere: "A questão a que Denise Ferreira da Silva pretende responder é como podem os objetos da determinação por um sistema trans-escalar de universalidade (isto é, uma forma particular de conhecimento europeu branco promovido como universal), ser libertados da geleia transcendental da abstração baseada na troca? Qual é a ferramenta, lógica e material, que encrava a máquina?"[6]. Podes responder a esta questão?

[JUS]

Não consigo oferecer uma resposta definitiva. Para abordar a questão de Amy Ireland, teria de recorrer a múltiplos objetos, formatos e linguagens para ensaiar uma proposta. Se existe uma máquina com essa escala, ela é incompreensível, inacessível e vai além das capacidades de qualquer tentativa singular de intervenção. O sistema universal mencionado é vasto e profundamente enraizado na homogeneidade e na escalabilidade.

A "geleia transcendental" de que fala Ireland — que homogeneíza e equaliza tudo, transformando a diversidade em algo assimilável e intercambiável — é uma máquina que parece intransponível e incompreensível na sua totalidade. Qualquer tentativa singular de intervenção arrisca ser absorvida ou neutralizada por este sistema, no seu esforço crónico de captar e consolidar todas as formas de vida e valor em categorias fixas e intercambiáveis.

No entanto, acredito na construção e ensaio de outras máquinas em paralelo, onde a escala é comensurável, com regras alternativas e com deformações genéticas e atávicas. É nessas máquinas que posso habitar com os meus objetos, vibrações e situações. Estas "máquinas"

6.
Amy Ireland, "Geleia transcendental". In *Superfície Desordem / Surface Disorder*. Porto: Galeria Municipal do Porto/Ágora – Cultura e Desporto do Porto, E.M., S.A. e Mousse Publishing, 2024, p. 246.

podem ser vistas como práticas prismáticas, que captam ângulos, pontas soltas e becos sem saída desta maquinaria autoprocessante que é o ambiente — um sistema que se curva e se torce sobre si mesmo, operando de forma não linear e não histórica.

Talvez seja esse o espaço que habito com o meu trabalho: uma constante experimentação de outras possibilidades, sistemas que escapam à lógica da escalabilidade e que desafiam a suposta universalidade da visão humana. Proponho a criação de máquinas paralelas — espaços onde a indeterminação e a mutação possam germinar. Esses espaços funcionam como um ataque mental contra as alucinações consensuais que chamamos de realidade, processando-se dentro dos próprios parâmetros da alucinação, da ressonância, da invisibilidade e da magia.

Jonathan Uliel Saldanha in Conversation with João Laia

João Laia
[JL]

You work with sound, image and choreography to create specific environments. You're an artist who focuses on time-based practices, for whom time is not synonymous with abstraction or dematerialization. On the contrary, you have a clear interest in the body. What is your primary language or, in other words, what does this confluence of languages enables you to do?

Jonathan Uliel Saldanha
[JUS]

The body is the starting point. It's where everything begins, where subjectivity, language and the relationship with otherness and the landscape take root. On the basis of this principle, I find any creative process interesting, as long as the language used serves the purpose of the process. Time is inevitably the unit through which we decipher language and meaning; it is always present, even when we try to abstract or dematerialise it.

I don't think there is any primordial language in which I prefer to operate. Instead there are distinct ways of perceiving the information that floods our senses — different ways of analysing and temporarily controlling possibilities.

Our corporeal experience in real time is fundamental. Any language used in this context will inevitably articulate a subjectivity anchored in the body. I am interested in any kind of language, pre-language or post-language, that arises from this confrontation — from this experience of the dilation and compression of time.

[JL]

You seem to be constantly exploring the artificiality of binary relations that until recently formed the basis of Western societies (is that still the case?). For example, the relationship between the real and ideal, real and virtual, organic and artificial, spirituality and social structures, etc. This type of questioning also seems to be part of a critique of the distinction between culture and nature that has dominated fields such as philosophy or contemporary art over recent decades. Can you explain how you articulate these kinds of positions and how they materialise or are explored in your work?

[JUS]

The fundamental confrontation that interests me is the division between the inner and outer world. This tension reflects the chronic challenge that human societies face in trying to draw the line where experience ceases to be purely subjective — the "I" — and instead begins to encompass a dialogue with the outside world — the "other". This boundary is not fixed. It is a permeable and unstable construction, where dualisms are constantly challenged and reformulated. Otherness is deeply codified by the culture in which the body and observation are embedded.

There is a way of thinking beyond these rigid codifications, making room for a fluid subjectivity and a multiplicity of experiences. In this sense, the dialogue of experiences is not just a binary confrontation, but a network of interactions in which cultural distinctions are continually deconstructed and reconfigured.

These interactions are often domesticated by culture, making them automatic and inherent. We can understand this dynamic as an interconnected network of mutual influences. By dissolving the cultural mechanisms that determine this boundary we can reimagine the "I" as an entity in constant negotiation with the "other", in a network of agencies that cross and mold our perception.

Ultimately, we are hybrid creatures, a fusion of the organic and the artificial, the natural and the cultural. We belong to an infinite whole, a cosmic shard. But our instruments of perception affect the interpretation of each experience. We share its atomic reality with the world, but at the same time we are crossed by entities, we cohabit with technologies. We interact with networks and other agencies that we don't fully understand. This hybrid condition challenges the idea of a clear and stable boundary between the "I" and the landscape, rendering the separation between culture and nature increasingly artificial and obsolete.

We are made of landscape, but have we perhaps ceased to sense the thin artificial border that separates us from it?

[JL]

A few years ago you mentioned that you are interested in ruins. And, if I'm not mistaken, you cited the city of Porto as an example. Can you comment on this memory and perhaps update it, both in relation to your interest in ruins and its association with Porto, as well as the possible differences between your understanding of the city back then and now?

[JUS]

I'm interested in all processes of mutation. Ruin, which we associate with the decay of human constructions and vestiges of civilisation, actually follows the same path as many other organisms. When it crosses the invisible line of non-existence — whether through collapse, failure, death, chemical transformation or other forms of alteration — it inevitably undergoes a profound mutation in the syntax of its body: putrefaction, decomposition, metamorphosis.

Porto was a kind of ruin back then: emptied of its population, with crumbling buildings and no tourists in sight — an opaque periphery. This condition, paradoxically, was also its strength, because the camouflage of moss permitted new organisms and ideas to ferment, revelations that emerged like mushrooms from a carcass. There was something profoundly inspiring about the possibility of inventing new experiences and experimenting with hybrid spaces, without the pressure of efficiency. I believe that this energy has molded much of the character of today's artistic universe.

Of course, Porto is now in stark contrast with that period; it is less peripheral, more desirable, more expensive, everything in it seems to have already been established. However, I would say that the fungi that emerged during the periods of ruin remain embedded in part of its fabric.

This is a habitual cycle: construction and destruction, and the most disruptive creativity tends to emerge in cycles of putrefaction. The city, once a fertile ground for creation in its ruin, is now passing through a different phase of this cycle, where its vitality manifests itself in other ways, but still part of the same process of continuous transformation.

[JL]

Exploring this idea of the ruin further, in the text "Vibrational Mediations" included in this publication, you write: "Ruins once operated in tracking and translating the invisible, but are now sceneries of technological sedimentation, a landfill of past protocols [...] all of them now channelled through their chthonic cavities."[1] This brings me to the idea of cavity or fissure, which is another recurring image-entity in your artistic practice, for example in works such as *The Pit* or *Vocoder & Camouflage*. What exactly interests you in this image-entity and what does it allow you to explore?

1.
Jonathan Uliel Saldanha, "Vibrational Mediations". In *Superfície Desordem / Surface Disorder*. Porto: Galeria Municipal do Porto/Ágora — Cultura e Desporto do Porto, E.M., S.A. and Mousse Publishing, 2024, p. 97.

I'm interested in the transition between the exterior and the interior, that which is preserved and exposed, the hidden and the visible — dynamics that explore the dissolution of rigid boundaries between these polarities. The cavity, in its resonant capacity, exemplifies this transition as a radial space that amplifies the aural, serving as a portal between the interior and the exterior.

This resonance is not just an echo, but a vibrational mediator that articulates the boundary between the internal and external space, creating a fluid connection that defies any polarised distinctions. Like termites, we incessantly build and inhabit cavities; they are our preferred habitat. The voice, the eyes, the sex organ — all these are cavities that mediate the constant exchange between the internal and the external, defying the clear distinction between the two.

These cavities function as folds which, although inanimate, articulate the boundary between the surface and its contour. They have the ability to transform the space they occupy, not only its volume, but also through the resonance that projects and reverberates what occurs inside, echoing between the internal and the external. They are present in all human dimensions, but remain profoundly exo-human.

These cavities are liminal spaces, zones of mutation, where borders become permeable and transition dissolves. In this ambiguous territory, where we don't know whether that which manifests itself is inside or outside, the cavity allows us to explore concepts and experiences that transcend the traditional distinctions between the interior or exterior, revealing the inherent fluidity of our existence, where rigid boundaries are continually challenged and reconfigured.

[JL]

I wanted to ask you about your understanding of the human being. In the text-script for the play "The Pit" you remark: "The human presence is residual and operates from the edge, with multiple eruptions of activity:

hunting, mimesis, cannibalism and cleansing."[2] In fact, in your work the human either doesn't exist, or has simply vanished. There are traces of human and post-human gestures or movements. What is your understanding of the contemporary condition of the human being and how does your work articulate this vision?

[JUS]

Although it may not be immediately obvious, the human creature is always present in my work. Everything I do is inevitably coded through that perspective. Although I can simulate the simplified mechanics of a fungus, and its path of predictable interactions, I can never really experience its existence — since ultimately I am a different machine. Even when the human figure rarely appears explicitly in my work, it remains the constant reference, albeit in a subliminal or mutated form. This presence manifests itself through cognitive dissonance, excessive repetition of a detail, an uncomfortable position or an obsessive relationship with an object.

I'm interested in exploring the human condition from a decentralised position, maintaining it as an expressive vector of the world, but not as its absolute spokesperson. Hence the constant tension between being human and operating with tools that transcend this condition, between Echo and Narcissus, between the disembodiment of the voice and the hyper-materialisation of the reflection. Even when Echo dissolves into nature, she continues to articulate human words; this is her inescapable condition.

This complex relationship between presence and absence, codification and mutation, resonates with my vision of the contemporary condition of the person: an entity in continuous transformation, which manifests itself both in its eruptions of activity and indecipherable gestures. I seek to explore these inherent tensions and contradictions of our existence, as well as the boundaries that define us.

2.
Jonathan Uliel Saldanha, Godofredo Pereira, Diogo Tudela, "The Pit". In *Superfície Desordem / Surface Disorder.* Porto: Galeria Municipal do Porto/ Ágora — Cultura e Desporto do Porto, E.M., S.A. and Mousse Publishing, 2024, p. 148.

Can you articulate your interest in the materiality, functioning and idea of non-human entities such as fungi or viruses, in particular in their real or intuited relationship with contemporary speculative dynamics (or not)? And how do they relate, possibly structure and materialise in your work?

[JUS]

The definition of materiality extends beyond its physical meaning. It also involves the manifestation of forces and interactions that shape our reality. I'm profoundly interested in what different materials and non-human entities, such as fungi and viruses, can reveal about the dynamics that operate both within and outside us. These entities are not just external components; they traverse, occupy and change the human body, transforming it into a landscape and road for the civilisations that precede and transcend us.

We are inevitably affected by the "mycelial empire" of fungi, influenced and molded by these forces that emerge from an extreme otherness, that lie deep within our guts — a force that we cannot capture and that fills our stories with impulses that are not generated by our own consciousness.

Like fungi, viruses participate in our reality in a profound and transformative manner. Our interior becomes the exterior for the virus; these non-human entities inhabit us, reconfiguring our perception of what it means to be human and alive.

The challenge lies in managing all these voices — both tangible and intuitive — knowing that they will inevitably be transformed into figures in a narrative that we can understand. In this process, objects-images-sounds appear as bridges, linking the indecipherable space of these non-human entities to our comprehensible reality. They make communication possible between the known and the unknown, helping us to articulate and materialise these forces which, by their very nature, challenge our understanding and reconfigure the boundaries of our experience.

You also have a strong interest in different non-human agencies such as fossil fuels or artificial intelligence, both of which are recurrent in your work, and AI has a strong presence in the exhibition *Surface Disorder* shown at the Galeria Municipal do Porto. Can you share these interests, tell us a little about how they translate into the development of your practice and how they materialise, for example, in this exhibition?

[JUS]

Lithium, oil, cobalt — these materials exert a profound modelling power on contemporary reality, just as fungi and viruses shape our experience in more biological ways. These agents, both biological and technological, condition and reconfigure the structures in which we live, influencing corporate and private states and, inevitably, our perception of the world. Our experience of reality cannot be dissociated from the constant influence of these non-human entities, which operate invisibly but powerfully.

In this exhibition, I worked with the neuroscientist Gonçalo Guiomar to develop a system that generates, in real time, a dialogue between a Wolf and a Virus, using a large-scale language model (LLM). We used keywords such as "angel", "lithium", "trauma", "bite", "glacier" and "mercury" to create a local cosmogony inside a human body, where this viral tension develops — the body is infected with rabies, caused by Lyssavirus, a type of virus that is transmitted by animal bites. The sexual dialogue between these non-human entities generates an infinite flow of seduction and repulsion, regulated by a linguistic object that censors what can and cannot be said, representing a form of re-humanisation, in other words, the social consciousness of the body.

This language model doesn't just generate a continuous dialogue between the Virus and the Wolf. It also subterraneously activates distinct states of behaviour in the lighting that structures the exhibition, a kind of phobic response to the infectious dialogue of rabies. Like resonance in a cavity, where the boundaries between the interior and exterior become fluid, this dialogue resonates with the interconnectedness between the human and the non-human, exploring the forces that shape our material reality.

Just as fungi and viruses participate in our reality in transformative ways, AI and materials such as lithium and petroleum are agents of continuous mutation, reconfiguring the dynamics of power, perception and existence. By simulating the dialogue between the Virus and the Wolf, AI becomes a means for exploring and revealing these transformations, speculating on the hidden realities that emerge from the interaction between the non-human entities and technologies that simulate intelligence. These speculations challenge traditional notions of presence and identity, opening a window onto the hidden existence of these forces.

[JL]

Your artistic practice has an increasingly strong technological component, particularly in association with cutting-edge science. However, you seem to be moving increasingly further away from the sphere of rationalism and embracing a darker field, both because it is not optimistic and because it includes a certain opacity. Your interest in diagrams seems to be one of the ways in which you articulate this tension: using their supposed ability to organise and clarify processes to make visible certain dynamics that, paradoxically, remain highly codified. Would you like to comment on this perception?

[JUS]

The technological component was not so much a conscious choice as an inevitable condition for creating works in the present day, without succumbing to nostalgia for past forms or traditional art narratives. When we abandon attempts to preserve methods associated with the 20th century, we realise that everything changes.

Technology is not just a consequence of the Industrial Revolution. The human species is, by its very nature, technological and crosses the landscape through mechanisms that range from the linguistic to the mechanical, from the mythological to the ideological. The dynamics of opacity are an inherent dimension of our processes. As we decode areas of the landscape, others remain hidden, eluding language and total understanding. It's not possible to encompass the totality, nor to find a unifying logic that fully explains us. The "terra incognita" has never ceased to expand.

In my work, diagrams serve as a form of writing in the sand — a temporal and inconsequential gesture that shapes ideas and relationships at a particular moment. These diagrams reveal dynamics that allow us to observe that which exists, without pretending to find a "truth". Truth, after all, is a narrative process that falls apart when it is presented outside its ideological vector.

Measuring our existence from the perspective of pure reason is a task that is doomed to fail, since it amplifies one version of the truth while ignoring the multiple others that coexist in parallel. Embracing opacity and accepting the parts of the world that remain inaccessible allows us to leave room for the resonance of shared existence — an existence that doesn't try to conquer the narrative of the invisible, but recognises that not everything belongs to the restricted network of experiences that we have managed to accumulate.

[JL]

A few days ago we talked about Anthony Vidler's ideas, specifically his book *Warped Space*. Vidler proposes this categorisation of space as a condition of contemporaneity, arguing this "notion of a space that, rather than being understood as a passive container of objects and bodies, was suddenly charged with all the dimensions of a relative, moving, dynamic entity."[3] These ideas were published in the year 2000 but seem to share several dynamics/understandings with the context of accelerationism that interests you. Would you like to comment on these ideas both in

3.
Anthony Vidler, *Warped Space: Art, Architecture, and Anxiety in Modern Culture*. Cambridge, MA: The MIT Press, 2000, p. 13. Full quotation: Space [...] has been increasingly defined as a product of subjective projection and introjection, as opposed to a stable container of objects and bodies. The vocabularies of displacement and fracture, torquing and twisting, pressure and release, void and block, inform and hyper-form that they developed are still active today, deployed in work that seeks to reveal, if not critique, the conditions of a less than settled everyday life. What I have called warped space would be, in an initial formulation, a metaphor that includes all the varieties of such forcing, the attempt, however vain, to permeate the formal with the psychological. Warped space, understood as a more general phenomenon touching the entirety of public territories — the landscapes of fear and the topographies of despair created as a result of modern technological and capitalist development, from Metropolis to Megalopolis, so to speak. The notion of a space that, rather than being understood as a passive container of objects and bodies, was suddenly charged with all the dimensions of a relative, moving, dynamic entity".

**terms of your perspective on contemporary space and
in terms of how you are interested in creating and
using space(s) in your work?**

[JUS]

These ideas, which consider space to be a dynamic entity
in constant movement, are as old as human existence itself. They reappear in contemporary narratives, perhaps
as a result of the ideological failures of the universalist
narratives that have emerged in recent centuries, which
placed human experience at the centre of the truth of the
world. For this centralisation to be possible, "things" —
objects, ideas, spaces — had to remain fixed, static, without the possibility of mutation. Both objects and human
beings needed to be precisely measured and calculated,
as if they were components of an immutable system.

However, this vision failed. This ideological cement
block fractured, and from this fracture emerged all the
vapours, twists, pulsations and unnameable mutations
that Vidler describes as "warped space". Recent years
have shown us abysmally that the world is infinitely more
complex and inhabited than the Enlightenment legacy
projected. There are countless classes and subclasses of
existence, and much of what we call real is nothing more
than a symptom of our perceptual myopia.

For this reason, the ideas of torque, density, pressure
and mutation seem to me to be much more resonant in
defining space and the world we live in than the notions of
static, watertight spaces where "things" are merely descriptions of that which we can imagine of them. In my work,
I try to create and utilise spaces that reflect this dynamic
complexity, exploring how these invisible forces — whether
technological, biological or social — twist, pressure and
transform our perception and experience of space.

[JL]

**In association with the idea of a fragmented and
moving space, I was reminded of the idea of liquidity as another contemporary condition. In the text
"Mirror Mirror" included in this publication, Inigo**

Wilkins argues that "Money is a libidinal sigil that structures social relations and organises flows of matter and energy. [...] Counting by discounting, it is the acid bath into which all commodities are plunged. [...] Money supports a decentralized multilateral transition machine characterised by general disequilibrium."[4] Can you articulate your interest in this other image-entity of liquidity and what this materialises or conveys in your work?

[JUS]

The term "general imbalance" becomes especially interesting when associated with the idea of an "acid bath". This bath dissolves boundaries and transforms relationships, and money, as suggested by Inigo Wilkins. It not only structures social relationships, but also organises flows of matter and energy, functioning as an agent that constantly dissolves and reshapes the boundaries between the visible and the invisible, the static and the dynamic.

What fascinates me about the concept of liquid is its ability to change state — whether solid or gaseous — constantly escaping containment. Liquid occupies an interstitial space, similar to dark matter, which becomes visible only because of the gravitational deformation it exerts on light. These phenomena only manifest themselves in reality when they are on one of their axes of transformation, as if they were metamorphs, changing shape and adapting, inherently mimetic by nature.

In the same way that electromagnetic currents pass through us and we only notice them when they are conjured up by a telephone, liquid can be seen as a shapeless, mastodontic entity — a monstrosity that evades quantification and containment. In my work, I try to capture these states of fluidity, exploring how this liquidity can be translated into dynamics of movement, transformation and imbalance. This notion of a space and a reality that are constantly molded and deformed, like liquids, reflects the complexity and instability that is inherent to the contemporary condition.

4.
Inigo Wilkins, "Mirror Mirror". In *Superfície Desordem / Surface Disorder*. Porto: Galeria Municipal do Porto/Ágora — Cultura e Desporto do Porto, E.M., S.A. and Mousse Publishing, 2024, p. 238.

A recent article published in *The Guardian* states that "Every age has its great loss — for modernism, it was the coherence of the self; for postmodernism, the stability of master narratives — and now, in the 21st century, there is an increasing pressure on the notion of a shared vision of reality."[5] Your work also seems to reflect a pressure on our vision of reality, or at least a dimension close to the oneiric or surreal in your work. Can you articulate your interest in apparently unrealistic scenarios in association with the questions/situations you produce in your work?

[JUS]

A shared vision of reality is undoubtedly a central idea, but the terms "surreal" and "oneiric" both seem outdated to me in today's context. Can we say that a surreal object is really more improbable than existence itself? Today, no nightmare or configuration is impossible. There are no unrealistic scenarios in the great narrative discontinuity of the contemporary era. It all depends on the language and perception mechanisms that we use.

Apparent "reality" is a theatre where archetypes are processed and reconfigured by the industrial and corporate bleaching exercised by our culture. This pressure on the thin layer that we call reality is actually related to the representative layer we have inherited — how we should be and act, according to ideas that were conceived decades or even centuries before. But the idealised human no longer exists.

Meanwhile, all our atavistic drives and tensions, deeply rooted in our psyche, emerge as incomprehensible ruptures, extending a long mantle of discord and discomfort, triggering stochastic reactions that defy the *axis mundi*, generating a kind of dysmorphia. In this sense, the "reality" that we have learned to recognise never truly existed; it is a fragile and transitory construction.

In my work, I explore some of these tensions by creating scenarios and situations that, at first glance, may seem unrealistic or even surreal, but which, for me,

5.
Navneet Alang, "No god in the machine: the pitfalls of AI worship." *The Guardian*, 8 August 2024: https://www.theguardian.com/news/article/2024/aug/08/no-god-in-the-machine-the-pitfalls-of-ai-worship

reflect the fragmentation and different layers of the world that we live in. It's not a fantasy, but rather an exposed fissure within that which we consider to be "real".

[JL]

Finally, Amy Ireland refers: "The question Denise Ferreira da Silva wants to answer is how can the objects of determinacy by a trans-scalar system of universality (that is, in the end, a particular form of white European knowing passed off as universality) be released from the transcendental jelly of exchange-based abstraction? What is the tool, both logical and material, that jams the machine?"[6] Can you answer this question?

[JUS]

I can't offer a definitive answer. To address Amy Ireland's question, I would have to resort to multiple objects, formats and languages in order to try to offer an answer. If there is a machine of this scale, it is incomprehensible, inaccessible and beyond the capabilities of any single attempt at intervention. The universal system that she mentions is vast and deeply rooted in homogeneity and scalability.

The "transcendental jelly" that she refers to — which homogenises and equalises everything, transforming diversity into something that is assimilable and interchangeable — is a machine that seems insurmountable and incomprehensible as a whole. Any singular attempt at intervention risks being absorbed or neutralised by this system, in its chronic effort to capture and consolidate all life forms and values into fixed, interchangeable categories.

However, I believe in building and testing other machines in parallel, where the scale is measurable, with alternative rules and genetic and atavistic deformations. These are the machines that I can inhabit with my objects, vibrations and situations. These "machines" can be viewed as prismatic practices that capture the angles, loose ends and dead ends of this self-processing machinery

6.
Amy Ireland, "Transcendental Jelly". In *Superfície Desordem / Surface Disorder*. Porto: Galeria Municipal do Porto/Ágora — Cultura e Desporto do Porto, E.M., S.A. e Mousse Publishing, 2024, p. 254.

that is the environment — a system that bends and twists in on itself, operating in a non-linear and non-historical manner.

Perhaps this is the space that I inhabit with my work: a constant experimentation with other possibilities, systems that escape the logic of scalability and challenge the supposed universality of human vision. I propose the creation of parallel machines — spaces where indeterminacy and mutation can germinate. These spaces function as a mental attack against the consensual hallucinations that we call reality, taking place within the very parameters of hallucination, resonance, invisibility and magic.

Jonathan Uliel Saldanha em Conversa com Sara Antónia Matos e Pedro Faro [Galerias Municipais — Lisboa Cultura]

Pensamos que podemos encarar esta conversa como um segundo "tomo", ou como um desenvolvimento da conversa realizada com João Laia, a propósito da exposição *Superfície Desordem* na Galeria Municipal do Porto.

Num segundo momento, a ter lugar em 2025, a exposição desenvolve-se no Torreão Nascente da Cordoaria Nacional, pertencente às Galerias Municipais — Lisboa Cultura. É mesmo por aí que gostaríamos de começar este segundo "tomo" da conversa, mesmo sabendo que exige um exercício prospetivo que não conseguimos adivinhar ou prever com exatidão.

Sara Antónia Matos & Pedro Faro
[SAM+PF]

Como é que as questões conceptuais e a investigação subjacentes ao teu trabalho ganham corpo no espaço?

Jonathan Uliel Saldanha
[JUS]

O corpo, enquanto mediador da experiência, é o ponto de partida e chegada, e o espaço é a interface com a paisagem sempre inacessível. As temáticas que me interessam — tempo, fratura, alteridade — dirigem a construção de situações e objetos que habitam o espaço e podem infetar o corpo. Trabalho com som, imagem ou gesto como dispositivos que moldam a perceção temporal, criando espaços onde as fronteiras entre o interior e o exterior, o real e o imaginado, são móveis. O espaço não é um recipiente neutro, mas sim uma entidade viva que dialoga com os objetos e vibrações, ressoando e amplificando as tensões que quero explorar. É nesse jogo de ressonância que o trabalho ganha corpo.

[SAM+PF]

Que aspetos valorizas, ou são determinantes, num local onde o teu trabalho vai ser instalado? Que aspetos do Torreão Nascente da Cordoaria mais te interessam?

[JUS]

O que mais me interessa é a capacidade de um espaço se transformar e o Torreão Nascente tem essa qualidade: uma presença arquitetónica sólida, uma gruta. O seu volume, a ausência de janelas, as suas camadas de tempo, tudo isso me implica.

[SAM+PF]

Não é a primeira vez que trabalhas no Torreão Nascente. Que tipo de continuidade há entre o trabalho anteriormente instalado (2019) e a atual exposição?

[JUS]

Há uma continuidade na peça *Vocoder & Camouflage*, apresentada em 2019, que agora terá ressonância numa nova peça que explora princípios próximos, com carcaças de vegetação dispostas numa espécie de selva encenada. É uma investigação sobre as hibridizações do artificial, entre entidades biológicas e tecnológicas, e o que emerge a partir dessa condição de ruína — fungos, IA, agentes não-humanos que reconfiguram o que entendemos como vida e existência.

[SAM+PF]

Como entendes este segundo "tomo" ou desenvolvimento do projeto (que arranca no Porto) e que perspetivas

se abrem para o teu trabalho em cada readaptação a um novo espaço?

[JUS]

Cada nova adaptação do projeto é uma oportunidade para explorar um ciclo de mutação contínua, onde o trabalho nunca é exatamente o mesmo, mas um organismo que responde ao ambiente onde se instala. Este segundo "tomo" é uma continuação das ideias presentes, numa nova encenação.

[SAM+PF]

Como é que a produção artística pode informar-se e enformar-se na investigação científica, sem ser ilustrativa da mesma, e vice-versa?

[JUS]

A ciência oferece um conjunto de ferramentas para decifrar o mundo, mas muitas vezes também o reduz a uma tabela de possibilidades. A arte tem ferramentas paralelas que, ocasionalmente, se cruzam com a ciência, mas que constituem realidades de forma distinta. Todos os elementos que compõem a realidade são intrinsecamente interessantes, por isso não me parece necessário recorrer a ilustrações que diretamente sirvam uma narrativa, seja ela qual for, sabendo que o que hoje é verdade será mentira amanhã. O processo especulativo é onde a faísca se manifesta, onde descobertas de todo o tipo surgem e podem ser o ponto de partida para imaginar novos cenários e modos de perceber e experienciar. Há uma reciprocidade aqui, uma troca constante de influências, onde o objetivo não é chegar a conclusões, mas sim abrir espaço para novas possibilidades.

[SAM+PF]

Em que medida é que o teu trabalho opera no domínio do experimental? O que é ser experimental e qual a importância dessa designação para ti?

   jonathan uliel saldanha em conversa com sara antónia matos e pedro faro

A palavra "experimental" parece-me pouco interessante. Em qualquer processo criativo ou exploratório existe um período de experimentação. Mas, por si só, ser experimental não significa nada, a não ser designar uma parte do processo. As coisas e os processos que normalmente se autodefinem como experimentais são, muitas vezes, surpreendentemente conservadores, limitando-se a relações que parecem novas ou inovadoras, mas raramente o são. Não existe um espaço puramente experimental, esse processo faz parte de outros mecanismos mais densos e realmente fraturantes.

[SAM+PF]

Procuras chegar e revelar uma imagem primordial da vida? Ou procuras projetar/construir uma paisagem futura pós-apocalíptica?

[JUS]

Nem uma coisa nem a outra. Não me interessa a ideia de uma imagem primordial, no sentido de uma verdade essencial que possa ser revelada, assim como não me interessa produzir uma ficção futura. Existem dados e complexidades suficientes no presente para me ocupar diariamente. O que me interessa são as camadas de transformação, as mutações que ocorrem continuamente entre o humano e o não-humano, o orgânico e o artificial. A paisagem que crio não é pós-apocalíptica, mas sim um espaço onde as fronteiras entre o passado, o presente e o futuro estão sempre a ser reconfiguradas. Um presente em fluxo constante.

[SAM+PF]

Como é que surgiram as questões que o teu trabalho vem desenvolvendo? Quais são os teus procedimentos ou metodologias de investigação-criação?

As questões surgem sem guião, acumulam-se no tempo, reforçando, por vezes, vetores de investigação que ganham densidade e se transformam em ideias e coisas. O meu trabalho tem explorado um conjunto de relações temáticas ao longo do tempo, e essas relações e formas têm mudado. Sinto que certas temáticas mais ou menos definidas persistem e se infiltram a cada novo ciclo. O corpo, como lugar de mediação, ao longo do tempo expandiu-se para incluir agentes não-humanos com quem partilhamos a realidade. A metodologia é sempre processual, nunca estática; o processo é fluido, aberto à contingência e à interação com outros módulos e ideias.

[SAM+PF]

Em que tipo de tradição artística inscreverias o teu trabalho? Quais as tuas maiores influências ou referências no plano da arte, da teoria?

[JUS]

O meu trabalho inscreve-se numa tradição que recusa definições fixas. Sou influenciado por humanos, animais e coisas reais ou irreais. O mundo da arte e da teoria não são particularmente influentes no meu processo. Interessa-me tudo o que provoca movimento no tempo.

Jonathan Uliel Saldanha in Conversation with Sara Antónia Matos and Pedro Faro [Galerias Municipais — Lisboa Cultura]

We believe that this conversation can be viewed as a second "volume", or development, of the previous conversation with João Laia, on the occasion of the exhibition *Surface Disorder* held at the Galeria Municipal do Porto.

In 2025, the same exhibition will be held in the East Tower of the Cordoaria Nacional, part of Galerias Municipais — Lisboa Cultura. That's where we'd like to start this second chapter of the conversation, even though we know that it requires us to gaze into a future that we can't guess or predict with precision.

Sara Antónia Matos & Pedro Faro
[SAM+PF]

How do the conceptual issues and research processes underlying your work take shape in space?

Jonathan Uliel Saldanha
[JUS]

The body, as the mediator of experience, is the point of departure and arrival, and space is the interface with the landscape that is always inaccessible. The key issues that interest me — time, fracture, otherness — steer the construction of the various situations and objects that inhabit the space and can infect the body. I work with sound, image or gesture as devices that mold temporal perception, creating spaces where the boundaries between inside and outside, real and imagined, are constantly moving. Space is not a neutral container, but rather a living entity that establishes a dialogue with objects and vibrations, resonating and amplifying the tensions that I want to explore. The work takes shape in the context of this interplay of resonances.

[SAM+PF]

What aspects do you value or are decisive in terms of the place where your work will be installed? What aspects of the East Tower of Cordoaria Nacional interest you the most?

[JUS]

Above all, the ability of a space to transform, and the East Tower has that quality: a solid architectural presence, a cave. I'm inspired by its volume, absence of any windows and multiple layers of time.

[SAM+PF]

This isn't the first time you've worked in the East Tower. What kind of continuity is there between your previous installation (2019) and the current exhibition?

[JUS]

There is continuity with my previous work *Vocoder & Camouflage*, presented in 2019, which will now resonate with the new work that explores similar principles, and features the remains of vegetation arranged in a kind of staged jungle. This is based on investigation into hybridisation between artificial, biological and technological entities, and what emerges from this condition of ruin/ fungi, AI and non-human agents, that reconfigures what we understand as constituting life and existence.

[SAM+PF]

How do you understand this second "instalment" or development of the project (which will start in Porto)

**and what prospects does it open up for your work,
with each readaptation to a new space?**

[JUS]

Each new adaptation of the project is an opportunity
to explore a cycle of continuous mutation, in which the
work is never precisely the same, but an organism that
responds to the environment in which it is installed. This
second "volume" is a continuation of the same ideas, but
with a new staging.

[SAM+PF]

**How can artistic production shape, and be shaped by,
scientific research, without simply being illustrative
of it, and vice versa?**

[JUS]

Science offers a set of tools for deciphering the world, but
it also often reduces it to a simple list of possibilities. Art
has parallel tools that occasionally intersect with science, but which constitute realities in a different manner.
All the constituent elements of reality are intrinsically
interesting, so I don't think it's necessary to resort to
illustrations that directly serve a narrative, whatever it
may be, knowing that the truth of today may be false
tomorrow. The speculative process is where the spark
manifests itself, where all kinds of discoveries arise and
it can be the starting point for imagining new scenarios
and different ways of perceiving and experiencing. This
involves reciprocity, a constant exchange of influences,
where the aim is not to reach conclusions, but to open
up space for new possibilities.

[SAM+PF]

**To what extent does your work operate in the realm
of the experimental? What does it mean to be experimental and how much importance do you place on
that designation?**

I don't find the word "experimental" very interesting. Any creative or exploratory process inevitably involves a period of experimentation. But being experimental doesn't mean anything in its own right, other than designating one part of the process. The things and processes that usually define themselves as experimental are often surprisingly conservative, limiting themselves to relationships that seem to be new or innovative, but rarely are. There is no such thing as a purely experimental space; this process is part of other, denser and truly fracturing mechanisms.

[SAM+PF]

Do you seek to attain and reveal a primordial image of life? Or are you looking to project/construct the landscape of a post-apocalyptic future?

[JUS]

Neither. I'm not interested in the idea of a primordial image, in the sense of an essential truth that can be revealed, just as I'm not interested in producing a work of fiction set in the future. There are sufficient data and complexities in the present to occupy me on a daily basis. What truly interests me are the various layers of transformation, the mutations that continually occur between the human and the non-human, the organic and the artificial. The landscape I create is not post-apocalyptic, but a space where the boundaries between past, present and future are constantly being reconfigured. A present in constant flux.

[SAM+PF]

How did the questions that your work has been exploring arise? What research-creation procedures or methodologies do you use?

Questions arise without a script, they accumulate over time, sometimes reinforcing vectors of investigation that acquire density and transform into ideas and things. My work has explored a group of thematic relationships over time, and these relationships and forms have changed. I feel that certain more or less defined themes persist and penetrate each new cycle. The body, as a place of mediation, has expanded over time to include non-human agents with whom we share reality. The methodology is always procedural, never static; the process is fluid, open to contingency and interaction with other modules and ideas.

[SAM+PF]

What kind of artistic tradition would you position your work within? What are your greatest influences or references in terms of art and theory?

[JUS]

My work is part of a tradition that refuses any fixed definitions. I'm influenced by humans, animals and real or unreal things. The universes of art and theory don't have any special influence on my artistic process. I'm interested in everything that causes movement in time.

INSTALAÇÃO DE VÍDEO COM 3 CANAIS E SOM 4.1. Em *Anoxia*, Saldanha explora a decadência gradual de um edifício histórico português infestado por térmitas, destacando a vulnerabilidade humana perante forças invisíveis que moldam os ambientes arquitetónicos. Esta reflexão comenta de forma pungente a interseção entre a natureza e os constructos humanos. **Pós-Produção de Vídeo:** Diogo Tudela, Jonathan Uliel Saldanha; **Câmara:** Catarina Miranda, Sofia Arriscado, Jonathan Uliel Saldanha; **Corpo:** Igor Bisser; **Agradecimentos:** Direção Regional de Cultura do Norte.

VIDEO INSTALLATION WITH 3 VIDEO CHANNELS AND 4.1 SOUND. In *Anoxia*, Saldanha explores the gradual decay of a historical Portuguese building overrun by termites, highlighting human vulnerability against the unseen forces that shape architectural environments. This poignant commentary reflects on the intersection of nature and human constructs. **Video Post-Production:** Diogo Tudela, Jonathan Uliel Saldanha; **Camera:** Catarina Miranda, Sofia Arriscado, Jonathan Uliel Saldanha; **Body:** Igor Bisser; **Acknowledgements:** Direção Regional de Cultura do Norte.

VIDEOINSTALAÇÃO DE 4 CANAIS, SOM 8.1. *Afasia Tática* apresenta uma instalação de vídeo de quatro canais que evoca temas de ritual e violência coletiva através de sequências fragmentadas e ritualísticas. Esta experiência imersiva explora as interseções entre religiosidade e violência, criando uma narrativa multi-ecrã que ressoa com tensão. **Câmara:** Sofia Arriscado, Jonathan Uliel Saldanha, Catarina Miranda; **Pós-Produção de Vídeo:** Diogo Tudela, Jonathan Uliel Saldanha; **Voz:** Outra Voz, Catarina Miranda, Ece Canli; **Corpo:** Filipe Silva, Renata Polónia, Igor Bisser, Nuno Pinto, Outra Voz, Federico Vazzola, Mariya Nesvyetaylo, Natércia Marques; **Espacialização Sonora:** Eduardo Magalhães; **Agradecimentos:** Francisco Queimadela, Mariana Caló, André Cepeda, Paula Menino Homem, David Ferreira; **Apoio:** DGArtes, SOOPA, DRCN; **Curadoria:** Delfim Sardo para Culturgest Porto.

4-CHANNEL VIDEO INSTALLATION WITH 8.1 SOUND. *Tactical Aphasia* presents a four-channel video installation that evokes themes of ritual and collective violence through fragmented, ritualistic sequences. This immersive experience delves into the intersections of religiosity and violence, creating a multi-screen narrative that resonates with tension. **Camera:** Sofia Arriscado, Jonathan Uliel Saldanha, Catarina Miranda; **Video Post-Production:** Diogo Tudela, Jonathan Uliel Saldanha; **Voice:** Outra Voz, Catarina Miranda, Ece Canli; **Body:** Filipe Silva, Renata Polónia, Igor Bisser, Nuno Pinto, Outra Voz, Federico Vazzola, Mariya Nesvyetaylo, Natércia Marques; **Sound Spatialization:** Eduardo Magalhães; **Acknowledgments:** Francisco Queimadela, Mariana Caló, André Cepeda, Paula Menino Homem, David Ferreira; **Support:** DGArtes, SOOPA, DRCN; **Curated by:** Delfim Sardo for Culturgest Porto.

VÍDEO, SOM. DUAS CABEÇAS LUTAM NUM QUADRADO DE SELVA. *Mindfield* faz parte de uma série de vídeos realizados desde 2015, que exploram relações de pré-linguagem, alteridade e fronteira. Nesta peça, o discurso erodido e a violação da lei são encenados por duas cabeças num teatro de gestos, mimetizando a violência tóxica inerente aos sistemas territoriais da natureza. **Equipa:** Catarina Miranda, Nuno Pinto, Diogo Tudela.

VIDEO, SOUND. TWO HEADS FIGHTING IN A JUNGLE SQUARE *Mindfield* is part of a series of videos made since 2015 that explore relations of pre-language, otherness and frontiers. In this work, eroded discourse and lawbreaking are staged by two heads, in a theatre of gestures, which mimic the toxic violence that is inherent to nature's territorial systems. **Team:** Catarina Miranda, Nuno Pinto, Diogo Tudela.

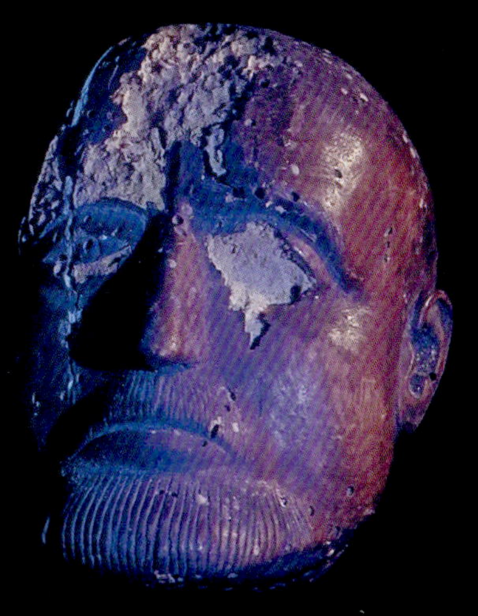

  still anoxia

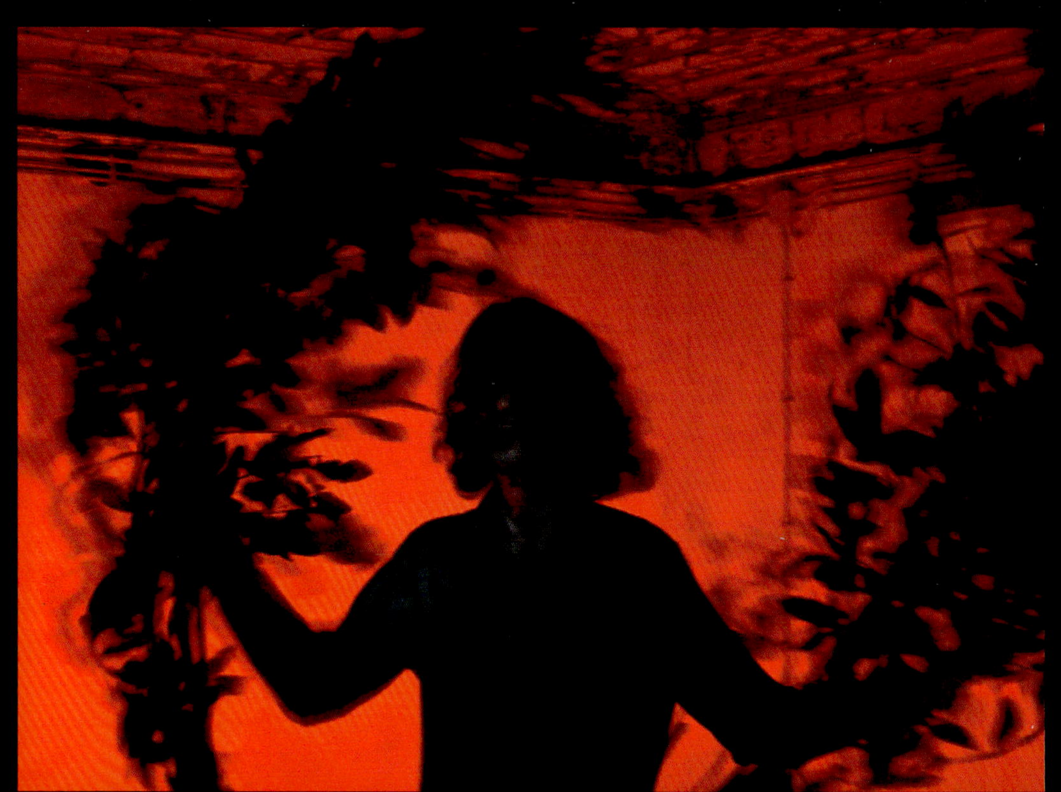

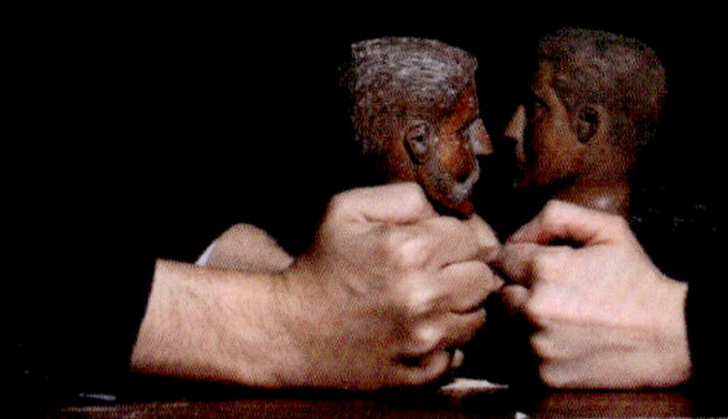

 still mindfield

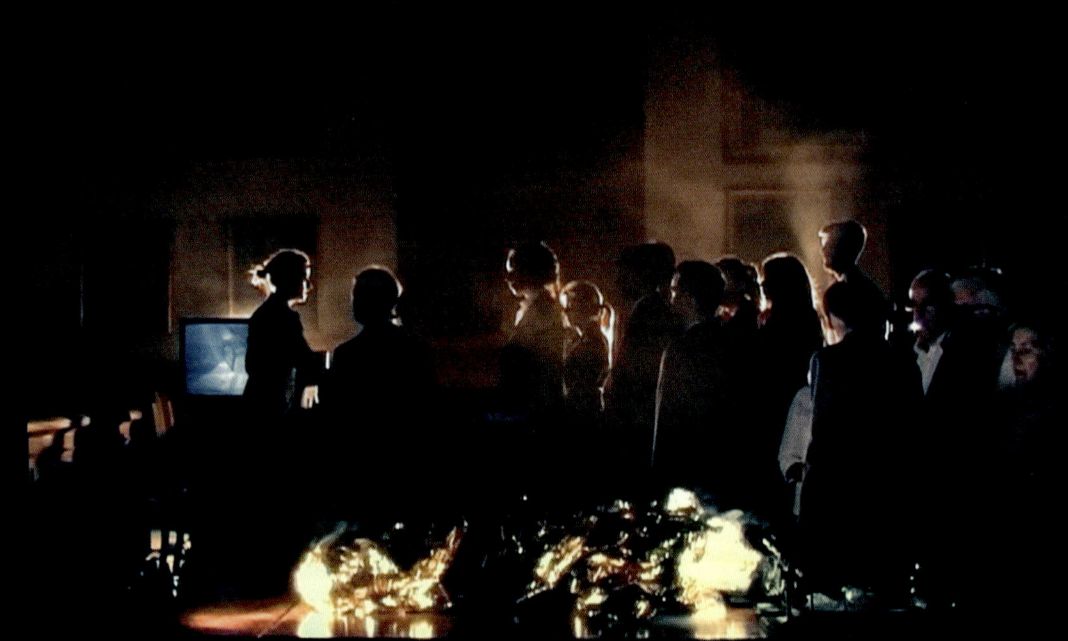

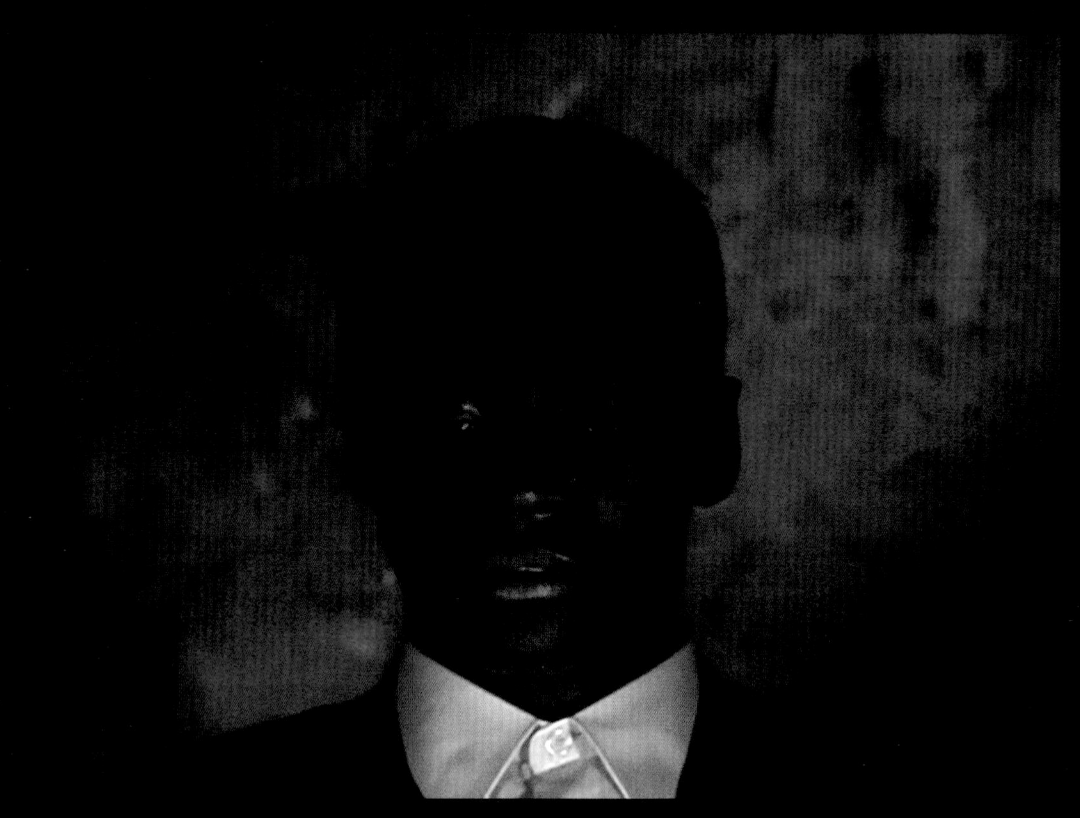

still after the law

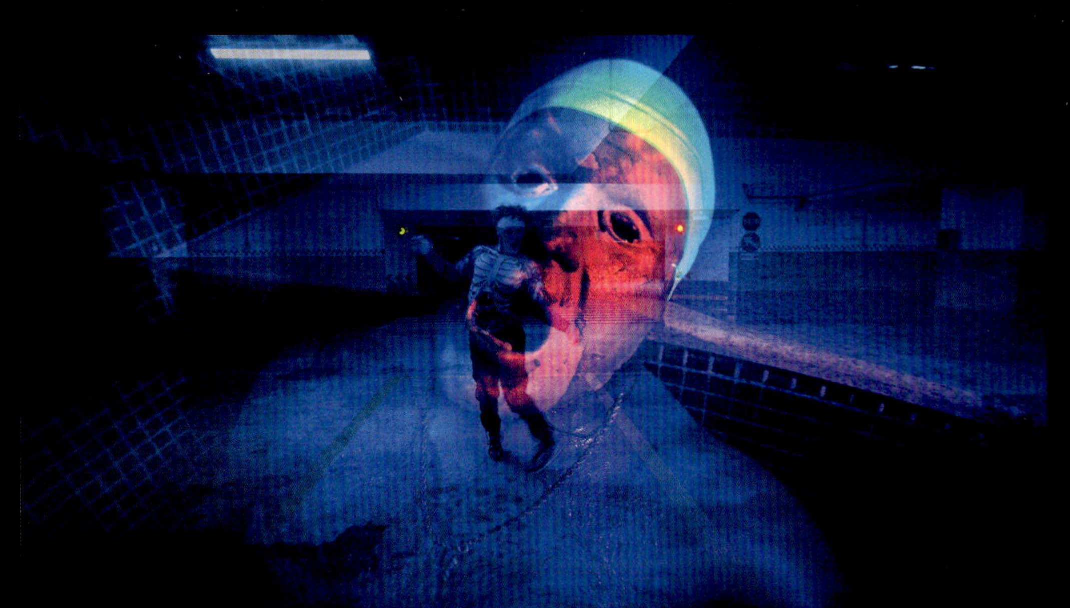

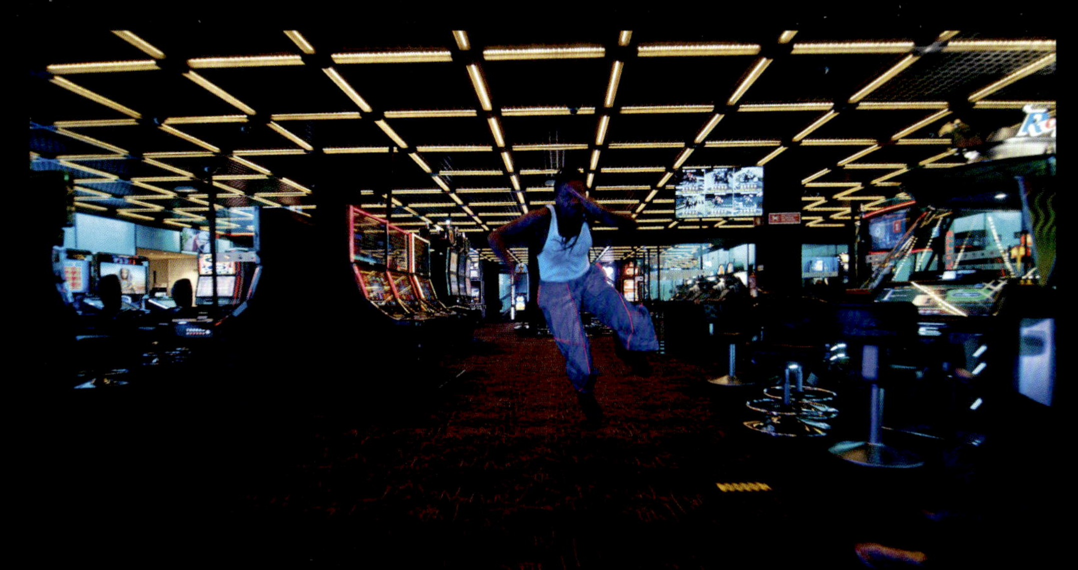

still 3xdrill

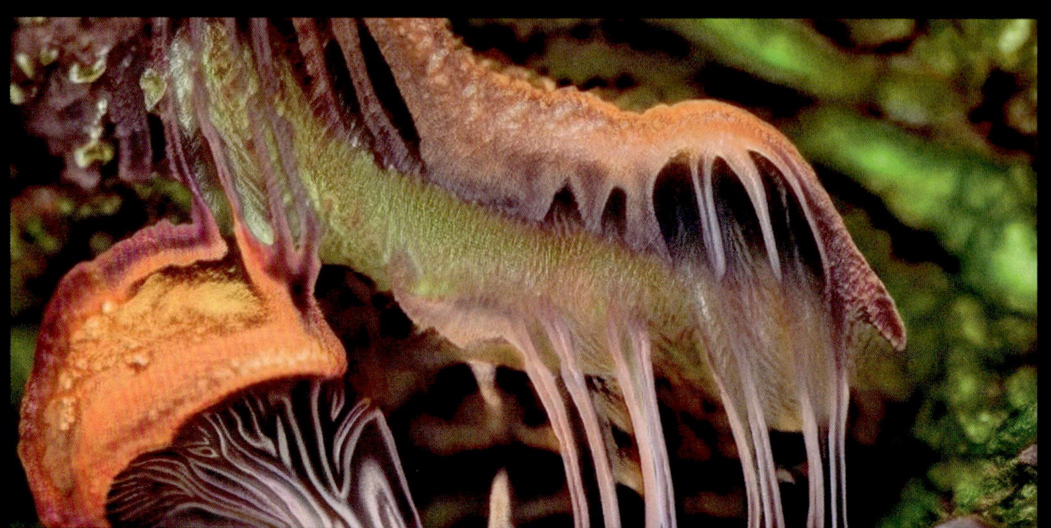

Ulterior Xenospecies Ontogeny

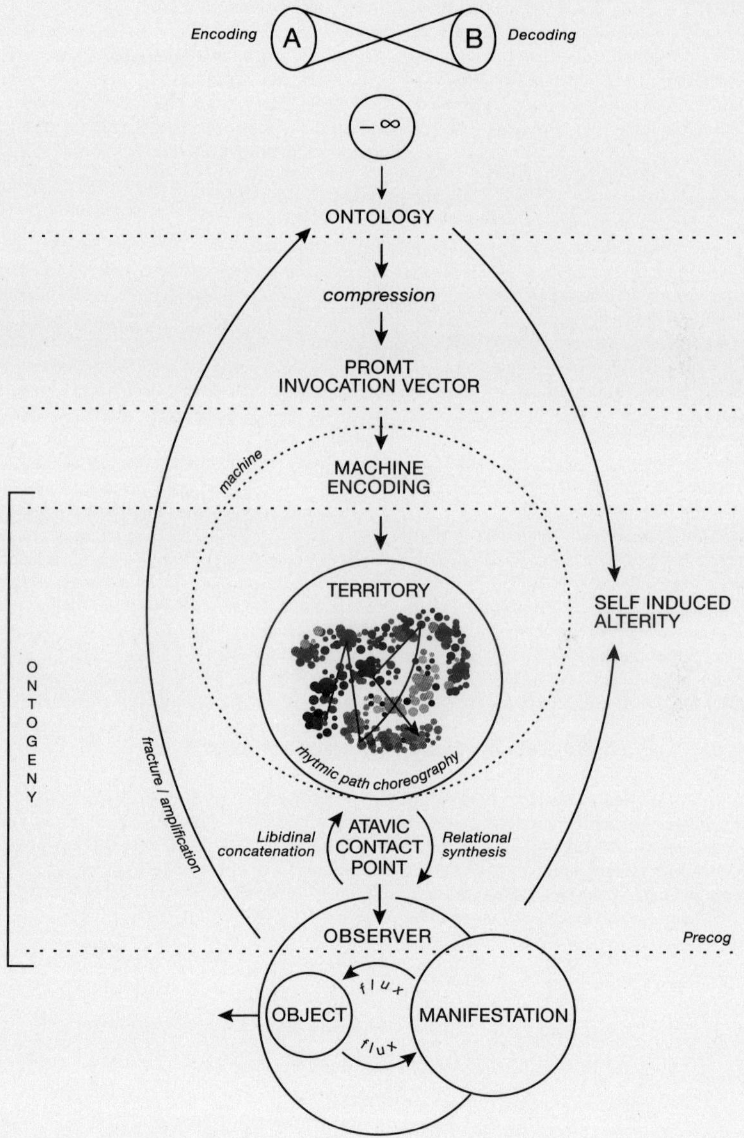

floresta atávica | atavic forest [diagrama | diagram]

FILME DE TRIBUNAL. *After the Law* é um curta-metragem que retrata um tribunal distópico, marcado por um acidente misterioso que desestabiliza sua lógica e linguagem. A obra funde elementos vocais hipnóticos com motivos cibernéticos para criticar e desconstruir sistemas de poder estabelecidos e práticas deliberativas. **Direção Artística e Cenografia:** Jonathan Uliel Saldanha; **Elenco:** Ana Beatriz Silva, João Teixeira, Mariana Alves, Hugo Silva, Ana Renata Polónia, Ece Canli, Igor Bisser, Nuno Pinto, Luísa Saraiva, Coro Sénior Fundação Leal Rios, Grupo de Teatro da FEUP; **Co-Direção e Cenografia:** Catarina Miranda; **Câmara:** Sofia Arriscado, Jonathan Uliel Saldanha; **Pós-Produção de Vídeo:** Diogo Tudela, Jonathan Uliel Saldanha; **Desenho de Som:** João Polido, Jonathan Uliel Saldanha; **Produção:** SOOPA; **Apoio:** DGArtes, Culturgest.

COURTROOM FILM. *After the Law* is a short film that portrays a dystopian courtroom, tainted by a mysterious accident that disrupts its logic and language. The work fuses hypnotic vocal elements with cybernetic motifs to critique and dismantle established power systems and deliberative practices. **Artistic Direction and Set Design:** Jonathan Uliel Saldanha; **Cast:** Ana Beatriz Silva, João Teixeira, Mariana Alves, Hugo Silva, Ana Renata Polónia, Ece Canli, Igor Bisser, Nuno Pinto, Luísa Saraiva, Coro Sénior Fundação Leal Rios, Grupo de Teatro da FEUP; **Co-Direction and Set Design:** Catarina Miranda; **Camera:** Sofia Arriscado, Jonathan Uliel Saldanha; **Video Post-Production:** Diogo Tudela, Jonathan Uliel Saldanha; **Sound Design:** João Polido, Jonathan Uliel Saldanha; **Production:** SOOPA; **Support:** DGArtes, Culturgest.

FILME DE ZOMBIE. *3xDrill* é um dispositivo teatral que explora a metamorfose através de três corpos fílmicos. Este sistema híbrido e multicanal utiliza gestos e dança para revelar a presença de um organismo indecifrável — um fungo. Os performers realizam uma série de ações que ilustram sua relação com um vetor de contaminação, destacando temas de mutação e transformação. **Direção, Dramaturgia e Música:** Jonathan Uliel Saldanha; **Dramaturgia:** Catarina Miranda, Luís Sobreiro; **Coreografia:** Jonathan Uliel Saldanha, Catarina Miranda; **Performers:** Deeogo Oliveira, Débora N'jiokou, Ana Isabel Castro, Cecília de Fátima, João Soares, Flávio Ramos, Francisco Vieira; **Câmara, Direção de Fotografia e Edição:** Luís Sobreiro; **Maquilhagem:** Júlio Alves, Ana Maria Simões, Sílvia Campos; **Figurino:** Miguel Flor; **Gaffers:** Daniel Assunção, Nelson Duarte; **Pós-Produção de Vídeo:** Bernardo Oliveira; **Produção Executiva:** Joaquim Durães; **Direção de Produção:** Felícia Teixeira, João Brojo; **Agradecimentos:** Nyege Nyege, Casino da Póvoa, Sociedade Comercial C. Santos, Hotel Crown Plaza Porto, ViaCatarina Shopping, Ágora — Cultura e Desporto do Porto E.M.; **Produção:** SOOPA, Teatro Municipal do Porto.

ZOMBIE FILM. *3xDrill* is a theatrical device that explores metamorphosis through three film bodies. This hybrid multichannel system utilizes gesture-dance to reveal the presence of an indecipherable organism — a fungus. The performers engage in a series of actions that illustrate their relationship with a contamination vector, highlighting themes of mutation and transformation. **Direction, Dramaturgy, and Music:** Jonathan Uliel Saldanha; **Dramaturgy:** Catarina Miranda, Luís Sobreiro; **Choreography:** Jonathan Uliel Saldanha, Catarina Miranda; **Performers:** Deeogo Oliveira, Débora N'jiokou, Ana Isabel Castro, Cecília de Fátima, João Soares, Flávio Ramos, Francisco Vieira; **Camera, Photography Direction, and Editing:** Luís Sobreiro; **Makeup:** Júlio Alves, Ana Maria Simões, Sílvia Campos; **Styling:** Miguel Flor; **Gaffers:** Daniel Assunção, Nelson Duarte; **Video Post-Production:** Bernardo Oliveira; **Executive Production:** Joaquim Durães; **Production Managers:** Felícia Teixeira, João Brojo; **Acknowledgments:** Nyege Nyege, Casino da Póvoa, Sociedade Comercial C. Santos, Hotel Crown Plaza Porto, ViaCatarina Shopping, Ágora — Cultura e Desporto do Porto E.M.; **Production:** SOOPA, Teatro Municipal do Porto.

FLORESTA SINTÉTICA DE IA. Uma jornada interativa através de uma paisagem gerada por IA, explorando memórias coletivas das florestas. Sussurrando segredos antigos, esta instalação promove uma conexão inquietante com a natureza, revelando memórias primitivas num espaço que parece ao mesmo tempo alienígena e familiar. **Equipa:** Lunar Ring, Zachary Mainen.

AI SYNTHETIC FOREST. Sound-reactive journey through an AI-generated landscape, exploring collective memories of forests. Whispering ancient secrets, this installation fosters an uncanny connection with nature, revealing primal memories in a space that feels both alien and familiar. **Team:** Lunar Ring, Zachary Mainen.

PUBLICAÇÃO / *PUBLICATION*

Superfície Desordem
Surface Disorder
JONATHAN ULIEL SALDANHA

* Publicado por / *Published by*
Galeria Municipal do Porto / Ágora –
Cultura e Desporto do Porto, E.M., S.A.
Mousse Publishing

por ocasião da exposição *Superfície Desordem*
de Jonathan Uliel Saldanha na Galeria Municipal do Porto (26.10.2024 — 16.02.2025).
A exposição *Superfície Desordem* é apresentada
em Lisboa, na segunda metade de 2025, no
âmbito da colaboração entre a Galeria Municipal do Porto e as Galerias Municipais —
Lisboa Cultura.
*on the occasion of Jonathan Uliel Saldanha's
exhibition* Surface Disorder *in Galeria Municipal do Porto (26.10.2024 – 16.02.2025). The
exhibition* Surface Disorder *by Jonathan Uliel
Saldanha is on display in Lisbon during the
second half of 2025, in the scope of the collaboration between Galeria Municipal do Porto and
Galerias Municipais – Lisboa Cultura.*

* Parceria Exposição & Livro
/ *Exhibition & Book Partnership*
Galerias Municipais — Lisboa Cultura

* Parceria Livro / *Book Partnership*
Duarte Sequeira

* Editores / *Editors*
João Laia
Jonathan Uliel Saldanha

* Textos/*Texts*
Amy Ireland
Ben Woodard
Benjamin Brejon
Declan Morl
Diogo Dória
Diogo Tudela
Frederico Duarte
Godofredo Pereira
Gonçalo Guiomar
Inigo Wilkins
João Laia
Jonathan Uliel Saldanha
José Bragança de Miranda
Manuel Neto
Pedro Faro
Sara Antónia Matos

* Coordenação Editorial / *Editorial Coordination*
Patrícia Coelho
Tiago Dias dos Santos

* Design Gráfico / *Graphic Design*
Dayana Lucas

* Tradução / *Translation*
Cláudia Gonçalves
Manuel Neto
Martin Dale

* Edição e Revisão
/ *Copy-editing and Proofreading*
Cláudia Gonçalves
Patrícia Coelho

Os textos de Amy Ireland, Ben Woodard, Inigo
Wilkins e Declan Morl foram originalmente
solicitados por Lendl Barcelos no contexto de
Lago Libidinal de Jonathan Uliel Saldanha.
*Amy Ireland's, Ben Woodard's, Inigo Wilkins's
and Declan Morl's texts were originally com-
missioned by Lendl Barcelos in the context of
Jonathan Uliel Saldanha's* Libidinal Lake.

* Fotografias e Imagens
/ *Photography & Images*
pp. 11-34 Dinis Santos | Galeria Municipal do
Porto
pp. 67-74 Aurélien Mole, Passerelle Centre
d'art Contemporain
p. 80 Jonathan Uliel Saldanha
p. 86 Jonathan Uliel Saldanha
p. 90 Francisco Queimadela
p. 96 Jonathan Uliel Saldanha
pp. 123-125 Carlos Lobo — UCP
pp. 126-127 BoCa — Biennial of
Contemporary Arts
pp. 128-129 Jonathan Uliel Saldanha
pp. 130-131 Vera Marmelo, OUT.FEST
pp. 132-133 André Cepeda
pp. 134-135 Mónica Batista
pp. 136-138 Francisco Queimadela
p. 155 Jonathan Uliel Saldanha, Diogo Tudela
pp. 156-158, 160 José Caldeira DDD
pp. 159, 161, 162 Francisco Queimadela
pp. 177-178 Jonathan Uliel Saldanha
pp. 187-188, 199-203 Renato Cruz Santos | TMP
pp. 204-205 José Caldeira
pp. 206-207 Diogo Tudela
pp. 208-210 Rui Soares | Arquipélago – Centro
de Artes Contemporâneas
pp. 267, 270-273, 280-282 Sara Sofia de Melo
| TMP
pp. 268-269, 274-279 Pedro Sardinha | TMP

Distribuído por / *Distributed by*
Mousse Publishing
Contrappunto s.r.l.
Via Pier Candido Decembrio 28,
20137, Milan–Italy

Disponível em / *Available through*
Mousse Publishing, Milan
moussemagazine.it

Primeira edição / *First Edition*
2024

Produção Gráfica / *Printing Production*
Forward Consulting

Impresso em Portugal por
/ *Printed in Portugal by*
Gráfica Maiadouro

Tiragem / *Print Run*
800

Ágora – Cultura e Desporto do Porto,
E.M., S.A.
ISBN 978-989-35860-4-4

Mousse Publishing
ISBN 978-88-6749-666-2

Depósito Legal / *Legal Deposit*
540386/24

€ 18 / $ 20

Agradecimentos / *Acknowledgments*
A todas as pessoas, artistas, autores, autoras e
instituições que colaboraram de forma direta
ou indireta para a produção desta publicação.
*To all the people, artists, authors and institu-
tions that collaborated directly or indirectly in
the production of this publication.*

GALERIA
MUNICIPAL
DO PORTO

Porto.

MOUSSE
PUBLISHING

Parceria / *Partnership*

LISBOA
CULTURA

galerias
municipais

Duarte
Sequeira

EXPOSIÇÃO / *EXHIBITION*

Superfície Desordem
Surface Disorder
Jonathan Uliel Saldanha

* Curadoria / *Curated by*
João Laia

* Equipa Externa de Produção, Montagem
e Design Expositivo / *External Production,
Installation, and Exhibition Design Team*
Caliente Studios (Isadora Borges), Colectivo
Febre, Daniel Martins, Gonçalo Guiomar,
João Brojo, Joaquim Durães, José Arantes,
Júlio Alves, Luís Chaka, Manuel Veludo,
Miguel Lopes, NovaLux Coletivo
(Renato Marinho, Francisco Campos),
Sérgio Carvalho, TIL (Patrícia Brito)

* Agradecimentos / *Acknowledgments*
ArtWorks, Catarina Miranda, Emanuel Rinaldi,
Galeria Duarte Sequeira, Gabinete de Arvo-
redo e Viveiro Municipal do Departamento
Municipal de Espaços Verdes e Gestão de
Infraestruturas da CMP; Horto Municipal/
Município da Póvoa do Varzim; Divisão Mu-
nicipal de Estrutura Verde do Departamento
Municipal de Espaços Verdes e Gestão de
Infraestruturas da CMP (a toda a equipa e em
particular aos jardineiros/*to the entire team
and, in particular, the gardeners* André Duarte,
Avelino Silva, Filipe Ferreira, Gonçalo
Barbosa), OOPSA

GALERIA MUNICIPAL DO PORTO

* Direção Artística / *Artistic Direction*
João Laia

* Diretora Executiva / *Executive Director*
Sílvia Fernandes

* Coordenadora de Programação e Curadoria
/ *Head of Programme and Curator*
Joel Valabrega

* Curadoras Assistentes / *Assistant Curators*
Isabeli Santiago
Patrícia Coelho

* Coordenadora de Produção
/ *Production Coordinator*
Patrícia Vaz

* Coordenador Técnico
/ *Tecnical Coordinator*
Paulo Coelho

* Comunicação / *Communication*
Tiago Dias dos Santos (Coord.)
Diana Reis
Hernâni Baptista

* Projeto Educativo / *Learning Programme*
Matilde Seabra (Coord.)
Pedro Galante

* Técnicos de instalação
/ *Installation technicians*
Armando Amorim
Carlos Lopes

* Assistente de Produção
/ *Production Assistant*
Clara Saracho

* Frente de Casa e Relações Públicas
/ *Front of House and Public Relations*
Rui Braga

* Assistente de sala / *Room Assistant*
João Ramos

* Assistente Administrativa
/ *Administrative Assistant*
Juliana Campos

DIREÇÃO DE ARTE CONTEMPORÂNEA / *CONTEMPORARY ART DIRECTION*

Armando Amorim (Técnico de instalação/*Installation technician*), **Carlos Lopes** (Técnico de instalação/*Installation technician*), **Clara Saracho** (Assistente de Produção/*Production Assistant*), **Cláudia Almeida** (Assistente Administrativa/*Administrative Assistant*), **Diana dos Reis** (Comunicação/*Communication*), **Diana Geiroto** (Gestora de Projeto/*Project Manager*), **Hernâni Baptista** (Comunicação/*Communication*), **Isabeli Santiago** (Curadora Assistente/*Assistant Curator*), **João Laia** (Diretor Artístico/*Artistic Director*), **João Ramos** (Assistente de Sala/*Room Assistant*), **Joel Valabrega** (Coordenadora de Programação e Curadoria/*Head of Programme and Curator*), **Juliana Campos** (Assistente Administrativa/*Administrative Assistant*), **Matilde Seabra** (Coordenadora do Projeto Educativo/*Learning Programme Coordinator*), **Nuno Rodrigues** (Coordenador de Programação /*Programming Coordinator*), **Patrícia Coelho** (Curadora Assistente/*Assistant Curator*), **Patrícia Vaz** (Coordenadora de Produção/*Production Coordinator*), **Paulo Coelho** (Coordenador Técnico/*Technical Coordinator*), **Pedro Galante** (Projeto Educativo/*Learning Programme*), **Rui Braga** (Frente de Casa e Relações Públicas/*Front of House and Public Relations*), **Sílvia Fernandes** (Diretora Executiva/*Executive Director*), **Tiago Dias dos Santos** (Coordenador de Comunicação e Edição/*Communication and Editing Coordinator*), **Vítor Rodrigues** (Produtor Executivo/*Executive Producer*), **Yoan Teixeira** (Assistente de Direção Executiva/*Executive Direction Assistant*)

CÂMARA MUNICIPAL DO PORTO

* Presidente / *Mayor*
Rui Moreira

ÁGORA — CULTURA E DESPORTO DO PORTO, E.M., S.A.

* Presidente do Conselho de Administração / *Chairman of the Board of Directors*
Catarina Araújo

* Administradores Executivos / *Executive Directors*
César Navio
Ester Gomes da Silva

* Secretariado da Administração / *Secretariat*
Liliana Gonçalves

* DPO
Filipa Faria

* Diretora de Gestão de Pessoas, Organização e Sistemas de Informação / *Director of People Management, Organisation and Information Systems*
Sónia Cerqueira

* Diretor de Serviços Jurídicos e de Contratação / *Director of Legal Services and Contracting*
Sérgio Caldas

* Diretora Financeira / *Financial Director*
Rute Coutinho

* Diretor de Comunicação e Imagem / *Director of Communication and Image*
Bruno Malveira